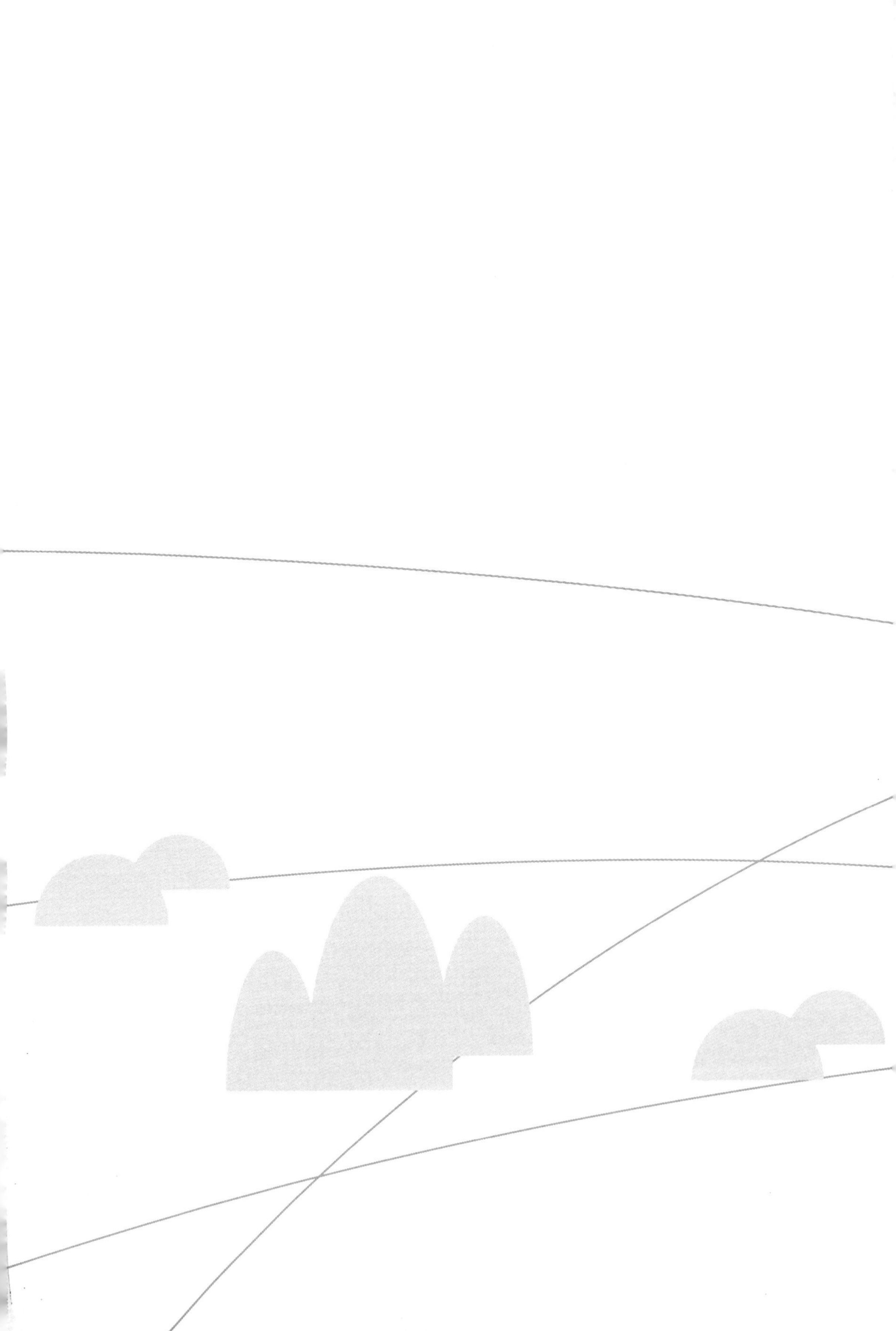

田野

何 明◎主编

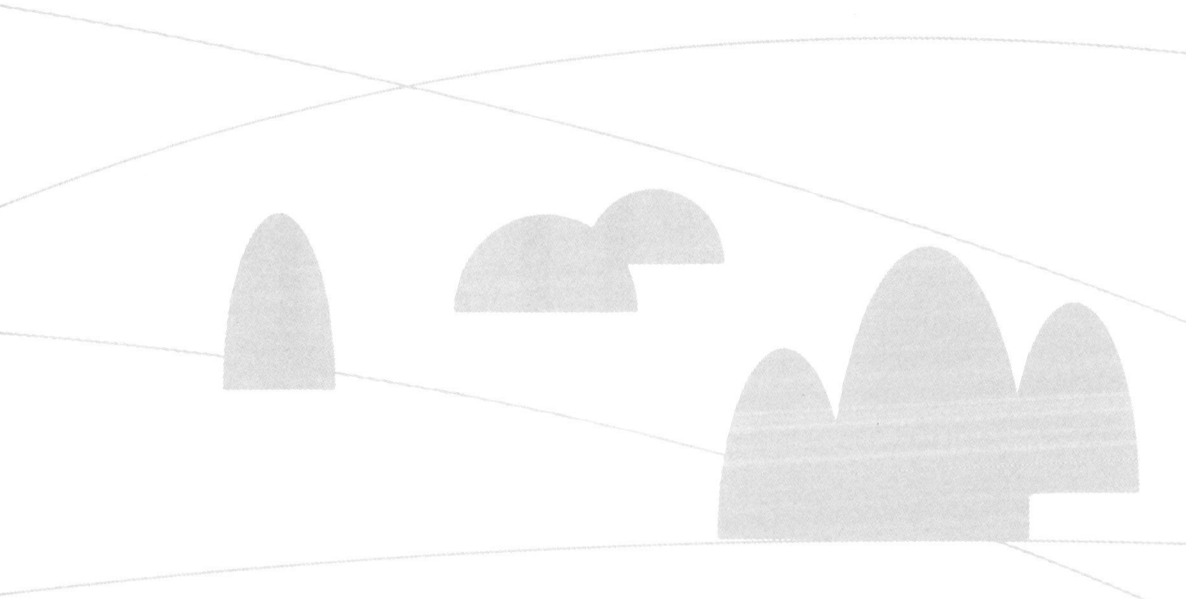

田野

何 明◎主编

策划编辑：赵红梅
责任编辑：王　颖
封面设计：王婳一

图书在版编目（CIP）数据

田野 / 何明主编. -- 昆明 : 云南大学出版社, 2018

ISBN 978-7-5482-3241-4

Ⅰ. ①田… Ⅱ. ①何… Ⅲ. ①民族学－调查研究 Ⅳ. ①C912.5

中国版本图书馆CIP数据核字(2017)第324051号

出版发行：云南大学出版社
印　　装：昆明理煜印务有限公司
开　　本：787mm×1092mm　1/16
印　　张：16.5
字　　数：320千
版　　次：2018年12月第1版
印　　次：2018年12月第1次印刷
书　　号：ISBN 978-7-5482-3241-4
定　　价：56.00元
地　　址：昆明市一二一大街182号
（云南大学东陆校区英华园内）
邮　　编：650091
电　　话：（0871）65031070　65033244
E－mail：market@ynup.com

本书若有印装质量问题，请与印厂联系调换，联系电话：0871-64167045。

序　言

《田野》是云南大学人类学系系刊，创办于2001年，首期文章以人类学专业本科1997级同学的毕业论文为主，还刊载了低年级同学的田野札记等。刊物创刊以后，它也成为当时人类学专业同学们练笔的园地，一度在其他院校取得好评。后来因为院系调整等诸多原因，《田野》停刊了几年。从2012年开始，云南大学本科民族学专业恢复招生后，《田野》辑刊又得以复办，采取每年出版一本、由当年在校的三年级同学为主负责撰稿、组稿、编辑和排版，刊物也成为民族学专业学生以文会友、自由交流的平台。至今，《田野》已经出版了6本，但由于之前阅读量有限，故采用的是内部发行的方式，直到最近的这一期，终于在民族学与社会学学院各级领导的支持下，得以由云南大学出版社梓行。

每年《田野》制作完成之时，学生都会送给我一本，每次我都会带着既新奇又期待的心情翻阅。在学生们虽显稚嫩但却非常有趣的文字中，既可以感受到这个班级浓浓的“集体意识”，又可以从多样的文本叙述中感受到每个民族学专业同学的“个性”。刊物选取了各个年级的同学们书写得较好的民族志或田野报告，还选取了同学们平日里学习专业课程的心得，甚至还包括往届的学长们、校友们以及老师们对于田野的感悟。更吸引人的是，每一期的封面、封底的照片以及文章中用到的照片，均来自于民族学专业学生们的田野调查，我们从这些鲜活而生动的照片中也看到了同学们在田野里的“另一面”。可以说，这本见证了云南大学人类学与民族学专业几经沉浮的本科生刊物，是云南大学民族学和人类学专业“求真务实”的学科教育理念的体现，也是对我院本科教学成果的一个良好展现。

云南大学民族学创建于20世纪30年代，吴文藻邀请了费孝通、杨堃、张之毅、许烺光等一大批受过严格而规范的人类学和社会学训练的年轻学者们到云南大学来，他们或教学或研究，创立了在中国民族学和人类学历史上辉煌的“魁阁时代”。进入新世纪后，伴随着云南大学民族学获得了“211 二期”“211 三期”和“双一流”学科建设的支持，尤其是对本科培养的支持力度的加大，学院先后在全省设立了为本科教学服务的 14 个田野实习基地，大体覆盖了云南省特有的少数民族；同时在大一、大二和大三配合课程教学安排学生进行各有侧重的实习和实训。如在大一进行短期田野实习，使学生对异文化和民族学学科初步建立起一定的认知；在大二进行不少于一个月的田野调查实训，学生在带队老师的带领下到村寨或者村镇进行田野调查，其间独立完成专题性的调查并撰写田野调查报告；在大三则主要进行人类学影片的拍摄和制作实践等。以上以学生发展为中心的教学实践，为学生搭建了一个既尊重自信发展又体现学科特色的学习平台，也为能力全、素质高的宽口径人才培养打下了良好的基础。

田野和《田野》都是本院民族学专业学生的成年礼，经历过田野的他们真正感受到了民族学学科的魅力并掌握了认识社会、与人相处的方式，在《田野》的编撰中他们也重新感受到了民族志文本的魅力以及学科学习的乐趣。尽管在他们的记述中还多有不成熟、不完满的地方，但是作为一个“过渡仪式”，这样的“田野”已经见证了他们的蜕变，并将成为民族学专业学生们留给自己、留给学院、留给学科最好的财富。

王越平

目 录

经验之谈

李东红老师访谈实录 …………………………………… 吴佳琪 范玉恺（3）

也谈几点不成熟的小建议 …………………………………… 付光旭（14）

作别彩云之南 …………………………………………… 桑 坤（17）

学术初探

老挝籍和尚的跨境流动与社会融入

——西双版纳勐腊县磨歇村波章岩南约个人生活史的人类学研究

…………………………………………………………… 冯多多（25）

公益与功德：磨歇村傣族的井 ………………………… 姜 月（63）

在事实与建构之间：磨黑采盐技术变迁与地方生态话语构建研究

…………………………………………………………… 卢小反（74）

“圣俗一体”：都市道教的多元空间与文化调适

………………………………………… 周颖怡 李 灵 张 卓（102）

大理乔后井变迁研究 ………………………………… 杨露露（115）

豆沙古镇生计方式的多样性及其困境 ……………… 王曼煜（132）

石羊教育的百年变迁 ………………………………… 杨 雪（135）

“田野”这件事儿

一个本不应该称之为家的地方 ………………………… 苏香月（153）

老去的国道 213 线 …………………………………… 杨 元（161）

火与祝福

——一次白族火把节的经历 …………………………………… 刘　莉（168）

从麻将馆“突围” ………………………………………………… 吴若雨（173）

大东行记 ………………………………………………………… 杨丹青（177）

那一年，我们一起下过的田野 ………………………………… 崔　颖（180）

走上营盘 ……………………………………………………… 跑阳千翁（185）

温暖的“田野” ………………………………………………… 唐艳霞（193）

我与田野 ………………………………………………………… 李文丽（196）

你曾否意识到你也是一名边界人 ……………………………… 马　巍（199）

田野漫谈 ………………………………………………………… 张　凤（202）

幕前幕后

我们的大学宿舍 …………………………………………… 刘　莉　张　唱（207）

屋里屋外 ………………………………………………………… 普　煜（209）

我们的《学徒的一天》 ………………………………………… 李文丽（217）

读、观、思

明清女性自杀“新”解

——《男权阴影与节妇烈女》读书笔记 ……………………… 吴佳琪（223）

徜徉在语言的汪洋之中

——谈一谈《语言人类学》 …………………………………… 陈　成（230）

要做一个有趣的人

——读《北冥有鱼：人类学家的田野故事》 ………………… 范玉恺（237）

大路朝天，各走一边

——纪录片《大路朝天》观后感 ……………………………… 杨　元（241）

纪录片《最后的棒棒》观后感 ………………………………… 施　华（248）

从索取到贡献

——对民族志纪录片的一点思考 ……………………………… 熊琪明（251）

后　记 ……………………………………………………………………（255）

经验之谈

李东红[1]老师访谈实录

访谈：吴佳琪、范玉恺

摄影：杨　元

摄像：刘　莉

文稿整理：范玉恺、吴佳琪

吴：老师，您当时是怎么走上学术研究这条道路的呢？在这条路上有没有遇到特别的人或者事呢？

李：那个时候还没有流行“大师”这样的说法，会说你是很有名的学者啊，老前辈啊，我们要向你学习啊。有位老前辈就说过一句话，我现在都记得很清楚。他说：“农民就要下田去种地嘛。工人就要去工厂生产嘛。我又不能种地，又不能生产，我就写文章喽。我要是不能写文章就领不到工资喽。哪里有什么特别的事啊。我就只会做这个事情。”这句话对我是特别有影响的，到现在都还有影响。说到我自己，（做学术）就是工作，就是走着走着就走到现在了，没有特

---

① 李东红，男，先后获中国民族史硕士学位、中国文化史博士学位。二级教授，博士生导师，主要研究领域为民族宗教学、西南考古学、少数民族文化资源保护、白族历史文化研究。美国宾州州立大学（Pennsylvania State University）、新西兰梅西大学（Massey University）等大学访问学者。

现任云南大学图书馆馆长。历任云南大学社科处副处长、教育部滇西发展研究中心主任、云南大学出版社总编辑，兼任中国宗教学会理事、云南省留学人员联谊会理事。先后主持国家社科基金、国家留学基金、教育部人文社科基金、云南省十五重大科技攻关课题等科研项目。在《民族研究》、《世界宗教研究》、*Asian Ethnicity*、《思想战线》、《中央民族大学学报》、《弘道》（香港）等刊物发表论文80余篇，出版《苍洱五百年》《乡人说事——凤羽白族村的人类学研究》等著作8部。

别的设计、特别的理想、特别的愿景。做一个职业规划啊什么（都没有）。

吴：就是顺其自然？

李：是。但是也有机遇。我们那时候，上大学的毕竟还是少数人，我是1988年大学毕业就分到博物馆了。我是学历史的，当时去到博物馆，而博物馆就是做文物、做博物馆学、做考古工作的，所以虽然我现在在教考古，但是开始的时候历史学和考古学之间差距还是很大的，要从一个学历史的过渡到学（研究）考古的，这个事还是很……因为我们那个博物馆，那时候啊，用今天的话说就是有很多田野工作啦：那个房子盖了起来你得有很多展品是不是？那展品怎么办？首先你就去调研嘛、你就去征集文物嘛，你就去做这个田野的发掘工作。咱们云南田野考古不是很多，不像陕西啊、山东啊，随便就可以挖。那怎么办呢？我们就拓碑，碑刻比较多嘛，拓碑就拓得比较多，提一个小包随时去拓，拓一大卷宣纸。其次就是去民族地方征集民族文物，就是征集那些生产生活用具，特别是我们这边有那个木制品，木头做的，还有那个生产的工具，等等。当然还有一些考古发现啦，我写的第一篇学术文章就是我们去调研火葬墓，火葬墓那时候很多，现在没有了，盗墓的很多，挖完了。那时候很多，碑刻也很多，那下面有那个墓壁的砖或者石板。还有火葬罐。火葬罐是很漂亮的，有瓷器啊、陶器啊，后来就发现，咦？发现这个东西，要写。这个火葬墓和佛教有很大关系，你们知道这个佛教要懂很不容易的，（我）就开始接触佛教的东西，看佛教的书，所以我第一篇就写了一个元代的火葬墓的一块碑，叫《赵生宗神祖纪》。这个墓的主人叫赵生宗。当时就写了，后来在《云南文物》发表了，1989年还是1990年的事情，就是刚刚参加工作一年多，就发了一篇文章。当时就拿出来翻啊，自己写了一篇文章不得了，很激动。其实就谈了三个问题，那块碑很小，字也很少，就两百字不到。就讨论了三个问题，讨论了父子联名制，讨论了那个地方的行政的政治（制度的）衍变，还讨论了这块碑和佛教之间的关系，这三个问题。于是这样就算走上了学术的路子。后来就在这个基础上写了《白族火葬墓的若干问题》，那是1991年，那时候那篇文章就在《思想战线》上发表，那时候在《思想战线》发文章很厉害的啊！当时这篇文章，是获得省里面的，也就是现在的那个哲学社会科学三等奖，那时候是第二届，以前是五年评一次或是三年评一次，对，第二届，我们只是在那个，用昆明话说在专县上工作的是不是？就是那时是刚参加工作，当时就觉得受到的鼓励真的非常大，所以现在我去评奖的时候，我看到哎呀是专县上的、地州上的年轻人，就说，哎呀就评给这个吧。

就这样走上研究的路啦。（学术研究）就要看很多书，那些书在博物馆也是挺好的嘛，环境也挺好的，整个都很好。我们有个资料室，就像咱们民族研究院的资料室，但是特别的专业化，有《文物》杂志，《考古》杂志之类的，（20世纪）八十年代初的时候很少，不像现在这个，现在所有的书都有。但是考古学界的那些重要的书都有。那个时候那里面有不到一万册的书，我至少把百分之七十以上的书全部看了，全部看完。

所以我就是为了了解云南，不断地看书，就是看。还有《史料丛刊》《中国西南历史地理考释》，都是很难懂的书，反反复复地看。那时候我看这套书能够看到（认得）第几页在讲什么。现在忘了，但是那时候还是可以。我最近不是在给你们讲那个“南诏史专题”嘛，《蛮书》啊什么的又重新翻出来看，诶？这不是我看过好几遍的么？但是有些忘了。就这么看书、看书、看书，所以那时候看了很多书，也跑了很多地方去做田野调查。所以现在，我觉得我们有调查基地真的很方便。学生不用自己下去（找地方），但是也有不好的地方，就是每年同学们都下去。（他们）都去讲故事、编故事。我们当时去的时候都不通车，有时候吃的东西也没有，但也就这么走走走就走过去了。

范：老师，您在做田野的时候有没有遇到印象特别深刻的事情？

李：这个就多了，印象深刻的事情多了，要么就是饿肚子，要么就是喝酒喝多了，要么就是遇到非常特殊的一些人。我们有一次去鸡足山拓碑，那时候鸡足山公路只通到山门那个地方，剩下的就要走路了。从祝圣寺、金顶到铜佛殿……所有的碑我们都拓过了。山上以前是没有饭馆的，所以就跟那边的和尚一起吃饭，吃的是很简单的斋饭，一碗饭，一碗汤，炒一份土豆。当时我们在那里待了大约三个礼拜，当时饿得不行啦，吃饭吃很大的两大碗。最后要走的那天，他们让我们第二天再下山，结果我们都喊着说：“不行啦，我们要下去吃饭。”于是我们摸黑下来，走的是山路。那时候山脚还没有现在这么多饭店。我们一伙人下来之后，只能去县城吃饭。我们七八个人吃了很大的两只猪腿。宾川那边特别讲究吃，他们的猪腿、排骨都特别好，那么一大只猪腿，我们一个人大约吃了两斤肉，印象深啊！

范：老师，那在您看来，要成为一名合格的田野工作者，应该具备哪些能力呢？

李：第一个是对这个事情感兴趣嘛，不能去到一个地方就嫌弃这个地方脏。我记得我们去洱源西山的时候，当地人杀羊，从羊肚子里面掏出心和肺，生的切下来就吃。我们老家也有吃生肉的习惯，但是这样的东西我以前没吃过。我们去参加婚礼，人家切给你，你就要吃嘛。我们去宾川，跟那里的傈僳族买一种布，叫火草布，就是用传统纺织技艺织的一种裙子，当时是九十年代，一条裙子要一千块钱，这就很贵了。而且他们不卖，因为他们没有卖东西的习惯，然后他们说必须喝酒，喝酒还必须要划拳，还要用傈僳话划拳，这咋整啊？（我们）就学啊，到饭馆里面学会了，跟他们划，还赢了他们。第二天就去他们村子里面买裙子，现在那条裙子还在博物馆里。还有一次我们去南涧万家坝，在山上住在人家家里面，没有床铺，就围着火塘烤火睡觉。

所以首先是喜欢这个事情，觉得这个事情有意思。不能看不起人家，用我们党的话说，就是和他们“打成一片”嘛，要发自内心地尊重他们。人类学家都这样，我有一个老朋友，是一个美国的老太太，七十岁了，她来我们这，去我们老家，我问她，你要待多久啊？她说，我要待一个月。我说我也待不住一个月啊，结果她后来还真的待了一个月，她中文只认识不多的几个字，而且当地会讲汉话的很少，都是讲白族语。最后在她要离开的时候，他们把她送到大理古城，我去接她。她刚来的时候我把她送到那里，那时候那里有旅店，我就说我陪她在旅店住一晚上，看看行不行。后来说行，就在那里住，（一位）中学的老师陪她调研。所以这是一个（要感兴趣）。

还有，就是何明老师经常说的问题意识，要知道自己到底是去干嘛，不是去那个地方转一圈，最后回来什么都没有。所以你得学会抓住一点，经常有一伙人出去，有的回来就写了一篇日记，写了一篇学术论文，写了一首诗，不能什么都没有。所以最关键的是有没有这个意识，心里面有没有这个想法。当时我们去洱源西山调查的时候，回来我就写了一篇《洱源西山白族聚居区的民族文物调查报告》，那个报告写得很长，在《云南文物》上登载了两期，那是 1992 年还是 1993 年的时候。我记得（文章里）还提出了一个问题，当时很多人都在用木器，我就想，在考古学上会不会有个木器时代，木这种材质不好保管，容易腐烂。那现在我们剑川海门口不是发现了新石器时代的很多木制品保留下来了嘛。这些都要思考。之前可能会有调研计划，而去到一个地方时，观察到很多方面，要抓住一点。

第三就是要养成做笔记的习惯，不做笔记的话，调查的内容容易遗忘。就是田野笔记嘛，每天都要写一点啊。

吴：老师，我们知道您写过很多文章和著作，比如《乡人说事：凤羽白族村的人类学研究》这本书，是以民族志的研究方法叙述并且探讨了白族相关的话题。那老师您可不可以跟我们分享一下关于写作方面的心得？尤其是以“文化持有者”的视角去调查，去写作自己家乡的故事时，有哪些建议或是相关的心得给我们分享一下呢？

李：啊，这本书我还是花了很多精力去写的。文字上，我觉得这个可读性还是有的嘛，我们现在追求的就是方（国瑜）先生那种大师啦，是我们的老祖宗啦，我们去到哪儿都说方先生是我们的老祖宗。听着害怕是不是？这是尊敬啦，我们尊敬他。但是方先生有个很大的问题就是他写的东西可读性差一点，但这不能乱说啊。就是因为他经常写的东西比较晦涩一点，比较高深一点。但是我是比较同意那个人类学也好，其他学术著作也好，要有文学性，要有可读性。要是读都读不下去那要怎么办？所以我的文字是反反复复推敲的。嗯，研究家乡，这个文化持有者，其实在人类学的方法中一直在争论：是要研究异文化还是研究本文化？是要研究简单的社会还是研究复杂的社会？所以马林诺夫斯基去到那么蛮荒的岛上，费孝通又在研究我们这个汉人社会。说来说去人类学就是一种方法的讨论。人类学就是没有对象嘛，什么都可以讨论。就是只有一个方法，方法是什么？就是整体观。要整体地看问题，不管是功能也好、结构也好，你不能把它碎片化。再有就是相对论嘛，你得尊重别人的文化，你不欣赏就算了，至少你得要尊重、要理解，不一定非要让你去欣赏。比如说我们吃生肉，是吧。你理解就行了，因为他们觉得好吃，是吧。写本土的文化这个事，最早是南美洲的一个作者，名字我把他忘了，但是他就是写他们那个印第安部落里的情况。我们这种文化持有者写自己家乡的（文化），我觉得，首先是可行的，可以成立的，可以这么干的。你回去写你熟悉的地方，用最传统的方法就是写可爱的家乡。用人类学的话说就是文化持有者这一类的。但是有个很大的问题就是你自身的情感和立场，怎样站在一个相对比较客观的位置，就是度怎么把握。因为所有的人都有立场，所有的人都有偏见，只是说这个偏见应该控制在什么范围之内，就像我们（种的粮食蔬菜）农药残留多少，不能把人毒翻了，对吧。但是写家乡同样还有一个大问题，就是何明老师天天说的“化熟为生”或是“化生为熟”，就是这个问题嘛，假如你对家乡太熟悉了，什么都知道，那怎么写，怎么入手，这都是很大的问题。这个和你到一个不熟悉的环境，到底写什么，道理其实是一样的。你到了一个不熟悉的环境，欸，你一下子就抓住了一个好的点，就很厉害。你回到一个很熟悉的地方，在那么多（问题）之中抓出一个好的，也是很厉害。所以我特别佩服那些打仗的人，他们不是在自己的家乡打仗，像林彪那样、毛主席那样，他们都是到其他地方，虽然（这地方）他们都不熟，但是看看地图他们就知道、就能打胜仗，这才是很厉害的人。我们说我们的地方性知识是什么意思呢？你家里面的前后左右你都知道，很熟悉了。比如说我们现在听云南（FM）91.8交通台，它说今天早上哪个地方什么情况，（我们）脑子里面就很清楚它讲的是哪些地方。而外地人来，就不知道。所以你们写一个本土的东西，你对这个地方很熟悉了，怎么选出一个东西（来写），找到一个好的突破点就是很重要的。其实也就是这样的，所有的方法都是相通的，现在讲党的建设，天天去学习，你就会发现，欸，这些东西用它来做学问其实也是挺好的，方法论是相通的，这不是开玩笑的话。那其实就是抓一个主要矛盾，抓一个很重要的点。选一个东西，把这个东西说透，以后再从这个东西再出发。个人做学问也是这样，你一个人回去你家乡去做（研究），任何大师都一样，都有一个起点。都得找到一个起点，只有找到这个起点后，从这个起点慢慢地扩展开来。比如我们说，某一个人是做什么学问的？他是做民族史的嘛，他是做傣族的嘛。为什么这么说呢？因为他的起点在这个地方。有的人就从这个起点扩散开来。研究家乡也是这样的，这个和田野调查一样，只是说你是研究家乡还是研究异文化，你是到一个简单社会还是一个复杂社会。假如你到复杂社会，你就要把这个复杂社会的套路用进去，费孝通的、王铭铭的，（关于）汉人社会的（知识），你总不能说这个村子一千年都搞不清楚，你搞五十年就好了，这个没有办法嘛。周大鸣也讲这个话，他说岭南这个地方，你去到的哪一个村子不是有一千多年的，你天天讲异文化、天天讲简单社会，你怎么研究嘛。所以你得把这个人类学的研究方法和我们中国传统的史学，或者我们整个汉人社会的发展的历史文化的方法结合起来。西方一直在发展，我们一直跟着他们走，就是因为他们会“忽悠”嘛，一段时间就搞出来一个方法、一个理论，但我们不能只知道崇洋媚外，或是被人“忽悠”。第二就是我们拿来一个东西，我讲课的时候就经常讲嘛，清朝进入的时候让大家留辫子，一个都不留，大家宁肯掉头都不留辫。后来清朝垮了，又叫他们把辫子剪了，他又要留那个辫子。我们很容易把一个东西僵化了，理论也是这样，我们今天认为很厉害的这些理论，其实在西方也就是一晃而过，西方又没有我们那种像宗教一样崇拜某一个学者、崇拜某一个理论（的情况）。一个理论出来大家都是讨论，再讨论。现在回过头来，我们还是要看我们这个历史学的方法，论从史出，用资料来说话，有一份资料说一份话。那些才是最永远的真理，最永远的理论。我倒是鼓励学生们回去做自己家乡的东西，如果每一个人都回去把他的家乡写一个很好的民族志，哇，回过头来就是自己对社会的一个贡献。我们现在去看明代、清代的社会，我们就是去看地方志。后来的一些新的地方志就没有太多的参考价值，但如果我们是从人类学的角度去写民族志，那就很厉害了，贡献就很大。

吴：老师，您对民族志或论文写作方面，有哪些心得跟我们分享一下？

李：这个写作，本来就是法无定法。这个文字写作，文字的表达本来就是各人有各人的特点。比如像外国人写的考古学著作，他就不一定按照我们这种，从遗迹、遗址、遗物啊，从夏商周这样讲下来。他可能对某一个陶器感兴趣，一章就专门写这个陶器。他可能觉得这个绘图很重要，他就中间插一章给我们讲绘图。所以写文字嘛，只要把意思说清楚，我觉得体例、体裁、体量这些都不是问

题，最关键是要写出个人的特点，就是一看就要知道这是谁写的文章，这就很好。但是话又说回来，你要真的这么干在现在社会又行不通。我们从“八股”开始就是有规范的嘛，我们刚开始学写文章的时候就三段论……头上戴个帽，中间是什么记不得了，结尾喊口号。那时候老师就这么教的。开头戴个帽就是要写毛主席怎么说，马克思怎么说，列宁怎么说，中间就加一段自己的东西，最后就是要喊口号，要写几句口号。八股文也是这样，现在的学术文章也是这样啦。你总得要，第一，取一个很好的标题，题目取不好就不行，题目要能够吸引人的眼球，如果你们题目取不好，包括你们毕业论文也一样，别人一看（题目）就不会（继续）看了。如果像原来的老先生一样取一个什么“梅贻琦文集”呀，这样就不会有人看，因为没有震撼力啊。要取一个有震撼力的题目。第二，一篇好的文章一定要有观点。有观点之后要有材料来支撑你的观点。在你的观点、材料论证之后一定要有一个结论。我是从科研处出来的，我经常说的一句话就是：文章也好、书也好，其实就是你长期思考、长期探索的结果。这个思考和探索，就是“研究”，我们文科的研究没有这么多东西，这么多设备去操弄，我们就是去思考，思考之后把这个结果写出来，这就是研究成果。所以这些文章和书就是科研成果。就像化学要做实验，就要买东西，这叫置备、准备的过程。开始做试验了，过程很重要，一直试验、试验，完成了他就把结果写下来。完成了，他就把这三个步骤写下来，这就是一篇文章，这就是在 SCI 上发表的文章，这样就出来了。而且他们用的语言都是固定的，SCI 里面的文章用语它都是固定的，就是不停地填空。所以我说我也会写嘛，它的专业术语你都不用变的，只用把那些实验的数据填进去就行。那天我还和他们开玩笑说，喏，我也写了一篇，就是同名同姓的我也找了一篇，就吓他们嘛。但是我也研究过了，其实很容易的，只要你会做实验。那回过头来是什么意思呢？其实学术论文（写作）还是那么几个（要点），第一，要么是有新观点；第二，要么是有新材料；第三，要么是有新方法。就是，你有新观点了，或者说你发掘了一个新材料，包括民族志在内，某一个点从来没有人调查过，某一个事情你写了一个民族志，也算很好。还有就是新方法，你用新的方法、新的理论去研究，这就是算好的了。至于说怎么写，至少有几个部分嘛，三段论嘛永远是正确的，这是毛主席的理论，是马克思的理论。第一，就是你把问题提出来；第二，就是论证；第三，就是有个结论。我有一次是给哪个杂志的，《民族研究》还是谁，写了一个写文章的要求，我觉得很好，我就把它留下来。（文章内容）就是告诉一个老师，写学术文章到底要怎么写。大概就是我讲的这么几个，其他就是规范了嘛，参考文献、注释、引用。其他就是注意对话，我们做学术研究的、科研的，那种空前绝后的话、填补空白的话就要少说一点，（要）稍微持中一点、适中一点。

范：老师，我们现在还在本科阶段，如果以后要做学术，您认为哪些素养是本科阶段就应该培养的呢？

李：本科按理说没有什么专业，但是我们现在分得比较细。大学教育还是如蔡元培说的，体育和美育，这才是最根本的。体育就是做体育运动，像剑桥大学他们都有船队，美国宾州大学的 football 是全美第一，他们的教练给图书馆捐钱，图书馆以他的名字命名。他最有名的一句话是，希望我死后，我的墓碑上写着，我不仅仅给这个学校带来了足球，也在其他方面改变着这个学校。美育就比较广泛，美术、音乐、诗歌、文学这些都属于美育。美育和体育是最本质的，特别是体育，它培养一个人的集体意识，团队合作的精神，这些都是最根本的。本科的话，我觉得尽量培养一些特别的，要不同于没有上过学的人。受大学教育的人和没受大学教育的人，他们有根本的区别。刚刚说的大学教育的这些东西，它不是急功近利的，它的作用可能会持续几十年，甚至一生。比如你学习西方美术史，文艺复兴时期的文化史，或者古希腊的哲学史，这些东西可能永远都不会有用，但是存在于你的言谈举止中。再有就是多参加社会活动，但是不要参加特别功利的那种，要选择那种特别能体会社会疾苦，体会人生，能帮助人，能培养自己意志和品德的活动，最根本的就是这些问题。以前林超民老师说过一句话：什么是学术？学术就是无用的东西。我们现在太讲究“有用”了，大学本科应该是学习一些无用的东西。如果你是在技工学校学习，像蓝翔技校，你出去就可以挣大钱，那也是很好的。但是如果你到了像云南大学这样的学校，就要培养一种开阔的视野，交很多朋友，对社会很有了解，要成为这样的人。现在专业也很重要，我在图书馆就经常说，每个专业都应该有基本的文献，是这个领域的专家学者比较清楚的内容，可能是五十本，或五百本书，要涵盖古今中外的内容。基本文献应该包括两部分，一部分就是最前沿的研究，读书确实可以给人带来很多收获，有相同知识背景的人在一起聊天也聊得下去。比如一本《天龙八部》，看过书或者电视的人就可以聊到一起，但是跟一个美国人就没法聊下去。我们去美国上学时，我们听得懂老师说什么，但是就是笑不起来，美国学生就哄堂大笑。刚开始接触的时候很陌生，后来明白了也跟着笑起来。所以呢，本科生接触面要尽量宽广，最好接触一些专业跨度比较大的东西，你学人类学的可以去听听数学的课啊，医学的课也可以去听，建立一个宽泛的知识框架。我在宾州大学的时候，听佛教的课，问旁边的女生是学什么的，她说她是学医学的，他们就自己这么学。那里的课程就是这样的，不像我们是固定的，有基础的、专业的基本课程，跟我刚刚说的基本文献是一样的。本科嘛，真的要多读书，如果不读书，就没有后劲了。我们刚刚参加工作的时候，一起写文章，有的人比我们写得好，但是这些人后来就不行了。他们是自学成才的，有些是初中毕业，高中毕业，没有受过大学教育，后劲就不足。

吴：老师，您现在是图书馆馆长，之前您也谈过一些关于读书的建议，如果具体来讲，我们在读专业的基本文献的时候，用什么样的方式去阅读收获会更大呢？

李：读专业文献，我的建议就是精读，反反复复地读。比如我这本书（《云南史料丛刊》），之前反反复复看过很多遍，但是现在再看，有些部分就记不起来了。所以一定要精读，反复读。以前我认识一个学生，用现在的话说是最笨、最憨的学生，他就是拿着一本英汉词典，从头到尾地背下来，后来他就变成一个语言学的大师。还有丽江的那个宣科，他为什么那么能说，除了因为他小时候跟着外国人一起长大，他在监狱里也是把字典背下来了。我们那时候初中不学英语，高中才学英语，发两册课本，但是高中的英语很难，需要把初中的六册学完才能学高中的，当时我就把初中的一到六册全部背下来，高中的也全部背下来，但是记不全，上面的卡尔·马克思的文章，我到现在都背得下来。

所以，读专业书也是这样，要拿出背书的精神，“书读百遍，其义自见”，不懂说明还没有读到位。我们民族史这个专业研究生面试的时候，江应樑先生主编的《中国民族史》三册，有几位是三册书全部背下来，不管怎么考都考得好，而且对他一生有很好的帮助。以前有种说法是正着背，倒着背，倒着背有什么用？就说明他花的功夫多。我们说，“熟读唐诗三百首，不会作诗也会吟”，你读的诗多了，看到春暖花开，看到银杏叶黄了，你就会念念有词，就能写出诗来。现在为什么没有那个感觉？就是读的诗不够嘛，确实是这样，所以读专业书也要精读。按照现在的著作数量来说，至少要精读五十本民族学的著作，比如马林诺夫斯基啊，涂尔干啊，布迪厄，格尔茨这些，费孝通的也要读，林耀华的，王铭铭的也要读一下，王建民的《中国民族学史》也要读一下，就是了解一个学科的学术史。

作者简介：

吴佳琪，云南大学2014级民族学专业本科生；范玉恺，云南大学民族学专业2014级本科生；杨元，云南大学民族学专业2014级本科生；刘莉，云南大学民族学专业2014级本科生。

也谈几点不成熟的小建议

付光旭

前几天收到师妹刘莉的邀请，让我帮忙写一篇关于在云南大学读民族学的感受的文章，内心涌起一股暖流，没想到毕业了还有机会在学院的刊物上说说话。在这里要感谢刘莉。

毕业一年多了，很想念大学时光以及相互陪伴的老师和同学们，可是再也回不到以前在一起说笑、讨论的日子了。当然我们现在也都还保持着联系，平时也跟老师们讨教一些问题，询问一下近况，劝他们多注意身体，老师们也总会问到同学们对现在工作生活满不满意，还会语重心长地劝诫我们要静下心来沉淀自己。我因为留在昆明，经常会回学校转悠，也还是有很多机会见到老师和在昆明工作的同学，每次见面大家还是一样的热情和高兴；现代社会通信发达，和远在他方的同学间也能通过语音、视频沟通不断。

说起我的大学生活，那时候还没有现在的各种人类学专题读书会和青年人类学沙龙，阅读经典更多的是靠自己的热爱和上课老师的引导，大学期间走马观花式地读了很多。毕业后也还留着一堆专业书，现在还会时不时拿起来翻一翻，还是有很多曾经的回忆在里面。许多人类学概念和研究方法以前看书时看过，考试也考过，现在要是突然被人问起，也还能说上一二。

细想一下，还有一个事情可以说道说道，就是田野调查。因为对我来说不太可能有机会再去了，所以这里我决定多说一些我对田野调查的感受。田野调查作为人类学的研究方法之一，也是人类学学生的成年礼，其重要性不言而喻。大学四年间，学院提供了很多次机会，让我们能够去更多的、不同的地方，感受那里的风土文化，接受田野调查的洗礼，培养自己做田野调查的能力。

我曾经去过十几个地方做田野调查。每一次、每个地方都会给我不一样的感受，对他者的认识，对自我的认知和反思。当然有一些东西还是有共性的。我有一些不成熟的小建议，现在把它写下来，供学弟学妹们参考。

田野调查不可少的是“吃喝玩乐”，希望大家能够尽情享受。我们云南大学民族学的田野调查活动多数还是在云南省内。云南是全国少数民族最多的省份，要想感受其他民族的生产生活、风俗文化、节日庆典等，云南省无疑是最有优势的。我们有很多去云南地州做调查的机会，你很有可能能跑遍整个云南。打开自己的心门，去和每一个人真诚交往，是人类学民族学的基本涵养，也是我们田野调查需具备的重要能力。在田野里和村民们、市民们一起吃饭、喝酒、玩耍中，可以观察和体悟到他们对某事、某物的认知，资料收集和写作也就自然被促成了。这些跟我们一起度过这段时光的人，成了我们研究的对象，也成了我们学习的对象。我们西南边疆少数民族地区风光无限好，到一个地方以后建议多出去看看，美景、美食、美人，总有你喜欢的。捎带着把路熟悉一下，直截了当地做一次参与观察。

沟通是很重要的能力，在田野调查过程中也不可或缺。这里的沟通对象不仅指我们的田野调查对象，还有我们的老师和同学，他们都可以帮助你扩展认识。在田野调查中要尽可能多地与人聊天，以了解更多的东西，同时也需要尽可能和更多的人聊天，因为这会带来更多的看待同一个事情的角度。另外，要记得老师、同学也是和我们一样一起在进行着研究，而且大家还通常有不一样的生活背景，不要忘了向他们请教，很多时候他们的帮助令我们格外受益。

别小看工具的力量，该带的别落下。笔和纸是再简单不过的，除此之外还可以有录音笔、相机，甚至可以带上摄影机拍一些视频，这些都能帮你攒下很好的研究资料。记忆模糊的地方，始终可以在对应的材料里清楚地看到、回想起来。回头来整理田野调查资料时，又会有很多新发现，对于做研究来说这很有价值。简单点说，你拍的某张照片，可以拿来写一个故事，放在我们的《田野》上跟别人一起分享，把愉悦传递给更多人。再说宽泛一点，你的这个事情往后就变成了口述历史，变成你个人传记的一部分，其意义咱们专业的人都懂，不用多说。

最后一个是写作，大量的内容输入到大脑里面，仅仅理解还是不够的，必须要做输出。我们可以记叙一下田野里发生的有趣的事儿，也可以“吐槽”调查过程中是如何的迷茫，总之就是写一些文字，也许它不能帮助你写出一部经典著作，但是它一定会帮助你理解和思考的，而且也是我们都该必备的技能。我以前做田野调查的时候，老师也都会要求每天写几千字，有时候能收集到很多信息，稍加处理，一会儿就能弄出一个长篇。有时候会遇到另外一种情况，向人问来问去都是一样的东西，感觉没啥可写，但因为老师的“苦苦相逼”，总是绞尽脑汁敲打键盘，然而这个过程里往往会迸出意想不到的收获。

当然，除此之外还有很多有意义的内容，相信其他学长学姐会提出更为宝贵的建议，大家也可以在田野调查的过程中不断尝试和打磨。希望学弟学妹们能好好享受在云南大学民族学专业的学习生活，祝福大家！

作者简介：

付光旭，云南大学民族学专业2012级本科生。

作别彩云之南

桑　坤

彩云之南的三年

不得不说再见了，有万般的不舍与百般的怀念。一段旅程到了终点，总要回首来时的风景；一首曲子弹到休止符，总是意犹未尽、余音绵绵；一本好书看到尾页，总要从头再浏览一遍。我的彩云之南三年，值得我去反复地咀嚼回味。在这里经历的人和事，所有不期而遇的温暖，与这片土地建立的羁绊，我都将带着它们继续前行。别了，云南大学民族学的三年！别了，我的老师、我的独龙族乡亲们、我的兄弟姐妹，还有我的朋友伙伴！别了，彩云之南！谢谢你们给我的照顾和呵护，更加谢谢你们对我的教诲和期盼！无论我走得多远，我都记得这三年！

毕业典礼的发言

尊敬的各位领导、老师，亲爱的同学们，大家上午好！

很荣幸可以作为硕士毕业生代表发言。历经三年的阈限，我们终于站在了这场通过仪式上。是的，毕业典礼是一场通过仪式，代表着我们从人生的一个阶段进入另一个阶段。按照人类学的说法，通过仪式上会有一些象征磨难的符号与话语来帮助大家回忆过去的阈限。

时光回到三年前，因为本科时的一次乡村调研，我萌发了回到农村帮助农民解决实际问题、帮助农民更好维权的想法。带着这个想法，我选择继续读研深造以丰富自己的理论内涵，提升看问题的思维深度。我本科的两位导师推荐我来云大民族学专业学习深造，因为他们觉得我需要来云大，在民族学扎实的田野训练与良好的学术氛围下成长，成为走出象牙塔、跨进泥巴墙和农民同起居，能理解他们喜怒哀乐的学人。

来云南之前，本科老师告诉我这样一句话："今后无论你身处何方，身居何职，要做一个有教养、负责任的公民。要像上帝一样思考，像市民一样生活！记住要为生于斯长于斯的土地作出你应有的贡献！"带着这样的嘱托我来到了云大。我很庆幸自己来到了云大学习民族学，来到这向上、温馨、友爱、互助、谦让的集体中，让我过去的三年有了刻骨铭心的记忆。回望这三年我是满满的感谢和感恩。

还记得来到云大第一个学期的寒假，我就跟着我的导师高志英教授去了位于滇西北中缅边境的怒江傈僳族自治州贡山独龙族怒族自治县的独龙江乡做调查，去接受田野的历练和洗礼。那一年，我独自一人与当地的独龙族一起渡过了整个寒假，那一年也是我人生中第一次一个人离开家乡，在陌生的地方跟着素不相识的人过春节。我希望自己在跟独龙族兄弟同吃同住同劳动的时候，能更加深刻地理解他们的生活方式和社会结构，也理解他们的喜怒哀乐。初开始到异文化社区的文化不适应让我吃到了苦头，也理解了做调查研究的不易。独龙江相对于我生活过的内地来说，是文化几乎迥异的两个社会。独龙族有自己的语言，也有自己的一套文化体系来描述和解释整个现实世界。对于不懂独龙语的我来说，初开始接触独龙族人时经历了一段时间的文化孤独和文化无助。好在我有耐心和勇气去适应田野调查期间的孤独。我调整好自己的心态，带着好奇心、凭着自己的毅力细心地去学习他们的文化，用心去学习独龙语并跟他们做朋友，逐渐地，我获得他们的认同与接纳。他们也逐渐地把我当作他们的家人，还为我起了独龙族名字"Pung · sung"（独龙文，汉译"彭松"）。

慢慢地，我开始在木楞房里、在我独龙族兄弟的火塘边坐下来静静地听他们用不太顺畅的云南滇西北方言讲述一个个鲜活的个人故事。他们跟我描述以前独龙江隧道没有修通的时候，去到县城又返回村子需要半个多月的时间。山路的艰险，再加上每年有 6 个月的时间大雪封山，出不去，这让很多独龙族孩子放弃了求学深造的梦想，也让很多的独龙族孩子在这条求学的道路上失去了生命。独龙江禁猎以后，他们只能靠挖药材度日。上山挖药材需要走一个星期的山路，趟过无数条湍急河流，才能到达有药材生长的海拔四千多米的高山上。他们在那里一待就两三个月。辛苦背回来的药材还经常被外来的老板挑三拣四，狠狠地压价，他们拿到手里的只是很少的一点钱，而他们还要用这笔钱去勉强维持来年家庭生活的所有开支。

他们也说社会变化太快，很多新事物的涌入让他们感觉眼花缭乱甚至是无所适从。他们同样对外界充满着好奇，但是村里年轻的独龙族小伙子们满载着希望去外面探险，却一个个带着被骗被伤害的失落回到村子里面。他们接受着现代化教育，却不能在社会的激烈竞争中占据一席之地，获得生存的来源，只能退回到村落里面，却因从小就被送入学校，祖辈的生活技巧与地方性知识对于他们来说是一片空白，因而回到村落里的他们同样难以谋生。在独龙江乡的日子里，我看到一个个鲜活的生命从我的身边离开，看到一个个我曾经的独龙族朋友去到他们说的“阿细默里”、去到另外一个世界，我的内心充满了无限的悲悯和同情。人类学要求每一个田野工作者既要 inside 又要 outside，既要深度地参与观察他们的生活，又要跳出来理性分析他们的文化现象。可当我看到跟我喝酒倾诉的独龙族朋友选择自杀，离开这个世界的时候，我无法再冷冰冰地在一旁记录和观察这一切。我与他们的亲人一起哀哭和祈祷。

在云大的这三年，我要感谢伟大的田野调查训练。在田野调查中，我观察记录了一个个调适并适应全球化的鲜活事迹和个人案例。他们演绎的生命轨迹是一幅幅小人物适应大时代的瑰丽画卷。整个独龙江是一个单一的民族存在，同时也是一个相对独立的社会单元。独龙族社会的变迁历史，可以作为一个标本影射整个中国社会的变化过程。我们整个中华民族都在面临现代化以及全球化的问题，我们该如何更好地应对这场前所未有的全球化，在其中保持自我的本质不变；如何让外来的新事物不对本土文化的生存土壤造成巨大的破坏，如何使文化内部产生变革的内在力量，让鸡蛋从里面打破，让文化迸发出新的生命。这是我一直都在思考的问题。

在云大的三年，田野的磨砺洗去了我的稚嫩、肤浅、功利、浮躁、虚荣和文化偏见。慢慢地，我的心安静下来，用心去聆听每一个田野对象的故事，带着真诚和无限的钦佩去记录他们的生活遭遇。人类学与民族学帮我树立了文化平等观。文化是平等的，并无高低优劣之分，每一种文化都是它的创造者在与自然相处的过程中编织出的最适合当地地理环境和社会环境的意义之网。它是这一地方先辈的生存智慧，更是这一地区人与自然的相处之道。我们不能用自己的文化去评判他者文化的优劣高低。我们要做的就是沉浸到他者的文化内，变成他们的一分子，然后再反观自我，完成一次跨文化的比较分析。

以上是我的田野，我的阈限，也是我的刻骨铭心。

毕业典礼不但是一个通过仪式，也是一个告别仪式。从小到大，我们无时无刻不在告别。我们曾经告别童年、告别小学、告别高中、告别本科……而今天我们将告别彩云之南，告别在田野调查中照顾我们、关怀我们，待我们如亲人般的淳朴乡亲们。如果不是他们的辛勤照料，我们难以顺利调查，也难以完成我们的毕业作品。在田野调查中与他们朝夕相处的日子，让我们相信在这个充满风险与流动、不安的现代性社会里依然存在着热情、信任、坦诚、善意、包容、接纳等人性的美好。因此，我们应在批判的时候仍然怀有对美好事物的憧憬！

我们将告别至今还未看懂读懂的云南大学、告别民族学与社会学学院，也要告别苦心教导、辛苦栽培我们的各位领导和老师。因为正是他们教导我们应在理性的背后有对正义的激情；在科学的背后有对真理的追求；在批判的背后有对美好事物的憧憬！若不是他们的包容与耐心，难有我们的成长；若不是他们的辛勤哺育，难有我们的成才。我们要谢谢我们的老师！

我们将告别落地为兄弟、何必骨肉亲的同窗之谊！告别各自的班集体这一最珍贵的角落！告别东陆，告别会泽院，告别致公堂、鼎鑫（公寓）、东二院、十一栋，告别那些曾经笑过、哭过、醉过、唱过、喊过、拥抱过、沉默过、委屈过、灰心过、奋斗过、相互伤害过又相互拥抱过、肩并肩一起看彩霞的日子——我们的生命中有了一段日子叫“那年夏天”。那些一起走过的闪亮日子是我们宝贵的财富，那些禁不住让我们嘴角扬起笑容的记忆，将成为我们生命中的最美好！我们要互相感谢，谢谢你的灿烂笑容照亮我的天空，谢谢你分享心情把我放在心中，夜里有时会寒冷，你我生根同暖土，友情是最亮的星，我的生命从此美丽！感谢在彩云之南这片土地上所有不期而遇的温暖。与这片土地建立的羁绊，将会伴随我们的一生！还有一些东西应当告别，比如我们研一刚来时的懵懂、稚嫩、浮躁、肤浅、庸俗；我们带有世俗的偏见眼光与文化优越感；我们过分的功利与精明。我们还要告别彼此相处中的不愉快。我们要告别的东西太多，然而有些东西我们却不应该告别：书本不能告别，友谊不能告别，优秀的品质不能告别，努力学习奋斗的精神和行动不能告别，真诚的人格不能告别，独立的立场不能告别，理性的思考不能告别，质疑的态度不能告别，会泽百家、致公天下的云大精神不能告别，自尊、致知、正义、力行的校训不能告别，铁肩担道义、妙手著文章的情怀更不能告别！我们要告别，我们还要再见！我们要再见，在未来，在诗与远方的田野！曲终人未散，明天我们将从这里走出去，希望我们都带着智慧、带着勇气、带着执着、带着幸福继续前行！

作者简介：

桑坤，云南大学民族学专业2014级硕士研究生。

学术初探

老挝籍和尚的跨境流动与社会融入

——西双版纳勐腊县磨歇村波章岩南约个人生活史的人类学研究

冯多多

（指导教师：张振伟）

摘　要：随着严密的僧侣制度逐渐瓦解，傣族男童须入寺为僧的传统习俗被逐渐打破，越来越少的男童愿意出家为僧，如此一来，当地人只能到外地“借”僧侣坐镇村寨，处理日常宗教事务。磨歇村波章岩南约就是在僧侣制度逐渐瓦解下催生出的老挝跨境和尚。本文通过记叙岩南约的跨境与社会流动过程来说明跨境和尚的出现是磨歇村为适应青年一代宗教观念逐渐淡化后催生出来的实体，是一种社会发展的必然趋势，是民族文化适应现代发展的结果。

跨境和尚的出现是现代傣族人向西双版纳傣家文化中注入的合理因子，正是这个群体的存在才让宗教观念淡化的傣族社会得以继续维持其对宗教文化的信仰和传承；同时这种行为和结果也向我们展示了传统文化与现代的融合，传统文化对现代社会的适应，启发我们理性自觉地思考民族文化的变迁。

但是就现阶段来讲，我国尚未有跨境和尚管理制度，大部分跨境和尚都属于非法偷渡，或者只有短期通行证，长久定居在中国的外国和尚也无法享有中国公民身份，这些都在一定程度上影响了傣族宗教文化的传承，也增加了边境地区的管理难度，所以如何寻找“法”与“情”的平衡，如何权衡“事实”与“制度”从而实现对跨境和尚合情、合理、合法的管理，如何在尊重傣族宗教文化传承的同时解决跨境和尚面临的问题是非常值得思考和关注的。

关键词：南传上座部佛教　跨境和尚　西双版纳　傣族　世俗化

勐腊县尚勇镇尚冈村委会磨歇村民小组全景图[①]

一、绪 论

（一）选题缘起

“56个民族56朵花。”56个民族的不同文化构成了璀璨的中华文化。每一个民族都有代表自身特点的民族文化，随着全球化的不断发展，经济交流增强，人员流动频繁，现阶段民族文化的交融和汇聚的范围超过历史上的任何一个时期。在这样的时代背景之下，各民族文化会产生怎样的变化？将如何发展？是否会在发展中泯灭？带着这些问题，笔者查阅了相关的文献资料，并对近年来云南西双版纳傣族地区因南传上座部佛教不断向世俗化的流变而催生出“跨境和尚”的现象产生了浓厚的兴趣。

至近代，南传上座部佛教已经成为西双版纳的主流宗教，寺塔遍及每个村落。民主改革后，中央政府以及地方政府放宽并尊重西双版纳傣族的宗教信仰，使得南传上座部佛教及其文化更加深入到傣族社会全民信仰的土壤之中，其中典型的是男童入寺为僧成为传统习俗。随着社会制度的变革、文化的传播以及现代物质文明的建设，傣族社会的政治、经济、文化与全国更加紧密地融在一起，封

① 笔者摄于2016年7月。

闭的传统思想受到前所未有的冲击与挑战，南传上座部佛教在一定程度上逐渐丧失昔日神圣的光辉，向世俗化流变，这一情况在傣族人的日常生活之中已有表现。

当我来到西双版纳勐腊县磨歇村时，惊奇地发现男童入寺为僧的传统习俗被打破了——这里没有适龄男童愿意入寺为僧，当前村子里已经没有本地和尚，只有两个当地村民从老挝“借”来的和尚，专门负责本村日常的宗教事务。这是傣族南传上座部佛教的一个重大的变化，曾经严密而完善的僧侣制度被打破，但是又由于本村仍然有南传上座部佛教的信仰，当地人不得不到境外寻找僧侣来打理相关事务。

在老师的指导之下，我展开了调查。深入调查后发现，男童不愿入寺为僧的情况早在几年前就已出现，“借”和尚的现象已屡见不鲜，借出地通常为老挝、缅甸、泰国。磨歇村从外地“借”来过五个和尚，其中三个已经还俗与当地女性结为夫妻并定居于磨歇村，还剩下两个主要负责处理磨歇村的日常宗教事务。遗憾的是，这五个人中，只有岩南约会说汉语，我便只能选定他为我的主要调查对象。

岩南约是老挝籍的跨境和尚，现担任磨歇村的“波章”，参与管理当地宗教事务。岩南约的经历是西双版纳南传上座部佛教宗教文化变迁的典型案例，从他身上可以看到宗教观念在傣族社会中逐渐淡化，观念的淡化引起了傣族人宗教活动的变化，这是跨境民族地区客观存在的社会事实，也是傣族人在这种变化中重新注入合理因子，像岩南约这样的一群跨境和尚的存在让宗教观念淡化的傣族社会得以继续维持对宗教文化的信仰和传承。

查找翻阅资料后我发现，现今对西双版纳傣族宗教文化变迁的研究多是从社会学的视角去考察，很少从人类学的视角出发；而且学界对西双版纳边境地区的人口流动研究多以跨国婚姻带来的流动为研究方向，对跨境和尚的流动的研究还很少。本文以跨境和尚流动为研究切入点，既可以借鉴前辈们的经验，又能凸显选材视角的独特。最后，我决定从磨歇村的跨境和尚岩南约入手，采用人类学研究的方法，对岩南约的跨境流动、社会适应情况进行细致调查，以此深入分析傣族宗教文化的变迁，同时针对跨境流动人员出现所带来的问题，提出可行性意见。

(二) 文献综述

本篇论文是基于与磨歇村内的跨境和尚进行的访谈，进而研究、分析、讨论和反思南传上座部佛教在现代物质文明的影响之下在西双版纳发生的变迁。因此，从广义上说，有关傣族的生活理论、宗教观念的研究，民族学对前述事项的研究以及与此相关的一些案例都可以作为本研究的学术背景和理论资源。以下我将按照傣族南传上座部佛教文化的发展，云南边境人口流动和社会融入两个方面来梳理相关文献。

1. 关于傣族南传上座部佛教文化变迁的研究

西双版纳傣族南传上座部佛教的发展是贯穿本文内容的主线，关于南传上座部佛教的发展大致有以下一些研究成果。

郑晓云①发表的两篇论文当中都直接关注到西双版纳傣族宗教文化的变迁，他在文中提到“宗教观念的淡化已是今天西双版纳傣族社会文化变迁中的一个明显的、又属于必然的趋势。傣族的信教活动随着宗教观念的逐渐淡化必然受到影响。今天傣族宗教信仰的变迁有其自身的思想认同，而20世纪六七十年代不能自由地进行宗教活动却属被迫，这两者间有着根本的区别。而作为有思想认同为基础的变化，其影响将更为长远深刻”②。显然他注意到了南传上座部佛教在傣族生活中出现了的、客观的、必然的世俗化倾向，傣族青少年宗教观念的逐渐淡化推动了宗教世俗化，他用社会学的理论视角去考察和分析，为我们深刻全面地论述了这一文化变迁所导致的信教活动的变化。《当代西双版纳傣族社会文化变迁》一文中详细介绍了傣族社会近四十年的宗教、社会的文化变迁，社会制度的变革，现代物质文明的建设，作者认为文化的传播是推动傣族社会变革的主要因素。在这样的进程中傣族的宗教、婚姻家庭、生活方式，傣族妇女的文化特征与社会地位都发生着显著的变化，呈现出从传统的多元到强制化的单一，从单一向新的多元，恢复其传统并融汇现代文明三个阶段的变化。怎样来评价傣族社会发生的这些变化是郑晓云所要探寻的重点，他认为这些变化对西双版纳未来的发展有着重要的意义。他在文中给了我一个这样的启示：“传统文化的发展在于寻找

① 郑晓云．社会变迁中的傣族文化——一个西双版纳傣族村寨的人类学研究［J］，中国社会科学，1997（5）；当代西双版纳傣族社会文化变迁［J］，中国社会科学，1997（5）．

② 郑晓云．当代西双版纳傣族社会文化变迁研究［J］，中国社会科学，1991（1）．

与现代文明的衔接点，这其中不适应现代文明发展的因素将自然被扬弃。回避或强行改变传统来求发展的做法都难以获得好的效果。”① 这为我指明了研究南传上座部佛教的文化变迁的方向，而不是一味地觉得跨境和尚的出现是傣族宗教文化逐渐衰落的结果，为我提供了全新的研究视角。

瞿明安②对南传上座部佛教的研究也从不同的方面来展现了南传上座部佛教在傣族社会中呈现的变化。文章对西双版纳社会转型时期的信教民众宗教观念淡化进行了研究，同郑晓云一样全面地论述了宗教文化发生变化是西双版纳傣族社会中的必然趋势。

褚建芳对于德宏芒市傣族文化的研究，从德宏芒市傣族的俗语“懂人话”入手，深入地探讨了当地傣族群众的生活伦理、传统教化和社会控制。③ 他指出，芒市傣族社会中存在着不同的年龄组，在青年和中青年年龄阶段的，一般没有接受过系统的寺庙教育，不知晓南传上座部佛教的一系列规矩的人被称为“尚不懂人话”④。然而随着改革开放之后，九年义务教育的普及，寺庙教育不再是傣族人主要的受教育方式，与此相对应，年龄组中原来最受尊敬的老人逐渐失去了他们本具有的绝对话语权。青年群体是本文研究的重点，基于对青少年宗教观念淡化的分析，研究不同年龄组在信教活动中的差异。褚建芳对傣族宗教文化的研究中，傣族宗教文化的神圣与世俗交融表现得异常鲜明和突出，他通过对那木寨当下宗教活动仪式与等级秩序的分析，展现南传上座部佛教文化的变迁，虽然他没有对那木寨宗教活动进行今昔对比，但从他的文章中可以明显看出宗教文化在现代化背景下发生变迁的。⑤

金少萍⑥在傣族村社生活的个案研究中详细地介绍了城子村的宗教活动，从

① 郑晓云．当代西双版纳傣族社会文化变迁研究［J］．中国社会科学，1991（1）．

② 瞿明安．变动中的宗教——当代西双版纳傣族宗教生活世俗化的特点［J］．世界宗教研究，1999（1）．

③ 褚建芳．懂人话——芒市傣族村寨的生活伦理、传统教化和社会控制［J］．开放时代，2014（6）．

④ 褚建芳．懂人话——芒市傣族村寨的生活伦理、传统教化和社会控制［J］．开放时代，2014（6）．

⑤ 褚建芳．人神之间——云南芒市一个傣族村寨的仪式活动与等级秩序［J］．开放时代，2014（6）．

⑥ 金少萍．南传上座部佛教与傣族的村社生活——西双版纳勐腊县勐仑镇城子村的田野个案［J］．西南民族大学学报．2010（9）．

佛寺的建设、佛寺的供养、大型的宗教节庆、神圣与世俗交织的人生礼仪、传统工艺以及暮年的脚步几个方面来论述南传上座部佛教的宗教文化。从中我们可以清晰地看到傣族社会中宗教文化的演变。随着现代文明的渗透，青年一代的宗教观念逐渐淡化，傣族村社的人生礼仪以及宗教节庆呈现出神圣与世俗的巧妙融合。作者还思考了在世俗化越来越明显的今天，中老年信徒日渐衰老，入寺为僧人数日渐减少，傣族地区的宗教文化将如何发展的问题，为我们今后的研究指明了方向。

张公瑾①对傣族生活的研究；赵世林、伍琼华②对西双版纳傣族社会的调查；杨学政③、李国文④的相关研究；谭乐山⑤的个案调查研究；张振伟⑥对傣族生活的研究都对傣族南传上座部佛教的宗教活动与文化变迁进行了论述，增强了对宗教及伦理文化方面的了解。

在阅读了以上文献之后，我发现虽然在南传上座部佛教以及傣族传统文化与宗教信仰方面都有相对详尽的研究，但对傣族宗教信仰与傣族村寨社会关系等方面的研究还有所欠缺。如果泛泛地从已经相对成熟的领域寻求一个研究的入口未免有投机取巧之嫌。在充分学习的基础之上，发现前人研究的空缺之处，从具体的事例着手研究，来完成一份本科论文也是一件有价值的事情。

2. 关于云南边境人口流动和社会融入的研究

西双版纳边境地区的人口流动研究，主要以跨国婚姻带来的流动为主要研究方向，有关跨境和尚流动的研究还很少，本文以此为切入点，既可以借鉴前辈们的经验，又体现出选材视角的独特。

董建中⑦在其对跨境婚姻问题的研究中详细介绍了云南边民跨境通婚问题的历史演变，以及八个边境州市边民跨境通婚情况。他在研究中将通婚的特点和通婚面临的主要问题呈现出来，提出了管理边境流动人员的建设性的意见。云南边

---

① 张公瑾，王锋．傣族宗教与文化［M］．北京：中央民族大学出版社，2002.

② 赵世林，伍琼华．傣族文化志［M］．昆明：云南民族出版社，1997.

③ 杨学政．云南宗教史［M］．昆明：云南人民出版社，1999.

④ 李国文．通向彼岸的桥梁——云南民族宗教信仰［Z］．田野．

⑤ 谭乐山．南传上座部佛教与傣族村庄经济：对中国西南西双版纳的比较研究［M］．赵效牛，译．昆明：云南大学出版社，2005.

⑥ 张振伟．西双版纳傣族二元宗教系统的形成与发展［J］．思想战线，2013（2）．

⑦ 董建中．云南边境民族地区跨境婚姻问题研究［J］．西南大学学报：人文社会科学版，2013（5）．

民跨境通婚是在长期历史条件下形成的，也将长期存在。这些跨境婚姻为我国与相邻国家友好相处打下基础，边民通婚是客观存在的，因此不能强行切断他们的交往，如果强行切断只会给边境地区人民的交往带来不和谐，因此制定符合我国与边境地区人民友好交往的政策才能稳定和团结各民族。

李春向、袁春生[①]重点分析了跨境婚姻中存在的困难，以及由此带来的影响，还谈论了近年来跨境婚姻现象逐年增多的原因。云南边境地区的跨境婚姻面临着通婚办证难、登记效率低，“事实婚姻”家庭增多，“黑人黑户”现象突出等问题，增加了我国边境管理难度，为边境社会治安和稳定埋下隐患。他们认为出台有关边民通婚管理的法律，结合自身实际创新边民通婚的社会管理模式是解决相关问题的关键钥匙。

龚锐[②]对西双版纳跨境民族的个案研究以云南西双版纳打洛镇傣族与缅甸北部掸族的跨境交往为切入点，分析他们在交往基础上所引发的经济、文化方面的联系，以及在此基础之上所引发的文化认同与互动。跨境的宗教文化交往，带来了经济上的相互依存，促进了打洛边境口岸周边两国人民的团结合作。可以看出，正是经济上的相互依存使得他们在文化交往、宗教观念方面趋于一致，而南传上座部佛教是这一交往过程中的桥梁，发挥着不可或缺的作用。南传上座部佛教对于共同信仰者，傣—掸民族而言有着超验性的力量，它能凝聚信教群众的精神力量，使他们有强烈的认同感，引发文化互动的同时也促进了双边在各方面的交往。

谷家荣[③]对云南跨境婚姻进行个案调查，他从族群认同与国家认同方面对跨境婚姻展开调查，提出了与传统理念不同的观点。他认为跨境民族的社会认同意识普遍强于国家认同和族群认同。在滇越边境，同一个民族跨居两国是极其普遍的现象，分处两国的同一族人在语言方面没有交流障碍，国家的界限并不会对他们的交往造成障碍，但跨境婚姻关系如果得不到国家法律上的承认，那么这种结合就是一种违法的行为。如今国家已加大对跨国婚姻群体的扶持力度，帮助他们办理暂住证，可见国家开始重视边境管理中的相关方面。

---

① 李春向，袁春生. 云南跨境婚姻管理［J］. 云南社会科学，2015（4）.

② 龚锐. 异域与本土文化之间——中国西双版纳打洛镇傣族与缅甸掸族的跨境宗教文化交往［J］. 贵州民族研究，2006（3）.

③ 谷家荣. 地域、身份与认同——云南金水河村傣族跨国婚姻调查［J］. 青海民族研究，2009（4）.

范宏贵[1]对中越两国边民流动的研究；方铁[2]对云南跨境民族情况的研究；侯莹[3]对跨境婚姻的个案研究；董建中[4]对边民跨境婚姻的研究都讨论了云南边境跨境人员的流动情况，为本文的研究提供了丰富的材料。

二、磨歇村概况

（一）人文背景

磨歇村全民信仰南传上座部佛教。全村有农户 105 户，乡村人口 535 人，其中傣族 530 人、瑶族 1 人、汉族 4 人。主要劳动人口 384 人，分别从事农业、渔业、交通运输业、自由小本经营，同时还有部分人选择外出打工，职业结构属于以农为本的传统结构模式。

当地早婚现象较为普遍。男女青年一般在 16～18 岁结婚，因而早孕现象也较为突出；大多村民家里都有两胎，没有明显的重男轻女现象。村子里有一所学校[5]，总共有 4 个班，学生 145 名，一个年级一个班，只办到小学四年级，再往上就只能到磨憨镇的学校就读。全村文化程度以初中较为普遍，青年一代里，女性文化水平相对高于男性，大部分女性初中毕业后都会到外地打工，男性一般都会重回村寨。村里识傣文者都是 60 岁以上的年长者，年青一代已经看不懂老傣文。一个家庭大多由两到三代组成，大多数都是从夫居，从妻居较少见。

（二）主要社会组织

1. 村委会

磨歇村的村委会是一个群众自治组织，职权范围较广，决定着村落社会生活的方方面面，主要由村长、副村长、村支书、会计、妇女会主任、各组组长[6]组成。其产生方式是由村委会选出候选人，再由村民们投票决定，三年一周期。村

---

① 范宏贵．中越两国的跨境民族概述［J］．民族研究，1999（06）．

② 方铁．云南跨境民族的分布、来源及其特点［J］．广西民族大学学报，2007（5）．

③ 侯莹．滇越边民跨境婚姻的社会管理对策研究——以云南中越边境金平县为例［J］．黑河学刊，2015（10）．

④ 董建中．云南边境民族地区跨境婚姻问题研究［J］．西南大学学报：人文科学版，2013（5）．

⑤ 磨歇村小学始建于 1953 年，坐落在村头。学校有现代结构的混凝土两层楼房，一块面积不大的篮球场，两排学生宿舍。

⑥ 全村被统一分为九个小组，每组有一个主要负责人

长负责主持工作，处理村民日常纠纷；会计（现由本村副村长兼任）主要负责处理村寨财务方面的工作；妇女会主任主要对计划生育、日常妇女活动进行组织和宣传；每个小组过赕、过节等活动由各组组长自行组织。磨歇村委会是一个新时期的农村自治组织，其设置格局除应现代政权的要求外，很大程度上也受到传统的影响。①

2. 老年协会

磨歇村的老年协会由55岁以上的男性组成，人数在20人左右。在傣族社会中，老年人是最受尊敬的。老年协会主要负责日常的宗教事务以及传承民间文化、信仰，因此也可以将其称为宗教管理组织；部分老年人还承担着教授年轻人学习傣文的责任，对此，在下文中会有具体的介绍。

3. 九个互助组织

磨歇村的日常互助活动很频繁，农忙季节的互相帮助干农活儿，建盖新房以及每15天一次的小型赕佛活动都是以互助小组为单位进行活动。互助组织在新中国成立以前就已经在傣族社会中出现，一直延续到今天，这是一种在傣族社会中普遍发生、相对稳定的互助组织。

全村上下105户被均分为9个小组，小组成员固定，一般一个组10户左右。各组组长由组内自行选举产生，每三年选一次。

> 日常的赕佛活动都是以小组为单位组织的，小组成员以户为单位轮流坐庄请客。到时候全组人员都会过来，妇女洗菜做饭，男人在一旁喝酒，男人从不下厨做饭，那些都是女人在做。他们会将佛爷与和尚从寺庙里请下来一同进餐，和尚与男性长者坐在楼上客厅，妇女与儿童、青年在楼下吃。饭吃得差不多了，就打开音响边喝酒边跳舞，一直持续到深夜，几个要好的老庚在一起可以一直喝到每个人都睡着。②

（三）磨歇村佛寺

1. 白　塔

磨歇村现在有两个宗教活动场所——新、旧佛寺各一个。旧佛寺在村寨的西

---

① 高发元，张晓辉．云南民族村寨调查：傣族　勐海勐遮乡曼刚村［M］．昆明：云南大学出版社，2001.

② 2016年7月20日，于岩温扁家中做客闲谈。岩温扁，磨歇村村民。

北边，当地人称为“白塔”。原有的白塔在“文化大革命”期间被损毁，到1985年才得以重建。据当地人介绍，修建白塔是为了镇压和驱赶妖魔鬼怪、保全村人平安。白塔在村寨西边的山坡顶端，从坡底到白塔有一条狭长的水泥路，坡上较陡的地方还特意修成水泥台阶，总共有256级，白塔周围也都用水泥修葺。据说这些都是几年前村民自发出资修建的。

> 修白塔的时候，村民们有钱的出钱，没钱的就出力，村里没有硬性要求，都是村民自愿的，9个小组轮流施工，总共耗时半年。修建完工后，他们还制作了功德碑，上面详细地列出了每家每户每人出资的情况。那256级台阶是由一个承包当地橡胶林的老板出资修建的，他用此来抵押租橡胶林的租金。①

从村寨到白塔大约要走40分钟。那里空气新鲜、植被茂盛，四周都是苍天古树，可以看到村子的全貌。白塔占地面积约900平方米，主体建筑为一个露天金身高塔，高2.5米，四周还有六个狮子簇拥。金塔的旁边还有一个用水泥砖块修的简易塔房，里面放着三尊佛像和若干功德碑，上面密密麻麻写满了傣文。村民介绍这些碑上记的是出资修建白塔的人的姓名以及他们捐赠的物资，佛像下方还放着香炉以及村民们过赕时供奉的赕品。此塔房主要供僧侣在“赶塔”时念经和拜佛。

> 白塔，之所以会称为“白塔”，是因为它是里白外金的，金色的外表是后来一个汉族老板出钱喷上的金色油漆。在村里准备给塔喷金漆时，一个外地来的老板得知了这个消息之后就主动出资喷漆，以此来做一些功德。②
>
> 进入白塔之前要脱掉鞋袜，赤脚进入，不可以拍照也不可以录像，不然会给自己带来霉运。③

村里新塔建成后，白塔的“利用率”逐渐降低；但每逢傣历二月十五日，全村老老少少都会去白塔，举行重要的“赶塔”仪式。

---

① 2016年7月20日，于岩温扁家中做客闲谈。岩温扁，磨歇村村民。
② 2016年7月20日，于磨歇村村长家和村长谈话。岩温留，磨歇村村长。
③ 2016年7月18日，于磨歇村村支书家中谈话。波糯叫，磨歇村村支书。

“赶塔”前两天，全村人会主动去清扫白塔周围的杂草。赶塔当天全村人都会来，在外地打工的人也都会赶回来，这个仪式我们傣族人是非常看重的。凌晨三四点钟我们就起床，带着自家的贡品前往白塔，白塔中央会点燃篝火，我们围绕着篝火转圈，心里默念自己的愿望，祈求祖先、佛祖的保佑。我们会提前准备好糯米饭、烧鱼、酸笋等简食一并带着去，午饭就摆在白塔旁。有些人擅做生意，会趁机抓住人流出售商品，比如用芭蕉叶包着的糯米饭，自己酿烤的烧酒以及各种傣家的特色小吃。“赶塔”的时候场面壮观，热闹非凡。到了傍晚，村民们纷纷点燃蜡烛，举着蜡烛绕着白塔转圈，心里默念新年愿望，祈求佛祖恩赐。①

2. 新寺庙

新寺庙坐落于村寨的侧后方，对着整个村寨的中央，并处于最高地，目之所及，全寨风光一览无余。新寺庙周围没有跟它差不多高的民房，四周都是郁郁葱葱的大树。一条水泥路从村口一直通到寺庙脚下，再爬上 67 级台阶，可看到新寺庙的殿堂。寺庙与寨子之间隔着一条大马路，这明显的界限似乎分割了神圣与世俗。佛寺建筑的空间布局历来都是有规定的，必须严格按照相应的规定来建造。佛寺建筑不仅是寺庙在村民心中神圣的地位和重要性的体现，它还彰显了南传上座部佛教对傣家文化的深厚影响，同时也是联系傣族社会与南传上座部佛教的重要纽带。

寺庙呈南北走向，由北到南依次分布着僧舍、大殿、戒堂。僧舍漆着红色油漆，为传统的傣家竹楼造型，供僧人们学习和休息。僧舍有两层，下层为厨房以及堆放杂物的地方，上层供僧侣日常活动。上层又分为三间，一进门是一个傣家特有的干栏式客厅，里面放着一块简易的黑板，上面用粉笔写着傣文；旁边有两个小房间，是佛爷和小和尚的卧室。在大型节日期间，也供主持宗教活动的波章、长者和远道而来诵经念佛的僧侣们居住。

你们女生千万不能去上僧舍旁边的厕所，那里是专门供给僧侣和男人们使用的，如果你们进去了就是对佛祖的大不敬，而且那个厕所也会被废弃。（女性月事期间）不得进入殿堂内，那也是对佛祖的不敬，同

① 2016 年 7 月 20 日，于岩温扁家中做客闲谈。岩温扁，磨歇村村民。

时反过来也会“折煞”你们自己。[①]

佛寺大殿为土木结构，现代风格浓厚。左、右、前、后分别有一道门。大殿内以金黄色和红色为主要色调，朴实而又不失典雅，华丽而又不失品位。殿堂顶端挂着各式佛幡，上面刺绣着众多佛像，均由村里的妇女亲手绣制。大殿的正前方供奉着一座全金身两米多高的释迦牟尼佛像。佛像西侧有一个高台，专供僧侣念经修行，妇女不可靠近。

此新庙房是1986年新建的，当时的规模没有现在这么大，面积不过几百平方米。你们现在看到的寺庙是2008年翻修扩建的，你们现在看到的这尊释迦牟尼的佛像也是1993年从泰国那边搬运过来的。[②]

大殿右侧门边塑有32个神龛，供奉传说中的32位神仙。

戒堂，坐东朝南，屋顶呈塔状，堂厅呈方形。是专供佛爷念经、集会、商议佛教事务的场所。[③] 除佛爷之外，其余人等一律不得入内。

磨歇村于2008年进行佛寺翻修，后来又有过简单翻修，修建戒堂都是由村支书波糯叫组织的。所花费的资金大部分都来自于“众筹”——几乎全村人都参与出资，除此之外，周边几个厂房的老板也出了钱。这些出过钱的人的名字一个不少地全部被镌刻在寺庙大殿内的白墙上。

在傣族同胞看来，出资修建佛寺庙宇是自己必须做的事情，因为这样不但会给自己带来好运，还会保佑全家平安幸福。他们在得到一笔财富之后会先捐献一部分给寺庙，然后再摆大宴，宴请全村人在庙宇前吃喝。他们认为只有这样那笔钱才不会“折煞”到自己，要做一些好事来感谢佛祖的爱护。

（四）佛爷、和尚以及“波章”

寺庙是村民们寄托信仰的重要载体，而佛爷与“波章”就成为沟通村民与神佛之间的桥梁。每年开门节、关门节、傣历新年以及每15天一次的小型赕佛活动，日常生活中的婚丧嫁娶，上新房[④]等活动都要请佛爷和“波章”去帮忙念

---

① 2016年7月16日，于新寺庙大殿旁访谈。波涛坎，老年协会的组长。

② 2016年7月18日，与波糯叫在农家乐饭桌上闲谈。波糯叫，磨歇村村支书。

③ 金少萍．南传上座部佛教与傣族的村社生活——西双版纳勐腊县勐仑镇城子村的田野个案［J］．西南民族大学学报：人文社科版，2010（9）．

④ 意为建盖新房子。

经祈福，请求“波章”为其驱鬼。他们被称作是“佛在人间的代表”，但佛爷只管念经修佛，而“波章”不仅是经师，还要监管与佛有关的世俗活动。“波章”要负责管理寺庙，并监管佛爷与小和尚的行为，不允许他们违背清规戒律。磨歇村现今的“波章”就由老挝籍的跨境和尚岩南约担任。

1. 佛　爷

磨歇村如今只有一个大佛爷、一个和尚，而且都是从老挝请过来的。

大佛爷21岁，是来自老挝的跨境和尚，来磨歇村已经有三个年头。他相貌清秀，性格腼腆，不会说汉语，当地人都用傣语与其交流。据说在这个佛爷之前，还从老挝请来过一个佛爷，但是那个佛爷整天不学好，还教小和尚抽烟、喝酒、打牌，不学无术、无所事事，就被村民们赶走了。

> 他（村里现在的大佛爷）曾经因村里给的供奉太少跑回了老挝，后来村民又提高供奉金额，才把他重新请回来，但他因为家里弟弟要出远门上学，没有人帮忙干农活，所以打算今年开门节过后就还俗回家。①

磨歇村佛爷

从1986年开始，磨歇村就开始从老挝和缅甸“借”和尚，自此磨歇来过多位住持佛爷和念经学习的小和尚，其中有三位留在磨歇村娶妻生子、安家落户，其余的在短暂停留后便离开了。这三位僧人中，波波勇和波涛香来自缅甸，他俩于1986年被引进，岩南约来自老挝，于1995年被引进。

佛爷在村里主要负责教育小和尚以及管理小和尚的日常起居，主持村里大大小小的宗教事务，为村民们念经祈福。当然寺庙里的财产物资也是佛爷要监管

① 2016年8月2日，于磨歇村村长岩温留家和村长谈话了解到上述情况。

好的。

> 每个佛爷的管教风格都不一样，如果遇上了较为严苛的佛爷，他对小和尚的要求就会比较高，越是上了年纪的佛爷越是“古董”，遇上他们，小和尚的日子就不好过了；但是如果遇到的是性格温顺、年纪与小和尚相仿的佛爷，他们对待小和尚就会比较宽容。有时候遇到佛爷爱抽烟喝酒的，会教小和尚抽烟喝酒，甚至还会骑摩托车带小和尚去镇上的网吧玩。①

2. 和 尚

磨歇村现在的小和尚 17 岁，是同佛爷一起从老挝来到磨歇村的，至今也有三个年头了。在傣族社会里，男童 7 ~ 8 岁就会被送到寺庙当和尚，这是南传上座部佛教严密的僧侣制度的要求，必须遵守，如果家长不送适龄男童出家将会受到社会的谴责，甚至村里可以此为借口不再给其分配土地。但是近年来此制度已因没有了实际的操作意义而被废止。在磨歇村也是这样：本村寨没有一个适龄男童入寺为僧。

在傣族社会里，小和尚不仅要在寺庙里听大佛爷教授的佛经知识，还要到现代学校里学习现代的文化知识，由于家长不在身边无法督促，佛爷又管教不严，小和尚的学业经常被荒废。

> 磨憨镇的小学里就经常看到有小和尚和学生一起上课。他们（小和尚）经常逃课，总是找借口说他们村里要过赕，要与佛爷一起念经，老师也拿他们没有办法。因为他们经常逃课不来学习，也不交作业，所以他们的成绩总是在排最后几名。②

小和尚的日常生活比起同龄人应该算得上很悠闲的了，他们不用“上山割胶”，也不用“下山种地”，更不用一天到晚帮助家里干家务。且因为缺少家长的监管，他们去学校念书的时间也比较自由。小和尚每天早晨伺候大佛爷起床洗漱，接着准备早餐，打扫寺院，跟着大佛爷诵经念佛，学习经书知识，整理经书文件，其余的时间可以自由活动。在我调查期间，经常看见小和尚骑着摩托车外

① 2016 年 7 月 20 日，与当过小和尚的岩罗访谈。岩罗，磨歇村村民。
② 2016 年 8 月 4 日，于村长家和岩坎约访谈。岩坎约，磨歇村村长小儿子。

出玩耍，太阳落山之后才骑着摩托车回来。

3. 波　章

南传上座部佛教的僧侣有严格的等级制度，不同的级别有不同的名称，还俗之后称呼也会跟着变。一个男人，如果是在寺庙中从普通和尚当到大佛爷后再还俗的则被称作“哈喃”，此时如果寨子里还赋予他一系列宗教事务管理权便可称呼他为“波章”。

“波章”肩负管理宗教事务的责任，在村寨里享有特殊权力。“波章”监督管理佛爷与和尚的日常行为，不让他们违背清规戒律，一旦发现违规，“波章”有权力对他们进行处罚管教；平时他还会到寺庙教授佛爷、和尚念诵经文，有时还会有偿地教村里想学老傣文的青年学习傣文；在日常的宗教活动中，无论是大型的赕佛活动，还是平时的婚丧嫁娶、上新房等活动都少不了他的身影，他需要组织佛爷念经，带领全村人向佛祖磕头祈福，拴线以驱赶妖魔鬼怪……可以说“波章”是村寨宗教活动的引导者和管理者，是维续宗教活动正常推进的重要人物，十分重要，不可或缺。

“波章”与佛爷商定仪式所需经书

二、磨歇村老挝籍跨境和尚出现的历史原因

磨歇村是全民信仰南传上座部佛教的村寨。佛教自 13 世纪传入西双版纳傣族地区之后就对当地影响深刻。在过去，磨歇村每一个七八岁的男童都需入寺为僧，在寺里学习经文、佛书、傣文知识，也只有有入寺为僧的经历后才能被称为真正的“人”，才能被社会所承认，才能娶妻生子。但改革开放以来，磨歇村男童入寺为僧的习俗不再是制度性规定，只是基于自愿。近几年磨歇村已经没有男童愿意去寺庙当和尚，现在寺庙里只有一个大佛爷，一个小和尚，而且都是从老挝“借”过来的。

> (20世纪) 50年代，村里的每一个男童都要到寺庙当和尚。那个时候寺庙里小和尚非常多，至少都有80多个，村里根本没有未出过家的青年；但80年代后期情况就开始不同了，大部分适龄男童都被送去现代的教育学校念书，有的则会跑到外面打工，全村上下未进过佛寺的青少年就已经超过一半以上，而且这个数字还在逐年增加。如今村里已经没有适龄男童还会去寺庙当和尚了。[①]

实际上这种现象是傣族社会的宗教观念逐渐淡化的表现，也是傣族社会发展的必然趋势。宗教观念的世俗化转变必然会引起信教行为的变化，这在青少年一代的身上表现得最为突出。今天傣族社会的宗教信仰更多的是精神层面的信仰，而不是教条化的制度信仰。而在宗教观念上，我认为思想层面的认同比教条化的制度认同更具深远意义。

随着男童入寺为僧的传统被打破，磨歇村寺庙里已经没有能够组织宗教事务的僧人，这使世代信仰南传上座部佛教的磨歇村陷入了困境。全村村民经过讨论，一致同意从距离较近的老挝“借”和尚来本寨主持宗教事务，是解决磨歇村有寺无僧问题的最好办法。磨歇村出现老挝跨境和尚的最主要原因，看起来是男童入寺为僧制度被打破，但经过我的深入调查分析，发现真正的原因应是多方面的。

（一）社会制度的变革

随着封建制度的瓦解，社会主义制度的深入发展，傣族地区的宗教信仰逐渐丧失了原来“全能”的社会功能，“政教合一”的政治制度不复存在。20世纪六七十年代，被迫进行宗教活动的现象消失，取而代之的是村民自身思想上的认同。1983年，磨歇村实施“包产到户”和“两山一地”政策，土地山地包产到户，摆脱了集体生产的大包干责任制，村寨对土地不再享有分配权，无法以不分配土地为由强制村民送适龄男孩出家为僧。

> 在土地没有包产到户之前，村寨享有土地分配权，如果不送自家男童去寺庙当和尚，村寨则有权不予分配土地。土地是农民进行一切生计的场所，无土地则无生活，所以每家每户都会按时送男童出家。[②]

---

① 2016年7月29日，于波尖丙的工作室内访谈。波尖丙，磨歇村村民。

② 2016年7月19日，于波坎约的家里访谈。波坎约，磨歇村村民。

现代学校教育制度建立后，村民们发现学校教育所授内容与传统的佛寺教育完全不同，佛寺教育大多教授佛经教规等内容。家长更多考虑的是孩子的前途，希望孩子们能够在现代化教育制度的熏陶下，考上大学，走出寨子。

> 男孩子当了和尚之后，如果顽皮打闹，只能由佛爷进行管教，做家长的不能责骂。所以家长很担心孩子因疏于管教而学坏，就更不愿让孩子入寺为僧。而且佛寺教育与现代教育的知识是脱节的，家长更愿意让孩子在现代学校里好好读书，将来能走出寨子，到外面的世界看看。[①]

计划生育政策实施后，傣族家庭的劳动力明显变少，七八岁的甚至更大的男孩子更是家庭主要的劳动力。男孩一旦入寺为僧，如果离家较远，便不能经常回家务农，而且在重大节日还必须待在寺庙念经修行。

（二）现代物质文明的建设

随着社会经济的发展，磨歇村民的经济活动领域变宽，从单一的农业种植过渡到多种经济作物种植，改变了以往传统的粗放型经济发展模式，注重增强农业生产的科技含量，以提高农作物产量为主要目的。村民们的收入快速增长，交往的活动范围变大，可以随时往来于县城和村寨，或者去老挝、缅甸探亲访友。村民们对自身生活幸福指数的关注度也在提高。

> 寨子里大部分年轻女子都去外地打工了，多在餐饮行业工作，外面的人喜欢吃傣家菜，也喜欢看傣族舞，生意做得很红火。有的女孩在外面打工被别人看上，就嫁出去了。[②]

近年来在政府的正确引导和大力支持之下，目前磨歇村已实现通水、电、路、电话、电视、电信，村民们坐在家中就能直接了解外面的世界；磨歇的基础设施相较于周围一些村寨来说，也比较健全。交通网络日益发达，原来闭塞的村寨如今也修通了公路，年轻一代可随时开着自家小汽车外出旅游，比起在村寨中生活，他们更向往外面的世界。

---

① 2016年7月24日于依留扁家中访谈。依留扁，1983年生，磨憨人，后来嫁到磨歇，现是两个孩子的母亲。

② 2016年7月28日，于咪糯香岗家的小卖部内访谈。

磨歇村老年协会为买新车的人家举行“拴线”仪式

（三）文化的传播

全球化进程的推进使得世界越来越成为一个整体，不同地区之间，国家之间文化交流交往频繁，通信工具的普及让文化传播更为便捷。特别是由于受到汉文化强烈的冲击，傣族社会的青少年一代，宗教观念趋于淡化，来世观念十分淡薄，他们更看重现世的幸福。

> 青年人虽然也参加各种宗教活动，但是只会跟着佛爷、和尚拜，不懂得佛经，对佛祖淡漠。受现代教育的影响，他们不相信来世，也不相信魔鬼，对佛祖的膜拜仅仅只是为了求一个心理上的安慰。①

总的来说，磨歇村男童入寺为僧制度被打破，跨境和尚出现的原因首先还是社会转型所引起的一系列变革，经济利益被重新分配，地方政治格局发生转变；其次，现代教育体制的渗透，交通网络建立，通信设施普及，人们生活水平日益提高，汉文化的强烈冲击，最终致使磨歇村宗教生活、社会习俗发生变革。

在如今的傣族社会，一方面，宗教文化的“净土”仍被传统文化十分顽固地坚守着；另一方面，它又不断受到现代文化的强烈冲击。这个过程中一定会发

① 2016 年 7 月 19 日，与岩坎约访谈。岩坎约，磨歇村青年，高二辍学回家。

生前所未有的传统与现代的碰撞，世俗与神圣的交融。

三、老挝籍跨境和尚岩南约进入磨歇村

（一）岩南约被“请进”磨歇村寺庙

岩南约，男，1982 年出生，老挝人，12 岁入寺为僧。1995 年他离开老挝，孤身一人辗转从缅甸进入中国。他先去了西双版纳勐腊县大佛寺，最终停留在磨歇村。2006 年他还俗并在磨歇村结婚安家，现在已经是两个孩子的父亲。岩南约现在磨歇村担任“波章”一职。他有两个哥哥和一个姐姐，目前都居住在老挝波乔省会晒城边一个叫“微山”的傣族（傣泐）村寨；母亲早亡，父亲则在 1996 年从老挝迁到缅甸境内生活，并另娶他人。

岩南约的生活经历比较丰富，他作为跨境和尚在磨歇的社会融入过程也十分曲折。

> 我父母亲原本都是中国人，父亲是西双版纳州景洪市勐龙镇人，母亲是普洱市勐连县人。1982 年，我出生于西双版纳傣族自治州景洪市勐龙镇；随后的那几年，边境战乱，父亲和哥哥都被要求必须加入民兵，所以一家人被迫搬迁到了老挝境内一个在湄公河边且靠近泰国的傣族村寨。因为同样是傣族寨子，所以在生活习俗与语言交流方面并没有什么障碍。[1]

显然，他的这种说法是不成立的，因为 20 世纪 80 年代的西双版纳并无战事。岩南约的父母亲为什么要从中国西双版纳搬迁到老挝的原因现在已经很难得到准确答案了。

1994 年，12 岁的岩南约进入老挝寺庙当小和尚。本来出家为僧一般都是在自家居住的寨子里，但是他居住的“微山”寨没有大佛爷，不能传授他相关的经书知识，于是他的父亲就将他送往附近有大佛爷的村寨修行和学习。但 1995 年发生的意外事件彻底改变了岩南约的一生。

> 那年我 13 岁，关门节期间一天的早晨，我母亲坐船外出购买所需物品，船行驶到澜沧江中间河段时出了故障，船翻人亡。母亲死后的一

① 2016 年 7 月 29 日，于岩南约家傣楼内访谈。

年，哥哥姐姐分别成家去了别的村寨，父亲也只身一人去缅甸寻了一个独自带着四个孩子的寡妇过日子，我独自留在了老挝寺庙。当时寺庙有70多个小和尚，村民们的供奉根本不够分，通常大佛爷们分完后就所剩无几了。小和尚们都跑回家吃饭，或者跑到干爹干妈家吃饭，可是我没有家啊！饥肠辘辘的我必须再寻出路。

无奈之下，我去缅甸找我父亲。父亲在缅甸再婚，全家六口人全部靠着继母家的土地生活，粮食也不够吃，继母经常给我脸色，我只能另寻出路。我便打算去投靠姐姐和哥哥，但他们也早已结婚生子，日子过得也并不宽裕，我害怕去到那里成为他们的累赘，所以也打消了投靠的念头。正在发愁的时候，父亲告诉我，他在大勐龙还有亲戚，也有耕地，便叫我去大勐龙投靠他们。我便又踏上了寻家的征程。

于是我从缅甸坐上了回勐腊的汽车，出发前，父亲给了我30块钱作为路费并交代汽车司机在大勐龙停车把我放下。但是，到大勐龙的时候司机大叔忘记我父亲交代给他的事情，并没有在那里停车将我放下，而是把我和同车上的人一起拉到了勐腊县城。下了车之后，我才发现自己是在勐腊，但是此时司机已经开车离开找不到了。我当时身上就只有六块钱，根本没有办法买回程的车票。一个人沦落到人生地不熟的地方，再加上那些年通信设施不好，根本无法联系到在大勐龙的亲戚和缅甸的父亲。跟我一同坐车来到勐腊县的还有一个与我年纪差不多大的小和尚，他在勐腊寺庙已经出家四年，这次回缅甸是为了看他的父母，探完亲后便打算回勐腊继续修行，百般无奈之下，我便跟着他一同去了勐腊县大佛寺，我在那里待了3个月，经常也是饥一顿饱一顿地过日子。

3个月过后，磨歇村村支书来大佛寺打听，想寻几个小和尚，因为当时磨歇村寨里只有两个大佛爷，没有修行的小和尚，于是我就跟着他们来到了磨歇村。①

从此，岩南约便开始了在中国的人生新旅程。他在磨歇村寺庙里，跟随大佛爷修行学习了7年，20岁时晋升为大佛爷，继续教授小和尚们学习傣文和经书。2006年他还俗。经村里人介绍和撮合，与寨子里的一个傣族姑娘结了婚并定居。

① 2016年8月2日，于岩南约家傣楼内访谈。

2016年已是他担任“波章”的第三年。

(二)“拜干亲”，被村寨接纳

傣族寺庙里的和尚一直沿袭着拜干爹干妈的习俗，外地来的和尚，因为父母不在身边，在本寨子认干亲可作为自己在陌生环境之下的依靠。每到一个新地方就必须重新拜祭干亲，一旦拜祭过，干亲关系就是一辈子的，永不会断。同时也要在本寨子拜过干亲，才是真正意义上的被村寨接纳。

本地和尚在本地认干爹干妈时，主要是以母方的亲戚为主，如果母方的亲戚不愿意，就轮到父方的亲戚，如果父母双方的亲戚都不愿意，方可在全村寻找，如无人，最终会落到村干部头上。

> 跨境和尚拜祭干亲时，主要由村民优先，自愿选择。他们选中的村民，一般家庭经济状况都比较优越。但如果村民都不愿意，最终责任还是同样落到村干部们的头上。①

拜干亲的时间一般定在傣历的二月底，拜祭的整个过程穿插着非常复杂的仪式，需花费一个小时左右。

拜干亲的第一步是做“拴线”仪式。“拴线”用傣话说是“树欢”，意为栓魂，是傣族社会中传统的祝福仪式。在傣族人的各种人生礼仪中始终贯穿着拴线仪式，如孩子满月、家里买新车、婚丧嫁娶或外出读书工作都会举行拴线仪式。仪式在干爹干妈家进行，来参加仪式的主要是亲朋好友、村子里面比较有威望的长者和专门管理宗教事务的波章。大家一起围坐在篾桌周围，主角在中间，其他的亲朋好友围坐于后。仪式开始，年纪最长者在篾桌上点起三根蜡条，念起经，内容主要是希望小和尚能够顺利平安。诵经完毕之后，将白线发到在座的每一个亲朋好友手中，接下来，长者们一个接一个地将亲朋好友手中的白线拴到和尚的双手上，嘴里则念着祝福的经文。亲朋好友还会在篾桌上放几块钱，以表示祝福。钱的数目从几十块到几百块不等。拴线仪式后，大家聚在一起吃午饭，场面热闹。待到第二天早上九点，全村人聚到寨子中央的广场，为小和尚洗澡沐浴，干爹干妈为其擦肩搓背，其他人则在一旁接水冲洗。沐浴结束后，为和尚穿上袈裟，然后用事先准备好的轿子将他抬到寺庙。整个仪式到此便结束了，总共需要

① 2016年8月4日，于村长家和村长谈话。岩温留，磨歇村村长。

花费一万元左右。

和尚在晋升为大佛爷之时，也需进行一套繁杂的仪式。仪式时间一般在傣历的三四月份或七八月份，必须到当地的总佛寺举办。岩南约晋升为佛爷的仪式就是在勐腊县的总佛寺举办的。干爹干妈为他在家里沐浴一次，然后举行“拴线”仪式；接着将他送往总佛寺由大佛爷帮他沐浴一次。最后，开始念经仪式，要求他守127戒，从善行善积善，博爱、孝顺、感恩，去欲包容……一套繁杂的仪式结束后，大和尚就正式升为佛爷。很多村民都会自愿参加晋升大佛爷的仪式，一起听佛爷们念经祈福，见证这伟大的时刻。[①]

岩南约的干亲是磨歇寨会计的父母，他们是岩南约在异乡的依靠，他们有责任照顾岩南约生活起居。小到看病、外出，大到还俗结婚。同时岩南约也有其应尽的义务。只要干亲家有事情需要人手帮忙，便会叫他去。在平时的日常中，或者农忙时节，只要寺庙里没有特殊事情必须留守，岩南约都会去帮忙。包括到现在，岩南约虽然已经还俗结婚了，但仍旧要去干亲家帮忙。

四、老挝籍跨境和尚岩南约融入磨歇村

（一）担任“波章”一职所需承担的职责

磨歇村民对佛祖的信仰是交融着神圣与世俗的，他们要求佛爷、和尚专心佛事，其他与佛事无关的一律不管，而“波章”则管理佛的世俗化活动。岩南约在磨歇村担任“波章”的这三年里，尽心尽职，认真负责地处理大大小小的宗教事务。他识鬼，知天命，可帮村民算命驱鬼，从一定意义上来说，他也代表着傣族民间的巫术文化。“波章”是一个非常复杂的职位，岩南约作为“波章”，其在磨歇村社会生活中的作用同样具有复杂性。下面笔者将会用几个在磨歇村发生的个案来说明他所需要承担的职责。

1. 参与日常宗教事务的管理

个案1：承担“关门节”仪式的组织工作

傣历年、关门节、开门节是傣族社会最重要的节日之一，我在进行调查期

---

① 2016年7月18日，于岩温留家与其谈话。岩温留，磨歇村村长。

间，正好赶上关门节。当地有关关门节的传说有很多。

每年傣历九月，佛要到西天去为佛母讲经，3个月才能回来。后来有一次，佛到西天去讲经时，佛徒数千人到乡下传教，践踏了百姓的庄稼，佛祖对此很是不安。此后，每当佛祖到西天讲经时便把所有的信徒都集中起来，规定他们在这3个月内不许到任何地方去，只能忏悔赎罪。[①] 还有一个传说是这样说的，由于西双版纳的夏季雨水多，僧侣们化缘不便，并且容易伤害到许多草地里、洞穴中的小生命，因此，信徒们向僧侣提出建议：雨季来临之际，由他们及村民上山给僧侣送斋食，而僧侣们则安居修行，诵念戒律。[②]

关门节的时间是在傣历七月十五日至十月十五日，历时3个月，这期间有大大小小的上香拜佛仪式，“波章”要与村里的老年协会一起组织和安排仪式事项，选择仪式上需要诵读的经书，起到带头引导的作用。在关门节到来的前一天，人们就要准备好关门节过赕所需的物品，做好要送去祭奠逝去祖先的饭菜。等到七月十五日，有亲人逝去的家庭要将准备好的饭菜抬到寺庙，摆在大殿正堂，等待念经祈福，做滴水仪式。“波章”是仪式的主持者，村民们都听从他的领导和安排。仪式开始时，“波章”带头念经，之后是佛爷念诵经文，超度众生，祈求整个寨子平安和幸福，然后是“波章”做滴水仪式。他们相信这样做能安顿逝去亲人的灵魂。祭奠祖先的饭菜在仪式结束之后用红色的塑料袋装好，分成3大份。最后，再把其中的30份给大佛爷，20份给小和尚，剩余的则留给年长男性在寺庙里享用。

在关门节的这3个月里，每7天还有一次“和尚节”。这个节日起初是因为在关门节期间佛爷与和尚不许外出，村民们就要为他们煮饭烧菜，供奉柴火。演变至今，就变成一个传统的宗教节日。磨歇村的105户人家分为9个组，每个组轮流过和尚节，排的顺序除村长所在组排第一，其余都由抽签决定。小组成员会集资购买和尚节所需物资，并邀请寺庙里的僧人和“波章”一同参加。晚餐时，僧人、“波章”与老年群体坐一起，席面摆在竹楼的二楼；妇女、儿童和年轻男女则在一楼用餐。场面十分热闹，堪比汉族过新年。

---

① 2016年7月18日，于岩温留家与其访谈。岩温留，磨歇村村长。
② 2016年7月24日，于岩温扁家中做客时闲谈。岩温扁，磨歇村村民。

磨歇村“关门节”在庙堂里进行念经仪式

过节那天，一大早，小组成员就开始准备酒宴。妇女们洗菜、淘米，做些零散小活，成年男子承包磨刀杀猪、分解猪肉之类的力气活。之后，妇女们在一旁做饭烧菜，男人们则在一旁喝酒打牌，场面喜庆而热闹。一部分妇女准备酒宴所需的菜品，另一部分妇女则在一旁制作一种用野生芭蕉叶包裹糯米饭和花生制成的甜品。在晚宴之前，妇女们还要准备第二天清晨去寺庙上香拜佛时献给佛祖的食物。

老年群体则负责制作过赕用品，是一种像“花树”一样的东西。“花树”大约高1米，最下面用的是一个竹编箩筐，竹编箩筐里面四周用细竹签固定芭蕉叶子遮挡好。“花树”的支柱是芭蕉树干，插在箩筐正中间。芭蕉树干上要插上带着各种装饰品的竹签。最后，再挂上其他的东西：练习本、傣文抄写的经书、牙膏牙刷、零食等。制作“花树”是傣族同胞流传千年的习俗。

下午三四点的时候，小组成员就敲锣打鼓地一起到寺庙上香拜佛。这时就会将做好的花树放到佛祖面前，作为让佛祖保佑村民的礼物。但是上寺庙的一般都是男性，因为女性在来月事的时候被认为是污秽的，如果进庙去就是对佛祖的大不敬，会被佛祖降罪，所以女性一般都不会上去寺庙的殿堂里。

第二天清晨6点左右，小组成员们还要去寺庙里过赕，每家每户至少有一人会出动。当家的男人，会从家里提两捆干柴到寺庙殿堂；妇女们也会将前一天准备好的糯米团子和饭菜抬到寺庙殿堂。等一切准备就绪，佛爷和“波章”入场，开始诵读经书。“波章”诵读的是一本很旧的牛皮书，佛爷则拿着一本傣文的神话故事。这本神话故事所讲的内容以傣族祖先们的英勇事迹为主。“波章”和佛爷通过念经的方式为村民们祈福，希望他们能平安健康。所有的仪式结束之后，小组的村民们就将寺庙殿堂里的干柴和饭菜抬到僧舍，供奉给佛爷与和尚。

个案2：主持“赕帕萨”（“清明节”）的祭祖仪式

每逢傣历的十一月五日，也就是老历的八月十五，就到了傣族的“赕帕萨”。这是傣族社会最大的“赕佛”活动之一。

在“赕帕萨”到来前三个月，各家各户就要开始为去世的亲人们准备祭品。祭品包括人们日常生活中使用的所有器物，从基础的生活用具到高档的生活用品，一样不缺；小到锅碗瓢盆，大到摩托汽车，无所不有，都是依照活着的人所需的生活用品来准备的。还要请工匠为逝去的亲人建一座竹子编造的小房子，而这间小房子就代表着逝去亲人在阴曹地府的家。到了傣历十一月五日的前一天，家里的人就会把建好的小房子拿到寺庙的大殿里放着，房子里面还装有给去世亲人准备的东西，以及大量的现金。所备物品的多寡，一般由逝者在世家人的经济水平来决定。有钱的人家会花更多的钱去准备这些东西。一般情况下大概会花费一到两万块钱制备物品。

> 无论亲人去世了多少年，十年或二十年，都只为他办一次这样的仪式。办仪式的时间主要是根据自家人经济条件决定的，哪一年经济条件宽裕，就会选择在哪一年办。当然活着的人也可以在这一天为自己建造一间死后在阴曹地府使用的小房子，购置生活必需品和自己喜欢的东西，这样自己死了以后就不会变成孤魂野鬼。①

“赕帕萨”那天，“波章”和大佛爷会在寺庙里诵经念佛，将死去之人的魂魄叫回来认领亲人们给他们捎带的东西。仪式结束之后，给逝去亲人准备的物品就留在寺庙，归庙里的僧人所有。僧人们能够处置这些物品，有时会低价出售其中的一些物品以换取生活费。村子里的好几家人都购买过僧人出售的此类生活物品。

原来这些过赕所得的收入不归佛爷与和尚个人所有，这些收入只有当需要修

① 2016年7月29日，于波尖丙的工作室内与其访谈。波尖丙，老年协会成员，会帮村里人制作“赕帕萨”所需要的小房子。

磨歇村妇女准备“过赕”用的芭蕉包

葺寺庙、佛塔的时候才能使用，佛爷与和尚根本没有权力擅自挪用。但是近几年来变味了，大部分过赕的收入都归了佛爷个人所有。①

在傣族同胞们看来，他们做的这一切不但是为了自己死后有个家，更是在为自己的来世考虑，为自己来生投资，为自己来生的幸福做铺垫，在他们心中一直存在一种来世观念。所赕的物品是实物，并按照自己的意愿，想赕什么就赕什么，不能造假，这也体现出他们不仅在今生渴望幸福美满生活，在来世也希望如此。

个案3：组织“戒堂”的落成庆典

在笔者调查期间，磨歇村新的“戒房”刚好落成。村里为了庆祝戒房的建成，举办了一场持续两天的盛大宴席。新戒房坐东朝南，屋顶造型类似塔尖，堂厅呈长方形。戒房是专门供佛爷们念经、集会、商议佛教事务的场所，除佛爷之外，其余人等一律不得入内。戒房的修建总共花费18万，修建所用资金都是村民们自愿捐赠，政府没有出资补助，在庙里的一面墙上就详细地列出了村民们为戒房出资的金额数目。

① 2016年8月1日，于波糯叫家中与其访谈。波糯叫，磨歇村村支书。

> 勐腊县城的一个橡胶老板为新戒房出了大部分修建款，他也是傣族同胞。他认为修建庙宇不但可以为自己带来平安与好运，也能为自己积德行善。村民们所出资金的绝大部分来自修建铁路和高速公路占用土地的补偿款。因为有了这笔补偿，村民们手头宽裕，所以更愿出资，修“戒房”也趁这个时机轻松就筹够了钱。①

听村民们说戒房还可以提供给那些想要还俗的和尚举行专门的还俗仪式。

> 今天举办的仪式，不仅是为了庆祝戒房的建成，更是为了将铜身佛像“请”到戒房里。在举行这场仪式之前，戒房里还是空的，没有佛像，在他们认为是没有灵魂的，而仪式举办的意义就是为了把佛祖的灵魂给“请”进去。②

“波章”特意从勐腊县总佛寺请了20多位大佛爷来举行这个“请佛”仪式，总佛寺的总佛爷也来到了仪式现场。“请佛”仪式在午饭之前开始。老年协会的成员在一旁敲锣打鼓，“波章”领头，佛爷尾随其后，一起将铜身佛像抬进了戒房。安顿好佛像后，“波章”与佛爷便开始在里面念经，祈求佛祖的保佑。

下午则在殿里举办念经仪式，村人齐聚听佛爷们和“波章”诵读经书。“波章”领头念经，佛爷随其后。佛爷们坐在殿内专门为他设置的小轿子里，一个读完另一个接着读。但是在念经仪式的整个过程中，村里的人都显得很随意，妇女们在下面小声地聊天，时不时还有儿童嬉戏打闹的声音，就连老人们也会出出进进，小声交谈。念经活动一直持续到天黑，全村人在寺庙里点灯吃饭。晚饭过后，寺庙又开始热闹起来，妇女们伴着高音大喇叭的音乐跳着有特色的傣族舞蹈，几个年纪稍大的男子在一旁敲锣打鼓，中年男子们却在酒桌上喝酒聊天。到凌晨，佛爷们又开始集体诵经，整夜不休息，一直要到念完“波章”给的任务经书之后才能休息。经书的内容以祈求平安、教授做人道理的居多，还有小部分是傣族社会的传说故事，但也有一部分是村民们也听不明白的内容。

2. 对寺庙以及佛爷、和尚进行管理监督

在傣族社会里，出家为僧被视为一件非常神圣的事情，和尚受到村民的供奉和尊敬，小和尚若顽皮犯错，家长不能责骂半分，只能由寺庙里的佛爷管教。但

---

① 2016年8月3日，于波糯叫家中访谈。波糯叫，磨歇村村支书。
② 2016年7月29日，于寺庙外走廊访谈岩南约。岩南约，磨歇村“波章”。

如果小和尚不依佛爷管教，或者佛爷同小和尚一起犯错，那么“波章”会出面劝阻管教，若出现三次以上的严重错误就会被撵回家。

> 磨歇村几年前来过一个缅甸佛爷，但是那个佛爷好吃懒做，从来不念经拜佛，更谈不上教小和尚学习经书了，“波章”教育他过好几次，但他屡屡再犯，无奈之下只能请他回缅甸了。①

3. 驱鬼降魔

傣族同胞普遍都相信“鬼”的存在，每当遇到婚丧嫁娶、结婚生子、生老病死、上新房等民间日常活动，都要请能识破、驱赶鬼怪的“波章”来“拴线”驱魔，这也使得“波章”的巫术事业能“长盛不衰”，不断发展。

> 村子里的人遇到亲人去世时，便会请佛爷和我去家里来念经、“拴线”。一方面是为了安抚死去故人的灵魂，让他安心上路；另一方面也让活着的人心灵上能得到慰藉，不要因为亲人的逝去而过度悲伤。遇到新生儿降生时，也会请我到家里为他的孩子念经，希望孩子能够健康幸福地成长。有时家长还会请我为他们的孩子取名，在我们看来名字是很重要的东西，如果取不对就会“折煞”孩子。村民们遇到什么病痛缠身，都会请我来为他们诵读经书，驱除身上的魔鬼和病痛，之后再在手上拴上祈过福的手链。
>
> 在磨歇，村子里日常的小事情他们也都愿意请我去算日子，小到什么时候剪头发，什么时候买猪，什么时候耕地，什么时候割谷子，什么时候适宜结婚或上新房等等。在他们的心中，我拥有可以驱妖降魔、拿鬼抓鬼、算福算祸的特殊能力②。

4. 促进佛教在民间的传播

> 我在自己的家里开傣文学习班，想要学习傣文的村民每人只用交100块钱，两个月之后便能识得傣文。③

岩南约懂佛经和傣文，在村子里算得上是精通傣文化的人，村子里的人都很

① 2016年7月29日，于寺庙外走廊访谈岩南约。岩南约，磨歇村“波章”。
② 2016年7月29日，于寺庙外走廊访谈岩南约。岩南约，磨歇村“波章”。
③ 2016年8月6日，于岩南约家中访谈。岩南约，磨歇村“波章”。

敬重他。他在村里可以随时当教授傣文的老师，教想要学习傣文的村民们识文识字。他在村民们的眼里就相当于毕业了的大学生，有着较为深厚的文学素养和功底，在传承傣家文化上有一定的积极作用。虽然现如今傣族的年轻人都已经不会看傣文了，但是作为傣族文化的继承者和传承者，他们有时候也不得不去学习相关知识。

（二）目前岩南约后代的生活状况

岩南约的大儿子叫岩燕香，今年9岁，在磨歇村的小学读三年级；小儿子名叫岩香晚，今年5岁，还在上学前班。虽然岩南约是老挝人，但是为了不让户口问题成为孩子们以后读书和工作的绊脚石，他想尽办法将他两个儿子的户口落在了中国。

两个孩子从出生到现在就一直生活在磨歇村，虽然父亲岩南约是入赘磨歇村的，但是一点也没阻碍他们融入这个寨子。在我们调查期间，村里的小孩子们因为好奇总是跟随在我们左右，还经常跑到我们住的学校玩耍。这其中就有岩南约的儿子岩燕香。

> 岩燕香跟我们相处得很融洽，我们都不会因为他爸爸是老挝人而觉得他有什么不同。在学校里老师很喜欢他，因为他学习成绩经常在班上名列前茅。①

本来我以为村子里的小孩子们会因岩燕香的父亲是外来人而疏远他，但事实情况却跟我所想的完全相反，岩燕香不但适应了村子里的生活，而且还能得到小伙伴和老师们的一致好评。

岩南约以外来人的身份生活在磨歇村的这二十多年里，做了一系列的努力来适应这个社会。从当和尚认干爹干妈起到与村子里的人结婚生子都可以从正面表现出他为适应这个社会所做的努力，而他的后代在这个社会里适应的情况又能从侧面表现他融入这个社会的情况。

（三）“波章”岩南约与磨歇村各种社会组织在日常生活中的交往

磨歇村的各种社会组织之间的关系是和谐的，这些组织之间都遵循着一定的规范，明确区分各自职责，互不侵犯、互不干涉对方，保持着稳定而恰当的关

① 2016年8月4日，于村长家和岩坎约闲聊。岩坎约，磨歇村村长小儿子。

系。也正是因为各种社会组织之间的稳定与和谐，才使得磨歇村形成健康、有序的社会风尚。

1. 岩南约与村委会之间

> 岩南约作为“波章”，有权对寺庙以及僧人进行管理，不需要向村委会的人报告；佛爷或者小和尚犯错时，他也有自行处置的权利。①

岩南约和村委会之间没有任何行政从属关系，各自在各自的领域范围内工作。但是“波章”对于村委会安排的村务必须服从安排，“波章”对于村委会来说有着特殊的意义，两者相互尊重、互相配合对方的工作。

2. 岩南约与老年协会之间

随着中国的不断发展，传统社会逐步向现代社会转型，生活节奏加快，各种压力增多，年轻一代已不会再像祖辈那样有大把的空闲时间思考宗教信仰之类的问题，他们融入更加广阔的社会里，体验着丰富多彩的生活。随之而来的便是宗教信仰者年龄分层突出的问题。

在磨歇寨子里，老年协会与岩南约一同管理宗教事务。每当遇到宗教事务时，老年协会的四个组长就会作为主要负责人协同岩南约一起准备和安排。重大的节日来临之时，岩南约和老年协会负责准备所有仪式需要用到的相关用品，包括专门的祭品，佛爷祈福用的经书等。可以说，正是“波章”和老年协会的通力合作，保证了磨歇村各项宗教活动能顺利进行。

3. 岩南约与佛爷、和尚之间

> 在传统的“上新房”仪式中，“波章”和佛爷都会被邀请出席，为新家祈求平安。在整个仪式过程中，“波章”进行组织安排，佛爷由“波章”指挥着念经祈福，驱除妖魔。他们各自做好自己的事，互相配合完成整个仪式。②

“波章”岩南约与佛爷、和尚之间是管理与被管理的关系，同时他们也是磨歇村的日常宗教事务中不可或缺的角色，在各种宗教活动中，由“波章”发号施令，随后佛爷跟随指挥念经祈福，两者合作共同完成宗教仪式。

---

① 2016 年 7 月 29 日，于波尖丙的工作室内闲聊。波尖丙，磨歇村民。

② 2016 年 8 月 3 日，于波糯叫家中访谈。波糯叫，磨歇村村支书。

五、老挝籍跨境和尚岩南约面临的困境

（一）岩南约融入磨歇村面临的经济困境

信仰南传上座部佛教的傣族一直有供奉寺庙和尚的义务，当地称为“赕佛”，形式多样，内容丰富。“赕”不但是村民们用实际的财物来赎罪，而且也是对自己来世有保障的希冀，赕得越多，来世就越有保障。村民们通过形式多样的“赕佛”活动来祈求神灵的保佑和庇护。也正是因为有了各式各样的“赕佛”活动，寺庙的修建和供养僧侣的资金才得以筹集。

磨歇村对寺庙与僧侣主要有三种供养方式：

一是村民们以家庭为单位，轮流做好饭菜送去寺庙给僧侣，有时也由当值的和尚亲自到各家各户化缘，每家除了会舀一勺糯米饭给他之外，还会另给小菜。

二是每家每户一个月出 18 块钱，全寨子每月则可以供给寺庙 1800 多块钱，供僧侣日常生活的开销。

三是各种大大小小的“赕佛”活动。每家每户单独进行的小型活动，例如“赕帕”和“赕温帕”“赕坦木”等。在小和尚入寺为僧时，村民们会去集市购买袈裟、托钵、扇子和平时学习用的经书给他。除此之外，每年还有几次固定的大型“赕佛”活动，如“赕塔”“开门节”“关门节”“傣历年”等。在调查期间，我遇到了空前盛大的“关门节”。节日期间供奉的祭品和活动的规模超乎我的想象，各种供品堆积如山，在满足了僧侣们日常生活所需外，还可以出售换取现金。调查期间，我就亲眼看到佛爷出售了“赕佛”时供奉来的一辆摩托车。可以说庙里的僧人在生活上的一切开支都是由村民支持的，小到一件袈裟，大到一切生活开支。

虽然信仰南传上座部佛教的傣族有对和尚供养的义务，但是仅仅只是对寺庙和尚的供养，对于像岩南约这样已经还了俗的僧人，村民们并没有义务供养他们，而且岩南约担任“波章”一职，负责处理日常宗教事务所能得到的经济上的回报也非常微薄，几乎可以说是无偿地替村寨服务。

（二）岩南约融入磨歇村面临的户籍困境

岩南约从 1995 年离开老挝辗转缅甸进入中国西双版纳，到最终落脚到勐腊县磨歇村已经有 21 个年头了。2006 年他与寨子里的一个女子结婚，做了上门女

婿，至今也已十年之久，但是他仍旧属于老挝人，没有中国户口，靠着每月需要去办理一次的边民证生活在磨歇村。

在磨歇村生活了21年，他早已融入了磨歇村。岩南约经常不在家，除了早上割橡胶收胶水之外，在调查期间好几次到他家访问时，他都在其他村民家喝酒聊天，虽然仍然是老挝人的身份，但他的生活与普通村民无异。在调查期间，我也经常看到他以男主人的身份代表全家人参加村民大会活动（如一次村子里举办的扶贫资金盈利①庆祝活动），而且村里也已经给他分了一块土地。岩南约虽然没有取得中国户籍，但在村子里他的村民身份是被认同的，因此他才有资格代表家庭出席宴席，并且能贷扶贫资金和入股。在我问村民们是否已经认同岩南约是磨歇人的时候，他们都异口同声地回答我“当然是了”。如今从种种迹象都可以看出他已经完全融入村中，过着表面看起来与其他村民无异的傣家生活。在访谈时，我从他的口中得到了一些他个人对于融入磨歇村寨的感受：

> 因为母亲的去世和父亲的离开，我才不得已辗转到中国，来到一个举目无亲的地方。除了磨歇，貌似也没有什么更适合我生存的地方。从我打算留在磨歇村生活的那一天起，我就一直为了能够融入这个村子，得到村民的认同而不断努力着。
>
> 当我还是小和尚的时候，就一直在帮干爹干妈家干活，而且要比其他的小和尚干得卖力，从不偷懒耍赖。等到当大佛爷的时候，我认真教小和尚们学习经书和傣文，对他们严加管教，不让他们抽烟喝酒学坏。我做的这些虽说与我的个人性格有一定的关系，但我更想让村民们看到并认同我为寨子作的贡献。包括后来担任寨子里的“波章”一职，也是为了得到村民们的认同。
>
> “波章”要管理寨子里的宗教事务，是一项又累又苦的工作。每到节日庆典之时，总是要负责管理大大小小的事宜。不但休息时间不够，

① 国家从2009年就开始向磨歇村发放扶贫救济贷款，从最开始的15万已经涨到了现在的20多万。村民们用入股的方式参加扶贫资金组织，入股从最初的200块钱发展到现在的600块钱。村民干部通过对村民们经济情况的考察，来决定村民可以承受多少金额的贷款。村民们从扶贫资金中贷出来的贷款只能用于农业生产的发展，不能用于其他方面的投资。磨歇村子的人最主要的生计方式就是橡胶的种植，但是近年来因为橡胶价格的暴跌，主要的谋生方式也变得不可靠，现实情况逼迫村民们另谋出路。而扶贫资金的发放给村民们带来了新的发展前景，也为除橡胶之外的农业发展铺路垫石。

有时甚至几天几夜不得睡觉，而且寨子里每次给的报酬只有 30 ~ 50 元不等。这样一来，不但没有时间休息，还耽误了我割橡胶和做农活的时间，根本不够生活开支。但是即便如此，我还是任劳任怨地担任着“波章”，有时候会害怕被村民们指责和埋怨，我小心翼翼地做事，只为融入寨子。①

从他的讲述中，可以看出他为融入磨歇村所做的努力，但是因为迟迟不能获得中国的合法公民身份，他一直都只能以老挝人的身份生活着。这个身份给他的日常生活带来了极大的不便，从最初的办理结婚证，到后来两个孩子落户口都经历了相当大的波折。

老挝的户籍管理方式与中国的不一样，只要老挝人在不说明原因的情况下外出超过三个月就会被取消户口。我 13 岁离开老挝辗转中国已经多年，老挝户口早已被取消。当想要办理结婚证为自己儿子落户口时，我才发现事情的严重性。没有身份的我，办不了结婚证，更落不了儿子的户口。于是我为了户口的事开始到处奔波，找了一些不靠谱的办事人员，事没办成不说，还白白花了好几万块钱。我也去找过在大勐龙的亲戚，想让他们帮忙证明我是中国人，但是亲戚们都不敢冒这个险。我又想到让父亲帮忙证明我是老挝人，但是父亲跟我的情况是一样的，自从离开老挝辗转缅甸之后，老挝人的身份就被取消了。

眼看大儿子到了读书的年纪，落户口的事情迫在眉睫。无奈之下，我只能从磨憨偷渡去老挝，想办法让姐姐帮我证明我的老挝人身份。不料半路我因偷渡被抓，罚光了身上仅有的 500 块钱，但此时离老挝还有很长的一段距离，无奈之下我只能冒险赊账，包了一辆面包车，凭着儿时模糊的记忆找到姐姐家。但是办理老挝身份的过程还是很艰辛和漫长。我借助姐夫村长的身份，接触到了派出所办事处，再加上姐姐的证明和姐夫的担保等一系列的复杂过程，我的老挝户口才得以办妥，我又拿着我的老挝身份证办理了边民证，重新回到了磨歇。有了身份证之后，结婚证才有了着落，孩子们的户口也都落成，虽然我自己仍然只能

① 2016 年 8 月 6 日，于岩南约家中访谈。岩南约，磨歇村“波章”。

依靠暂住证生活在中国，但是我也已经很满足了。[①]

没有中国国籍就不能落中国户口，没有中国户口，那么从法律角度上讲就只能算一个外来人口，一个中国人可以享有的权益、保障，岩南约都不能享有，医疗保险、社会养老保险和按户口分拨给村民们的生活补助等保障都无权享有。岩南约一直不能取得在中国的合法公民身份，这给他的日常生活带来很多不便。

（三）文化视野中的跨境和尚

西双版纳傣族地区出现的跨境和尚是客观的社会环境下的产物，是边境地区小传统社会里主体的行为选择；而共同的宗教信仰，相似的文化结构、生活方式是使得老挝籍跨境和尚出现的内在动因。跨境边民基于长期交往建构起来的稳定的社会交往网络，包括宗教信仰，历史、文化等非正式的制度，使出现跨境和尚成为傣族边境地区“自然而然”的事情。[②]

傣族青年一代宗教观念的淡化是跨境和尚出现的外在动因。现今磨歇村的青年们虽然也都与上一辈人们一同参加宗教活动，遵守着宗教礼仪，但是他们更多的只是形式上的参与，而不是发自内心的膜拜。磨歇村的青少年大部分来世观念淡薄，对来世持半信半疑的态度；心目中佛陀的权威性逐渐下降，对于佛陀究竟能给自己带来什么他们自己心里也弄不明白，表现出了对佛陀的漠视；[③] 他们对大型赕佛活动持否定的态度，不愿意像老一辈一样将大量的金钱都花费在“过赕”上面，不相信可以用“赕”来向佛陀赎罪。内因与外应的交织最终促使了跨境和尚的出现。

在我看来，“跨境和尚”是傣族人向傣家文化中注入的合理因子，也正是他们的存在才得以让出现宗教观念淡化的傣族社会能继续维持其对宗教文化的信仰和传承。跨境和尚的出现既保持了现代背景之下传统文化的继承性，减少了文化变迁所带来的文化损失，从而最大限度地降低了文化变迁带来的损耗。[④]

磨歇村的变迁向我们展示了传统文化与现代的融合，传统文化对现代社会的

---

① 2016 年 8 月 6 日，于岩南约家中访谈。岩南约，磨歇村“波章”。

② 保越平．跨境婚姻行为选择的主体性特征及制度困境——以云南边境地区为例［J］．南方人口，2013（4）．

③ 李伟．民族旅游地文化变迁与发展研究［M］．北京：民族出版社，2005.

④ 周家瑜．云南“黄佤”婚恋习俗的传统与变迁［J］．中央民族大学学报：人文社会科学版，2009（6）．

适应，同时也启发我们理性自觉地思考民族文化的变迁。传统文化必须寻找与现代文明的衔接点，避免强行改变传统文化或者“闭门造车”，只有这样才能获得良好的发展。

值得一提的是，跨境和尚的出现在一定程度上解决了西双版纳傣族地区青少年对南传上座部佛教信仰淡化的难题，促进了当地宗教文化的继续传播，也增进了边境地区人民的感情。但这些跨境和尚与我国相关的边境管理法律法规在一定程度上产生了矛盾和冲突，有可能使得跨境和尚出现身份的双重失效，进而影响跨境和尚组建家庭以及改善生活质量，长此以往可能影响边境地区的稳定。一方面身份的缺失让定居在中国的跨境和尚无法享受惠民政策，无法保证个人和家庭的可持续发展，诸如新型农村合作医疗、养老保险等方面也都无法享受国家优惠。另一方面还会衍生出一系列的社会管理难题，如非婚生育情况严重，早婚早孕的情况突出，而且这部分人员流动的不可控性也给边境地区人口普查工作带来难度，给社会治安稳定带来压力。

总而言之，老挝籍跨境和尚的出现是西双版纳傣族自治州边境民族地区客观存在的社会事实，随着经济的发展，它已经成为一种社会常态；青少年宗教观念的淡化以及两代人生活观念的明显分化，是不可回避的社会现象。在当今社会，不能抑制传统文化的发展，更不能任其发展，步入误区。因此，加快西双版纳傣族地区现代文明的建设和传播，促进傣族社会发展至关重要，同时，寻找“法”与“情”的平衡，平衡“事实”与“制度”，从而实现对跨境和尚合情、合理、合法的管理，不仅有利于维护跨境边民正常的生产生活，使他们的合法权益得到保护，而且对稳定边境地区以及促进社会和谐也能起到不可忽视的作用。

六、结　论

岩南约是西双版纳边境地区跨境人员的典型代表，从他 13 岁来到磨歇村当小和尚，一直到 23 岁还俗结婚至今的整个过程，很好地诠释了他对磨歇村寨的社会适应。他的到来不仅保证了磨歇村寺庙的正常运作，也为村寨的宗教信仰承继注入了新鲜的血液。如今，他很好地履行着“波章”的种种职责，做好村子里大大小小宗教事务，他的存在已不可或缺。虽然他是以老挝人的身份入住磨歇的，但经过做出种种努力，他已经过着看起来与其他村民们无异的生活，村子里面的人也因为他作出的贡献而认同他、承认他。从他生活的方方面面都可以看到他作为一个跨境而来的外来人员，努力适应磨歇村寨社会生活的事实，现如今村里面的人已经对他有着“毫无差异”的认同感。

但是岩南约至今也无法获得中国国籍，他的人身权益也因此无法得到保障，阻碍着他彻底融入中国社会。虽然他为了获取中国公民的身份做过很多的努力，但由于某些制度性的原因都无功而返。西双版纳位于中国西南边境，与周边国家接触、交流密切，但是对于岩南约这类跨境人群，在相关法律中并没有明确的制度规定，其权利义务自然无法落实。随着社会的不断发展，这类跨境人群必定会逐渐增多，所以如何对他们进行管理，国家和政府也应该积极考虑和筹备，不能将他们置于法律的空白区域中。在管理中寻找“法”与“情”的平衡，寻找“事实”与“制度”的平衡，对于实现跨境和尚合情、合理、合法的管理有着十分积极的意义。这样做不但有利于跨境人员的正常生产生活，也有利于保护他们的合法权益，而且对于促进社会和谐，尤其是边境地区的社会和谐也起着举足轻重的作用。

要解决跨境人员问题并非一国独力所能为的，必须加强与周边国家的交流与沟通，“本着正视历史与现实、着眼于未来、解决矛盾、删繁就简、求同存异、顾民惠民原则”商讨制定出促进边境跨境人员管理的措施。① 同时边境的有关管理部门应该积极开展工作，加强对跨境人员的管理和监督，在源头上遏制非法过境人员。

边境地区因为复杂的民族构成形成了特定的社会历史背景，各民族都有其独特的个性，可以通过多样性的调查全面了解边境地区跨境民族的情况，对相关的地区规定做符合法律精神的灵活变通处理，以进一步真正实现对跨境民族的管理。

部分跨境人员还存在法律意识淡薄的问题。所以边境地区的地方政府应该加强本地区的法律知识宣传教育，逐步减少跨境人员的违法行为。

中老两国边境地区民众在历史渊源之下形成了长期密切的联系，不能通过武断的手段阻止他们交往，必须尊重民族文化、传统习俗，当地政府在管理过程中可以在一定程度上参考当地风俗习惯。

跨境地区比较缺乏针对性强、可操作性强的法律法规，有些规定存在不切实际的情况，贯彻实施起来比较困难。所以我觉得可以在中老边境设置跨境人员办

---

① 雷光明，王保同．我国边民跨境婚姻的困境与思考——以云南、广西边境地区为例[J]．中央民族大学学报，2016（2）．

事服务中心，根据两国跨境人员的具体情况制定可行的办法，同时还对机构工作人员进行相关的培训，帮助他们熟悉相关法律，通晓两国语言。

总的来说，我认为要在“尊重传统习俗”的理念指导下，注重制定地方法律法规，设置专门管理机构，加大边境地区的法律知识宣传力度，开展专项普查工作，全面具体地掌握有关西双版纳境内非法跨境人员的具体情况，以方便将来进一步解决跨境人员的困境。

参考文献

一、著作类

［1］艾罕炳．南传佛教与傣族［M］．昆明：云南人民出版社，2012.

［2］刀国栋．傣泐［M］．昆明：云南美术出版社，2007.

［3］龚锐．圣俗之间——西双版纳傣族赕佛世俗化的人类学研究［M］．昆明：云南人民出版社，2008.

［4］高发元．云南民族村寨调查［M］．昆明：云南大学出版社，2001.

二、论文类

［1］保跃平．跨境婚姻行为选择的主体性特征及制度性困境——以云南边境地区为例［J］．南方人口，2013（4）．

［2］陈勉．论傣族村社南传上座部佛教的世俗化与发展趋势［J］．云南社会科学，2008.

［3］褚建芳．“懂人话”——芒市傣族村寨的生活伦理、传统教化和社会控制［J］．开放时代，2014（6）．

［4］杜承秀．中越跨境非法婚姻法制化之进化之路分析［J］．广西社会科学，2014（2）．

［5］方铁．云南跨境民族的分布、来源及其特点［J］．广西民族大学学报：哲学社会科学版，2007（5）．

［6］龚锐．神圣帷幕的跌落——云南德宏傣族宗教消费世俗化现象考察［J］．贵州民族学院学报，2005（2）．

［7］龚锐．神圣与世俗的交融——西双版纳傣族赕佛消费体系的象征人类学

考察［J］．思想战线，2003（6）．

［8］龚锐．西双版纳傣族宗教生活的世俗化倾向——以嘎洒、勐罕、大勐龙三镇为例［J］．民族研究，2003（2）．

［9］龚锐．在异域与本土文化之间——中国西双版纳打洛镇傣族与缅甸掸族的跨境宗教文化交往［J］．贵州民族研究，2006（3）．

［10］谷家荣．地域、身份与认同——云南金水河村傣族跨国婚姻调查［J］．青海民族研究，2009（10）．

［11］侯莹．滇越边民跨境婚姻的社会管理对策研究——以云南中越边境金平县为例［J］．黑河学刊，2015（10）．

［12］金少萍．南传上座部佛教与傣族的村社生活——西双版纳勐腊县勐仑镇城子村的田野个案［J］．西南民族大学学报，2010（9）．

［13］雷光明，王保同．我国边民跨境婚姻的困境与思考——以云南、广西边境地区为例［J］．中央民族大学学报：哲学社会科学版，2016（2）．

［14］杨学政．南传上座部佛教在中国与南亚、东南亚各国文化经济交流中的作用［J］．云南社会科学，1994（2）．

［15］岩香宰．从赕佛到现代佛教教育的跨越——对云南西双版纳佛教教育的思考［J］．中国宗教论坛，2006（3）．

［16］张振伟．身体与信仰：西双版纳傣族仪式治疗中的二元宗教互动［J］．思想战线，2013（2）．

［17］郑晓云．社会变迁中的傣族文化——一个西双版纳傣族村寨的人类学研究［J］．中国社会科学，1997（5）．

［18］郑晓云．当代西双版纳傣族社会文化变迁研究［J.］中国社会科学，1997（5）．

［19］张金鹏，保跃平．云南边疆民族地区跨境婚姻与社会稳定研究［J］．云南民族大学学报，2013（1）．

［20］赵越．人神交流——人类学视角下西双版纳傣族的赕佛仪式［J］．田野（云南大学民社院学生内部刊物）．

作者简介：

冯多多，云南大学民族学专业2014级本科生。

公益与功德：磨歇村傣族的井

姜　月

（指导教师：张雨龙）

摘　要： 集资建造水井是西双版纳地区傣族社会近年常见的一种活动。西双版纳地区傣族的集资建井行为，是村民受南传上座部佛教宗教公益观和社会资本建构影响而自发进行的。集资建造水井这一行为，既是南传上座部佛教与当地民间信仰相结合的世俗化表现，也迎合了村民建构社会资本的需求。

关键词： 南传上座部佛教　宗教公益　社会资本建构

集资建造水井是西双版纳地区傣族社会近年常见的一种活动。傣族村民通常以“年龄组”（傣语里的“波秀”或汉语里的“老庚”）为核心成员来发动团体性集资修建水井行动。修建水井既可以由集资团体的全体成员或部分成员完成，也可以承包给工程队完成。工程完成验收后，集资团体将举行盛大的“水井落成庆典”，邀请本村的男女老少和周边村寨的亲朋好友参加。受邀参加庆典活动的亲朋好友一般都要“随礼”现金。所有参与庆典的人都会请人将自己的姓名刻在水井的井身上，以示功绩。同时，集资团队还需要到村里的寺庙举行“赕佛”活动。同西双版纳地区的大多数傣族村寨一样，此类集资修建水井的活动在西双版纳州勐腊县尚勇镇尚冈村委会磨歇村民小组非常普遍。从 2007 年到 2016 年的十年间，磨歇村村民集资修建了 8 座水井，该村几乎所有年龄在 40 岁以上的村民都参与过集资修建水井活动。傣族村民之所以愿意投入大量的金钱和精力来做集资修建水井、庆祝水井落成、赕佛等一系列公益活动，一是由于修建水井可以为村民的生产生活用水提供便利，二是该地区的傣族村民信仰的南传上座部佛教中的功德观念使然，三是傣族村民希望通过组织参与这类公益活动维系和拓展自身的社会关系，建构社会资本。

一、集资建井的背景

尚勇镇尚冈村委会磨歇村小组里样式华丽、造型丰富的水井分布在村寨的各个角落，成为当地一道独特的风景线。这些水井里的水不是取自地下水，而是源于山泉水。泉水经由管道汇集在傣寺内的一个水库，然后再从高处流入村寨。这种保留傣族传统水井造型，但水是来自过滤净化山泉水的取水设施，可以说是一种传统文化与时代相适应的改良。这些水井都是由当地中年阶段的村民们集资建起来的。正如当地热情好客、乐于助人的傣家待客之道一样，这些水井本身同样体现了傣族的文化特质。随着自来水管道的连通，寨子内的水井本应该逐渐被淘汰。但在磨歇村，一个只居住了百余户村民的小寨子里，竟然分布着8个水井，远远超出了村落实际需要的水井数量。

在修建水井活动背后起到推动作用的是社会资本的建构。在作为表象的公益观以及作为宗教内涵的功德观共同影响之下，当地一些村民试图通过建造水井，在井身上留下姓名的方式，让自己获得更多本村人的尊重，并展现自己的财富。在水井建成后的庆典中，请到客人的多少和请客范围的大小能够彰显组织者的人脉。这体现了当地人建构社会资本的意识。

近年来，政府和有关部门按照新农村建设的相关方针，以及磨歇村位于磨憨口岸附近的现实情况，制订了磨歇村的建设发展规划，总共投资500万元用于该村基础设施的建设。目前磨歇村已实现通水、电、路、电话、电视、电信“六通”，完成了入村道路、寨门、村内道路的硬化、亮化，并修建了文化活动室、篮球场等基础设施。[①]

磨歇村的基础设施建设情况可分两种，一种是基础的生活设施，比如路灯、水渠、主干道等设施是由政府支持、投入资金修建的；另一种是宗教生活中需要的一些设施，比如庙房、白塔、通往白塔的楼梯等，这些是村民以及一些商人自发捐款或以无偿出工的方式来修建的。

这些公共设施之所以需要靠捐款来修建，原因至少有以下两种。第一，涉及寺庙和一些仪式场所的建设，当地人普遍认为如果以捐献财物或者自愿出工出力

---

① 根据当地村小组活动室门口“磨歇村民小组基本情况”宣传栏总结。

的方式参与其中可以造福今生来世。这是受当地南传上座部佛教当中功德观的影响。第二，中华人民共和国是政教分离的国家，宗教信仰是公民的私事，所以相对来说国家不会提供很多资金来建设宗教场所，需要信教群众自己筹款。而磨歇村内水井的修建，既有国家出钱建设的蓄水池和管道，也有当地人“献”水井的自发捐赠，属于两种情况综合。

修建水井这一行为同时具有作为宗教公益活动的神圣意义和社会资本建构的现实意义。

二、水井的修建过程

磨歇村寨内一共有 8 个水井。2007 年，当地政府提供资金，村民出工在山上挖了一个净化和储存山泉水的水池，这个水池直接供应村里白塔处的一个水井。在庙房处也盖了一个蓄水池，下接水管供应村寨中的 6 个水井。[①] 村寨内的 6 个水井平均每 2 个水井之间的距离不超过 300 米。这种水井傣语称之为“喃波”，而寺庙后方有一个传统意义上的傣族水井，傣语称为“喃咘咙”。

（一）水井的出现

最早出现的水井是 2012 年建成的，位于寺庙后山。这种水井当地傣语称之为“喃咘咙”，为垂直向下挖、汲取地下水的竖形传统水井结构。这个水井是由村小组的书记波糯叫组织修建的。

当时建这个水井，一方面是因为老人提到寺庙里需要一个水井，另一方面是因为波糯叫作为一个村寨中管理体系内的成员觉得自己应该有社会责任感。此外，他也解释，修建水井是一件非常大的功德，对自己的家庭与事业“和平顺利”有帮助。

除了这一水井修建时间比较早之外，磨歇村内其他水井大多数修建于 2014 年到 2015 年。这段时间开始集中地修建水井的原因大致可以归纳为以下几点：第一，因为修路挖坏了当地的自来水管道，每当下雨时，自来水就会浑浊不堪，无法饮用；第二，2014 年民宗局先出钱在磨歇村的寨心处修建了两个“喃波”，遇下雨天大家都要在这两口井中取山泉水来饮用，所以往往供不应求；第三，受到其信仰的南传上座部佛教的影响，大家认为修建“喃波”是一个非常大的善

① 还有 2 个水井位于白塔和佛寺内。

举；第四，当地人看见波糯叫自从组织修建了寺庙的水井之后生意越做越好。

8 个水井无论样式如何，都不仅仅是普通的水井，而是水井与其外部建筑结合的一种艺术。为水井搭建一个遮挡既是为了保证水源的清洁，也是当地传统的延续。

磨歇村内水井的样式主要有三种。

第一种是磨歇村内比较常见的，为塔形结构，内接水管，用水龙头取水的样式。这种“喃波”取的是山泉水，由寺庙内一个蓄水池收集山泉水后经管道输往位于下方的村寨。目前村寨里这样的水井有 6 个，但每个水井也并非完全相同。

第二种样式是凉亭加取水设施的组合形式。这种样式实际上并不是传统意义上的水井，但因为其集资和之后赕佛仪式的形式与水井的集资和赕佛仪式的形式是相似的，所以归为同一类型。该水井位于磨歇村老寨门外，是一座传统傣族建筑式的瓦片搭建的凉亭。凉亭内有两个水龙头，水引自磨歇完小内的自来水。当地人并不会饮用这个水，通常只是在凉亭休息的时候用来洗手或者洗摩托车。

第三种样式是傣族传统意义上的水井。这种水井的外形和第一种样式相差无几。可以说第一种样式的水井是这种水井的仿制品。它们都是塔形结构，但是这种水井有一个可以打开的门，外部也有方便取水的水龙头。打开水井门，里面就是一个水井，需要用水的村民可以直接开门打水也可以用水龙头接水。但是因为建成时间比较久，这个水井的水龙头已经不能用了。

这三种样式的水井外形差异比较大，但是其集资形式都为一个发起人号召老庚捐钱捐工，并且建成之后还要举行赕佛和滴水仪式，所以在这一层面上来看，三者又具有相似性；而且其最根本的目标也是一致的，即都是为了献功德而修建的。

（二）水井的筹划

参与集资修建水井的人年龄一般在 30 岁至 50 岁之间，相对来说收入比较高，并且已经结婚生子，希望自己有所成就。年轻一些的人一来没有这个经济实力，二来也没有自己能在寨子里做一番功德的愿望。

筹划修建水井实际上并不需要有一个很周密的计划，相反，往往就是当地老年协会的会长或者是“哈纳”[1] 提出来寨子里需要一个水井，然后大家就会出钱来修。因为修建水井是很大的功德。所以往往开始时是一两个人打算来建，然后关系好的几户人家就会主动提出来也要出钱出力一起来修水井。

有时候水井的修建并不一定和南传上座部佛教或者功德有关，而是和村寨当中一些致力于获得更大影响力的村干部或者其他中年人的社会责任感有关。这也是为什么组织筹建水井的往往是村长、党支部书记等人的主要原因，当然也有许多相同年龄的村民参与其中。

磨歇村和许多其他传统的傣族村寨一样，有几个比较大的家族（在磨歇村小组内居住着 6 个这样的家族），这些家族中以前有人当过地主和官吏，有一定的影响力。这 6 个家族的成员几乎都参与了村里修水井的事。当然，这几个大家族现在已不再有当年的影响力，只不过因为这些家族的成员都是本地人，在当地生活了很长时间，所以在这个寨子当中还是占据优势地位。[2] 相应地，他们也更有想要造福村寨的责任感。因为社会责任感而捐钱捐物修建村中公共设施的情况在以下这个案例当中可以看出来。

波糯叫修建寺庙楼梯两边的龙就是因为当时寨子中的一位“哈纳”和波糯叫商量要建，希望他来出钱。当时一位外来的姑爷答应修建寺庙的另外两条龙，他比较受感动，又觉得自己作为一个本地人更应该为寨子做一些事，所以就出了钱。

> 当时老人说庙里的楼梯要有一些装饰，这个村里的姑爷（娶了本村人的外地人，之后定居在这个村子）第一个说他来修两条龙。当时我觉得一个姑爷都知道要给寺里做好事，所以就说他修下面两条龙，我来修上面两条龙。[3]

因为外来人尚且知道要为寺庙和村寨做贡献，所以自己更要出钱做贡献，这可以体现出波糯叫作为在村寨中处于优势地位的地方精英所具有的社会责任感。

修建水井也是如此，因为他们一直居住在磨歇村，更加容易筹集资金并在修

---

① 傣语名词，指当地当过佛爷后还俗的老人。他们识傣文，是磨歇村小组内比较有影响力的老人。

② 他们的优势地位除了由于他们世代累积了更多土地种植橡胶，有较好的经济实力之外，还由于他们在此地认识更多政府官员或商人。

③ 2016 年 7 月 22 日，于村支书波糯叫儿子开的农家乐中访谈。访谈对象：波糯叫。

建施工方面得到帮助。并且正因为是本地人，他们的子子孙孙还会生活在这里，需要用到这个水井，所以也相应地更加有社会责任感。

（三）水井的建设

因为建水井是“做好事”，所以一般不会留下相关的账本和礼单。只求心意，并不在意在赕佛的时候展示每个人都用了多少钱。

修建水井并不需要花太多钱，因为参与集资的人很多，村里人又能自己出工，不需要雇工，所以只需要支付材料费就可以了。实际上，修建水井时的集资除了用于购买建设材料之外，还有一部分是过赕和请客的费用。

磨歇完小门口菜市场旁边的井是我出钱参与盖的。当时每个人集资500块钱，都是一些平时（一起）喝酒玩得好的人。像这种用集资的形式来盖寺庙和水井是很普遍的。

像盖水井这种工作一来因为我们是傣族，多建水井是一个大的功德。另一方面，“吃水不忘挖井人”，这个水井肯定是可以留在寨子里的，等以后很多年了，当时集资建水塔的人的名字还刻在水井上，也是一种成就。像这种水井建成之后，就要大家聚在一起杀猪杀牛请客了嘛，告诉大家这是一件功德。①

波坎约参与集资的水井上一共写了42个人的名字。如果这些人每个人出500块，那么建这个亭子大约花费了两万块。实际上修建这个水井并不需要两万块，这些钱其中有1万3000元都是用来请客吃饭、赕佛用的。再有用不完的钱则拿来给老庚们平时请客吃饭等。

村内除了一个水井因为是民宗局出钱修建的，没有写姓名只写了建成时间之外，其余水井上都会写下参与修建人的姓名。每个人捐的钱或者用出工来抵的钱都尽量是一样的，因为这件事只要参与就是一件功德，并不是要攀比谁出钱多，谁出钱少。

（四）水井的落成

水井建成之后，一般需要举行赕佛仪式。

水井的赕佛仪式由驻村寺庙的佛爷主持，并不需要额外请一些大佛爷，也不

① 2016年7月19日，于波坎约的家中访谈。访谈对象：波坎约，磨歇村村民。

需要给佛爷很多钱。这只是一个小型的仪式，只需要请现在寺庙里的一个佛爷来念经并告知佛祖有哪些人参加了集资做这个善事。这种赕佛仪式往往将村内发生的几件事合并在一起“通报”佛祖，而不需要每件事单独用一天时间来“报告”。比如，我到磨歇村的第二天，村里就为新修的奘房举行赕佛仪式，趁此时机，村子里建了凉亭的两个兄弟也做了赕佛仪式。

赕佛仪式首先需要准备一种傣语称之为“松摊”[①] 的东西，由家中的男性敲锣打鼓送到寺庙里，在寺庙里再由佛爷念经来告知佛祖这件善事。

滴水是赕佛仪式中一个重要环节。滴水是用一个精致的小碗盛一些寺庙外水井里打的井水，慢慢滴在寺庙大殿中设置的一些下水设施中。参与仪式的众人一边滴水一边告知祖先自己做了这件善事。等到水慢慢地从下水设施当中渗出，就可以结束这个仪式了。

三、集资建井的动因分析

磨歇村村民积极参与集资修建水井活动的直接原因是水井能够满足村民对干净卫生的生活用水的需求，引导村民投入大量的时间精力来参与此类公益活动的是傣族村民信奉的南传上座部佛教所倡导的公德观念，而更深层次的原因则是村民想要在村寨及其周边地区拓展社会交往范围、建立社会关系以及建构社会资本的诉求。

在对集资建井这一行为深层目的的探索中，我发现村民的想法往往直接体现在动作、话语之中，但又不止步于此。“要想考察任何有意义的人类行动的根本成分，首先应从‘目的’和‘手段’这两个范畴入手。”[②] 傣族的集资建井行为本身的目的非常难以把握，即使是当地人也未必可以说清。本文对于这个问题，将从两个方面进行叙述，但这也只是我对村民集资建井行为可能包括的部分动因的探索。

（一）公益与功德：南传上座部佛教的神圣与世俗

磨歇村傣族村民的公益观在于他们自发地发现当地缺少可供饮用的山泉水，

---

① 用汉语拼音拼作Song tan，底部是一个塑料小桶，里面堆放有用芭蕉叶包起来的五谷、调料、糯米饭等；上插一节棕榈树树枝，枝丫上挂满纸花、零食、小额纸钞等作为装饰的东西。

② 转引自马翀玮，张帆．人类学田野调查的理论反思［J］．思想战线，2005（3）．

自发地集资捐款、修建。他们着眼于整个村寨的共同利益共同完成一个水井的修建，体现了当地的公益观。在寨子中，寨心的修建也是村民自发出钱出力的。但由于修建寨心的民间信仰成分比较多，不像水井还有实际的使用价值，公益观和功德观的概念区分比较难，所以难以作为研究对象。

磨歇村傣族村民的公益观并不仅仅是社会学上的公益观，其深层含义还是在于南传上座部佛教背景下的功德观念。公益观只是当地人表达中的表面含义。当他们被问到为什么修建水井时，会回答为了方便村民的取水。这可以理解为表层意义上的公益观念。是“镜中我”[①] 的评价在起着作用。当我再追问下去，他们就会流露出南传上座部佛教做功德的观念，认为修建水井可以让自己和家人来生得好报。他们之所以会首先想到建井有利于村庄，是因为建井人有建构社会资本的愿望。他们希望通过这一行为来彰显自己的财富和人脉，在村内建立威望，同时也通过“波秀”[②]（年龄组）的区分来重塑社会关系的亲疏远近。

在本文中提到的功德，是与南传上座部佛教相关的概念，在事实上与德宏的赶摆和西双版纳的赕佛中所蕴含的宗教义理相似。他们在进行这种类似的奉献行为时，事实上是希望自己的后半生和转世能有所回报的。这种与宗教相关联的功德观，我认为是当地集资建井行为的深层原因和主观原因。[③]

当地人希望通过修建水井来获得来世的回报以及现世更高的社会地位，这一点并不与功德观相冲突。在宗教义理中，做功德就是为了获得“福报”。这种“福报”不论是在今生来世，都是信徒修功德的重要原因。有一些文章认为赶摆、赕佛、修建水井等活动是现代市场经济推动下的宗教世俗化，甚至认为是宗教的落幕，[④] 我认为这是有失偏颇的，它们没有理解“功德”之于傣族和傣族社

---

① 社会学家查尔斯·霍顿·库利提出了“镜中我”的概念，认为人的社会互动是通过“镜子”认识和把握自我的。通过别人“认识”“评价”，自我的想象和感情来达成对自己的认识。

② “波秀”在傣语中是年龄组的意思。年龄组也常被当地人称呼为“老庚”。

③ 我在一开始试图对比当地的功德观和公益观，但在修改论文时发现当地人不管是主观的认定，还是对这一行为所期许的回报都是在功德观作用之下的。而公益观只是我作为一个他者看出来的，并不构成对比关系。二者是一种表层和深层的意涵。在询问当地人为何建井时，他们也会给出是为了大家用水方便的答案。但这并不代表着这种行为就是社会学、人类学意义下的公益行为，那种期许捐赠者不大肆宣扬自己的行为。而傣村的集资建井则会摆酒赕佛，显然不符合公益行为的标准。

④ 龚锐．神圣帷幕的跌落——云南德宏傣族宗教消费世俗化现象考察［J］．贵州民族学院学报：哲学社会科学版，2005（2）．

会的真正含义。

“宗教嵌入社会之中的结果是，宗教受到社会因素深刻且全面的影响，宗教行为与宗教动机都掺杂着宗教外的因素。只有生活本身而不是死亡了的过去，才有可能产生活生生的膜拜。”① 绝对脱离了生产生活的宗教是不可能吸引人的，且南传上座部佛教本身就有“世俗化”的特征。在这种宗教背景的影响下，村民集资修建水井的行为并不是非理性的，而恰恰在宗教方面和世俗方面都有其理性的方面。

（二）社会资本建构：集资建井的理性基础

社会资本是一个社会学的概念，一般认为社会资本是一个人的社交网络中可以为自己提供一些帮助的“关系”。这些社会关系有可能为个人的发展提供很大的帮助。但事实上，从西方引入的社会资本的概念和中国原有的“关系”概念虽然在一些部分有相似之处，但是社会资本更多的是积极方面的内容，而中国人提到关系一词总是会想到其消极的一面。② 在本文中，我更愿意使用的是社会资本的概念，村民通过修建水井和庆典活动来巩固自己的社会资本。他们的朋友从隔壁村子到老挝、美国都有，这些活动既是一种难得的巩固友谊的好机会，也是一个向村内人展示自己人际交往社会资本的契机。

村寨大体上是一个熟人社会，大家的交际网络有很强的重复性。“社会资本理论起源于社会网络的研究，社会资本是建立在信任和互助合作基础上的社会关系网络，具有社会结构资源的性质。人们在建立规则、社会网络和信任的过程中投入了大量的时间、金钱和精力，包括情感，所以首先它应该是一种资源。这种资源是可以产生回报的，也就具备了资本的特征。社会资本可以为生产投入带来产出，从这个意义上，社会资本与物质资本、人力资本没有质的区别。在社会资本中，信任、互惠和合作构成其主要元素。”③

社会资本是现今社会中个人拥有的越来越重要的一种资本。在磨歇村内也有些人，他们有的是村内担任行政岗位的人员，有的是当地世代居住、有一定威望

---

① ［法］爱米尔·涂尔干．宗教生活的基本形式［M］，渠东，等，译，上海：上海人民出版社，1999：563。

② 翟学伟．是“关系”还是社会资本［J］．社会，2009（1）．

③ 李佳，郑晔．乡村精英、社会资本与农村合作经济组织走向［J］．社会科学研究，2008（2）．

的中年人。他们年轻时外出上学和打工，从而结交了很多本村之外的朋友，相比起年老一辈，他们有更多的人脉。在集资修建水井的过程中，他们也更愿意与那些不是本村寨的人一起合作。即使一开始出工和出钱的大多是本村的“波秀”，但在水井建成之后，他们也愿意外来的朋友们出一些钱，参与进来。

四、结 论

宗教归根到底是与个人的修行有关的事，但是这种修行活动可能需要许多善行来支撑和培养，这就有了宗教公益的说法。从大的方向来看，一些国家级的宗教协会一直在致力于慈善行为，在很多抗震救灾活动中都有他们站在第一线的身影。而从一个村寨来看，探讨如何有效地组织和引导信教群众有组织地或者自发地参与到村寨内部的一些善行上来也是十分有益的一件事。

不仅仅是傣族，云南很多少数民族都有其宗教信仰，宗教公益的根本内涵在许多宗教教义中都有体现，这是宗教公益可以实现的思想基础。宗教作为一种有效的组织社会的手段，可以聚集一定的人力和物力，这就有了做宗教公益的物质保障。即便有一些少数民族还没有意识到宗教公益的概念，但其实他们很多时候也已经在做相似的事。实际上这种宗教公益行动的内涵不仅仅包括了对基础设施的建设，还涉及环境保护、人文关怀等许多方面。但是，有一些宗教公益的关注点是有一定的指向的，这就需要宗教人员的解释和引领。

宗教信仰引导下的公益活动不仅有助于增强人们对宗教的理解，增强村寨或社区的凝聚力，传承民族文化，更有助于增强人与人之间的联系及社会的和谐，所以如何引导公益活动积极有效地开展是值得思考的。

水井对于傣族来说，不仅仅是获取水资源的一种手段，更重要的是它代表了傣族爱水惜水，是其与水有关的宗教观念的展现。而水井修建的意涵更不止于此，它一方面体现了神圣层面的功德观念，一方面体现了世俗层面的公益观念。磨歇村小组内傣族的人神交往、人人交往都可以从水井的建造这一件事中体现出来。民族学对于这个问题的关注点不应该是功德观的宗教学内涵或者公益观的社会学内涵，而应该是人与神的交往、人与人的交往以及公益观和功德观下的集资建井行为对于实际生活的影响。

在人与神的交往方面，磨歇村民们相信自己的善行会获得好报，通过滴水仪式和请和尚念经，自己的善行会被佛祖听到。这不仅能庇佑转世，而且也能让今生顺风顺水，小孩学业有成。与此形成对比的，是他们在对修建一些没有神性的建筑和公共设施时所表现出来的不热衷。他们因为相信水井、白塔、寺庙内的建筑和公共设施有特别的含义，所以才会积极地甚至主动要求地参加进来。这是傣族集资建井行为中宗教性的一面。

傣族有自己独特的经济理解方式和消费观念，这让集资建井的行为盛行起来。参与修建水井的村民虽然花费了金钱，但是在一定程度上获得了当地人的认可。他们把傣文名字刻在水井上的同时，也让自己得到了尊重。村里人清楚每一口水井是何人修建，即便多数人都不认识水井上的傣文文字，但名字被用傣文书写下来即是此人做了功德，是个善人。当问及修建水井的原因时，他们第一时间想到的不是自己来世的回报，而是说可以方便村寨内的大家来取水。我认为这就是修井行为中人与人之间交往的体现。

磨歇村这种集资建井的行为，以公益为客观原因和世俗原因，以功德为主观原因和神圣原因，但归根结底还是与人与神的交往、人与人的交往有关。在民族学的田野调查中，我们致力于从主位、客位的观点来分析问题。当地人可能对一个行为既有符合作为一个现代人应有的行为目的的预期和假设，又有作为一个宗教信仰和民族传统文化濡化作用下的行为目的的预期和假设。在全球化背景下，我们这个学科所调查的再也不是与世隔绝的人，而是和我们一样，不断接受外来文化，不断怀疑自身文化背景的现代民族。

作者简介：

姜月，云南大学民族学专业2013级本科生。

在事实与建构之间：磨黑采盐技术变迁与地方生态话语构建研究

卢小反

（指导教师：覃延佳）

摘　要：受技术、观念等因素的影响，以资源开发利用为主的第二产业一直被人们诟病，所引发的一系列问题也受到广泛关注，再加上信息传播的不完全性与不对称性，这类企业常与所在地周围居民发生矛盾。宁洱哈尼族彝族自治县磨黑盐矿是磨黑当地最大的工厂，是促进磨黑经济发展的主要力量。磨黑盐矿在其发展过程中对当地生态环境与地方人群造成了一定的影响；对于盐业生产对当地生态环境产生的影响，部分居民也逐渐建构起一套有利于自身的生态保护话语。当两者交织在一起时就使盐矿与当地居民间的关系变得复杂，并引发了一系列矛盾。本文对磨黑盐矿盐业开采技术的演变进行了细致描述，结合收集到的大量访谈资料，从生态人类学的角度对制盐技术的演变及其对地方人群发展产生的影响做了深入考察与分析。

关键词：生态人类学　磨黑盐矿　开采技术　生态环境

生态话语体系是人们根据自己的文化观念形成的自我生态观念表达体系。不同时代，人们有不同的利益关系、社会文化、经济基础，也有不同的生态观念，由此形成的生活方式、价值体系、经济体系会塑造不同的生态话语体系与生存模式。改革开放以来，以牺牲环境为代价的发展给人们的生产生活带来了许多不利影响。受利益、知识结构等因素的影响，人们对以牺牲环境为代价的发展行为及相关企业存在许多看法。

生态人类学于20世纪50—60年代在美国兴起，是人类学领域中应用性极强、跨学科色彩浓厚的一个分支学科，它从生态的角度进行人类学研究，试图探讨人类及其文化与生态环境之间的关系。在其产生和发展的过程中，相继出现了环境决定论、环境可能论、文化生态学、生态系统途径、民族生态学、文化唯物论和政治生态学等理论或分支学科。20 世纪 90 年代以后，在能源短缺、资源枯竭、环境污染、人口剧增、区域间的经济竞争等社会问题的推动下，重大环境问题也成为当代生态人类学研究发展的一个新领域。笔者调查的以岩盐开采为主的宁洱哈尼族彝族自治县磨黑盐矿（下文简称磨黑盐矿）在发展过程中遭遇过环境破坏、开采技术失误、与当地居民间的关系紧张等问题，这些问题也是其他资源开采企业常会遇到的典型问题。因此，从生态人类学的角度研究磨黑盐矿相关的生态问题，既是生态人类学理论的实际应用，也具有重大现实意义。

一、生态人类学视角下环境问题的研究

作为人类学的分支学科，生态人类学从人入手，致力于研究生态、文化、人三者之间的关系。自 20 世纪 90 年代以后，从生态人类学角度研究资源开采引发的环境问题成为一个重要的研究方向。

（一）国内外生态人类学理论发展回顾

1. 国外生态人类学理论发展脉络梳理

自古希腊—罗马时代至 20 世纪初，受希波克拉底、亚里士多德等著名学者的影响，人们普遍认为自然环境在人类活动中发挥着原动力的作用，即所谓环境决定论。20 世纪 20—30 年代，博厄斯认为环境具有限制或容许的作用，但没有创造性的作用，其所开创的历史特殊论学派在文化与环境的关系问题上支持了环境可能主义。20 世纪 50—60 年代以后，以埃文思 - 普理查德、斯图尔德为代表的文化生态学和生态人类学等概念开始被使用。20 世纪 70—80 年代，以马文 · 哈里斯、克利福德 · 格尔兹为代表的文化唯物论和生态系统途径等新的研究理论和方法开始出现。格尔兹之后，罗伊 · 拉帕波特和安德鲁 · 维达促进了生态系统研究方法的发展。20 世纪 80 年代以后，关注后结构主义的社会文化理论、政治经济学、跨国主义等问题探讨的新生态人类学逐步兴起。

2. 国内生态人类学研究概况

国内学者对生态人类学的研究起步比西方要晚一些，开始于 20 世纪 80 年代。20 世纪 80 年代初期，国内生态人类学研究的主要工作侧重于经典著作的翻

译与相关理论的介绍；20 世纪 80 年代中后期，以费孝通先生的《江村经济》与林耀华先生的《金翼》为发端，国内生态人类学本土化研究逐步兴起。祁进玉先生在《生态人类学研究：中国经验 30 年（1978—2008）》中详细介绍了 1978—2008 年国内生态人类学的发展进程与各个阶段生态人类学的主要研究取向。祁先生提到，国内本土化研究兴起后，一些学者将斯图尔德的“文化生态学”与格尔兹的“地方性知识”结合起来，认定任何一个民族的地方性知识都必定隐含着对当地生态维护极其有效的生态智慧和生存技能，各民族的这些智慧与技能对生态环境的维护具有直接的利用价值，发掘和利用这样的生态智慧和技能就能救治生态灾变，尹绍亭、杨圣敏、裴盛基、许建初、崔延虎、麻国庆、杨庭硕、罗康隆、高立士等人便是这个领域的代表。① 尹绍亭在《中国大陆的民族生态研究（1950—2010 年）》中从具体的理论研究取向及生态人类学研究的应用性入手对中国大陆 1950—2010 年间的民族生态研究状况及理论发展进行了详细评述，并提到国内民族生态研究面临的主要问题在于本土化理论创新和所作研究如何更好地服务于国家和民族发展的需要。② 崔明昆、崔海洋在《近三年来中国生态人类学研究综述》中关注有关国计民生重大课题的应用研究，加强各民族本土知识、技术、技能的发掘和整理的研究，深化学科理论建设，推动学科中国化与提升学科社会影响力，总结了 2010—2012 年的生态人类学研究成果，并提出了国内生态人类学研究还应关注国外生态文化生态问题、现代发展系统下的生态问题、中国海疆领域生态问题等领域。③ 管彦波的《2016 年中国生态人类学研究前沿报告》在总结了前人的研究成果的基础上介绍了 2016 年生态人类学的研究成果，并提出人们关注的焦点是文化生态学的研究以及在生态文明建设大背景下涵括各种生态要素的综合性研究。④

尹绍亭是国内生态人类学在本土化研究兴起后从事生态人类学研究的著名学者。20 世纪 80 年代，受环境保护思潮的影响，刀耕火种农业被当作一种破坏生

① 祁进玉．生态人类学研究：中国经验 30 年（1978—2008）［J］．广西民族研究，2009（2）：47－52.

② 尹绍亭．中国大陆的民族生态研究（1950—2010 年）［J］．思想战线，2012，38（2）：55－59.

③ 崔明昆，崔海洋．近三年来中国生态人类学研究综述［J］．中央民族大学学报：哲学社会科学版，2013，40（4）：42－49.

④ 管彦波．2016 年中国生态人类学研究前沿报告［J］．创新，2017，11（2）：5－17.

态环境的“陋习”受到了“一边倒”的批判。但尹绍亭在《人与森林——生态人类学视野中的刀耕火种》[①] 一书中，通过对基诺山的基诺族，怒江和独龙江峡谷的独龙族、怒族、傈僳族、墨勒人（白族支系），德宏地区的景颇族、傈僳族、德昂族，临沧和思茅地区的佤族、拉祜族、哈尼族，西双版纳地区的布朗族、哈尼族、瑶族、苗族、克木人的大量调查，运用文化适应、文化生态系统等生态人类学理论从刀耕火种的历史和文化内涵、刀耕火种反映的人与自然的关系、刀耕火种民族的生存和发展三个方面深入研究了刀耕火种。尹教授提道：当代的刀耕火种农业是土著民族对生态环境适应的生计方式，具有丰富的传统知识和生态智慧，其盛行和延续都包含在一个文化生态系统体系中，我们不可简单当作与现代环保意识相悖的“陋习”革除。他结合国家政策、主流环境思潮、当地民族生态文化等背景，在生态人类学视角下重新审视刀耕火种，既关注社会主流生态话语体系中的刀耕火种观念，又关注刀耕火种民族的生态话语体系，为农业文明和生态文明的传承、学界和社会正确认识刀耕火种，以及政府决策提供了有益的参考，具有极大的应用价值。

杨庭硕是国内知名、颇具国际影响的生态人类学家。他在《生态人类学导论》中探讨了人类群体如何适应、塑造其生存环境，剖析了不同族群传统生计的生态适应水平，系统地阐述了人类、文化与生态环境之间的关系，提出了生物制衡与文化制衡的二元制衡理论，并总结了生态人类学的基础理论。杨庭硕提道：人类生存在自然环境中，与自然环境中的诸多要素有着联系，人类对环境的适应包含生物性适应和社会性适应两个侧面，人类社会与所处生态系统是相互制衡的，并在相互制衡中产生生态灾变。[②] 通过对生态人类学理论的梳理，他提出人类知识观念与利益诉求对其生态灾变观念产生影响，对生态安全的维护具有重大意义。也就是说，人类群体和环境处在相互影响的系统中。

我国的生态人类学由初期翻译著作到本土化研究兴起，虽然取得了许多优秀成果，但也还存在一些问题。一方面，由于我国生态人类学研究规模有限，所以还存在理论基础较为薄弱、研究范围窄（集中于少数民族地区，其他地区研究较少）、生态环境文化理念与现代性（集中于传统文化、地方性知识，对现代性的

---

① 尹绍亭．人与森林——生态人类学视野中的刀耕火种［M］．昆明：云南教育出版社，2006（6）：355－366.

② 杨庭硕．生态人类学导论［M］．北京：民族出版社，2007（5）．

关注不足）探讨不足等问题；另一方面，现在国家主体生态观念的影响范围扩大，人类群体与环境不再是简单的相互作用，而是处于由国家、当地政府、当地居民、利益、环境构成的一个复杂整体中，然而对这一方面的关注还不足。

（二）生态话语相关研究

生态话语是涉及生态问题的话语，也就是从生态视角构建话语体系。关于生态话语的研究，主要是穿插在生态语言学与生态话语分析的研究中进行的。生态语言学是一个由生态学与语言学结合而形成的交叉学科，它的任务是通过研究语言的生态因素和语言与生态的关系，揭示语言与环境的相互作用，生态话语分析属于生态语言学的研究范围。① 黄国文是生态话语分析研究的代表人物，这里我就以其作品为主介绍一下生态话语分析。

黄国文、陈旸在《生态哲学与话语的生态分析》中详细介绍了将生态话语分析与生态哲学研究结合起来的研究方式，阐述了生态话语分析的主要研究取向。因为不同的人有着不同的世界观、不同的伦理准则、不同的识解方式、不同的识构图样和不同的认知态度，所以同一个事件，不同的人往往会说出不同的话语，一个人的生态观，决定了他对生态问题的态度，而话语分析、语篇分析、语言分析揭示了发话者的不同识构，而分析的结果又可以帮助我们进一步地认识话语、语篇和语言所表达和隐含的意义。②

黄国文、赵蕊华的《生态话语分析的缘起、目标、原则与方法》中介绍了生态话语分析产生的背景、目标、原则、方法和主体。他们认为生态话语分析的方法强调持不同生态观的人对同一话语有不同的观点，生态话语分析的目标是探索语言与生态的相互关系和相互作用，揭示语言对各种生态关系（包括人类之间的生命可持续关系，人类与其他非人类有机体的生命可持续关系，人类与自然环境的生命可持续关系）的影响。③

生态话语分析的方法是对话语背后的世界观、价值观、意识形态和话语的语义、话语的谋篇、话语的语境、话语的表述、语言的格局、语法等内容进行分

---

① 黄国文．生态语言学的兴起与发展［J］．中国外语，2016，13（1）：1－12.

② 黄国文，陈旸．生态哲学与话语的生态分析［J］．外国语文，2016，32（6）：55－61.

③ 黄国文，赵蕊华．生态话语分析的缘起、目标、原则与方法［J］．现代外语，2017，40（50）：585－596.

析，探讨语言与环境和语境的关系，对本文探讨磨黑盐矿对当地生态环境的影响及当地居民生态话语体系的建构的研究具有重大启发意义。

（三）岩盐开采生态人类学研究思考

国内外对岩盐开采的研究主要集中在岩盐开采技术的改进、历史、发展状况、岩盐开采可能引发的问题以及相关生态问题如何避免、应对等方面，没有相关的生态人类学研究。李源的《云南盐业生产与生态、环境保护问题》[①] 以滇西的乔后、弥沙、啦井（现兰坪盐矿），滇南的按板（现镇沅盐厂）、石膏、勐野、香盐、益香、磨黑以及一平浪、元永、凤岗等为例，详细介绍盐业生产引发的洪灾、泥石流、滑坡、坍方、地表沉陷、矿井漏水、陷落和“三废”等灾害，并记录了这些灾害带来的影响；李源的《依靠科学技术进步开创我国岩盐开采工业的新局面》[②] 介绍了我国主要岩盐产区的产量、岩盐生产结构以及盐业开采技术的演变；周训发在《岩盐开采中几个问题的探讨》[③] 中从岩盐开采角度看水文地质工作程度问题、开采的采高与分层开采问题，主要介绍岩盐开采中遇到的问题与开采工艺发展状况；王刚、郭广礼、周春蓉、谭显龙、郑杰炳在《钻井水溶法开采的地表沉陷预计研究》[④] 一文中主要介绍能达到“既能保证最大限度的采出岩盐，又能保证地表受到的破坏最小”的标准的开采方法；尹馨萍《明清以来黑井盐业开发与环境变迁研究》[⑤] 讨论了盐业发展对生态环境及其变迁的影响；谢本书《滇盐发展的历史特点》[⑥] 阐述了滇盐的发源、功用及历史地位。因此，从生态人类学视角关注岩盐引发的生态问题是一个较为新颖的视角。

另外，李永祥的灾害人类学研究为我们从生态人类学视角进行生态问题研究提供了一个新的视野。2013 年 3 月，在《灾害管理过程中的矛盾冲突及人类学

① 李源．云南盐业生产与生态、环境保护问题［J］．中国井矿盐，1990（6）：43－45.

② 李源．依靠科学技术进步开创我国岩盐开采工业的新局面［J］．中国井矿盐，1991（3）：12－20.

③ 周训发．岩盐开采中几个问题的探讨［J］．中国井矿盐，1992（4）：9－12.

④ 王刚，郭广礼，周春蓉，等．钻井水溶法开采的地表沉陷预计研究［J］．中国矿业，2012，22（6）：104－107.

⑤ 尹馨萍．明清以来黑井盐业开发与环境变迁研究［J］．北方文学，2016（6）：20－23.

⑥ 谢本书．滇盐发展的历史特点［J］．盐业史研究，1996（3）：20－23.

思考》① 一文中，他从灾害人类学视角对灾害管理过程中的矛盾冲突类型进行了全面梳理研究。他认为急救和援助物资分配中的矛盾，援助者、救灾者与灾民之间的矛盾，灾区社会精英与普通灾民的矛盾，灾后重建和村寨搬迁中的矛盾，新的资源分配、环境适应以及文化冲突中的矛盾，以及由人员伤亡和财产损失引发的社会文化系统的失衡等体现的是对效率与公平以及最佳生存方式的追求，在灾害管理过程中必须关注到这些需求才能解决矛盾，缓解冲突。之后，李永祥和彭文斌在《中国灾害人类学研究述评》② 中详细介绍了灾害人类学概念、中国灾害人类学的缘起和现状，以及对地震、泥石流、滑坡、干旱、雨雪冰冻、石漠化、生物灾害、食品安全等的研究，并在此基础上关注了灾害对文化变迁与民族关系的影响，媒体报道对灾害研究的影响，以及灾害对旅游等经济产业的影响。李永祥从人类学的角度阐释了人、灾害、文化、经济发展间的关系，并提出了关注人、灾害、文化、经济间关系在灾害管理过程中有重要意义，对解决与灾害有关的各种问题以及相关研究都具有重要参考价值。

近年来，国内许多与资源开采企业有关的问题逐渐显现出来，人们对资源开采所引发的问题的关注度也在不断提高。在国家生态话语体系的影响下，地方生态话语体系发生了巨大改变。人类群体与其生存环境不再是简单的相互影响，主流观念冲击、政府体系介入、居民观念转变、利益关系冲突、信息传播断裂等因素都增加了生态问题的复杂性，同时也使得企业与当地居民间的矛盾愈发难以解决。因此，从生态人类学视角关注人们的生态话语体系与现今生态问题的复杂性，对于理解相关各方的利益诉求具有重大现实意义。本文从人类学研究生态问题的视角出发，结合生态话语分析，以磨黑盐矿为例来谈谈资源开采引发的环境问题及其与当地居民的关系。

二、磨黑盐矿开采历史与技术演变

磨黑盐矿位于云南省普洱市宁洱县磨黑镇境内。据记载，磨黑盐矿自 1725 年开始开采，主要以地下开采为主，至今（2016 年）已有 291 年的历史。

---

① 李永祥．灾害管理过程中的矛盾冲突及人类学思考［J］．云南民族大学学报：哲学社会科学版，2013（2）：47－54.

② 李永祥，彭文斌．中国灾害人类学研究述评［J］．西南民族大学学报：人文社会科学版，2013（8）：1－9.

（一）磨黑盐矿盐业发展与地方社会关系的演变

磨黑盐矿矿区位于云贵高原的西南边缘山区，地处无量山脉南段，为把边江与澜沧江夹间地段。矿区所处地区构造单元属兰坪—思茅盆地中拗陷的南段。所称思茅拗陷，拗陷东、西两侧，分别与哀牢山隆起与澜沧江隆起相连，呈北北西——南南东方延长；拗陷南宽北窄，区内出露地层有石炭二叠系海相碳酸盐建造、二叠系海相含煤建造、三叠系海陆交替砂泥岩建造，另有分布不广的白垩系河湖砂岩砾建造。第三纪湖沼沉积，具含煤建造，第四系冲击、洪积、坡积、残积层，区域建造轮廓。以上古生界地层为基层，以中生界红层为益层，并经历多次造山运动，形成交替出现的梳状背，向斜褶级和断裂凹陷，基底褶级构造线在拗陷东部与墨江褶短带平行，西部与澜沧江隆起一致，中部普洱地区近于南北向延长，多半是华力西运动形成，后经燕山运动有进一步发展，东西两侧及中部地区并伴有岩浆活动。①

磨黑盐矿分布范围南起龙祠丫口，北到老街子，西到安乐寨、上寨、丈昌官一线之东。缘磨黑镇，大体与磨黑河向一致，即主要藏于老东山、新龙山、莫弄山深部，在构造上包括营盘山向斜，老井背斜，老曹寨向斜东翼，太阳沟背斜西翼，从纵、横断面来看，矿体边缘薄、中部厚，成一似层状透镜体，其心恰如豆荚状。②

在人类进化过程中，大量的生态智慧、技能构成人们生存发展的基点，同时也构造不同的社会关系，这些社会关系影响人们的历史记忆，同时影响着人们与盐矿互利关系的构建。磨黑盐矿盐业发展与地方社会之间的复杂关系就是一个长期演变的过程。

20 世纪中期以前，受开采体制与生产工艺的影响，磨黑盐矿与当地居民关系极其密切。1725—1964 年，磨黑盐矿从采矿到制盐，都处于手工操作、作坊式的生产状态；1865—1997 年为地下采矿时期，采取熏井采矿煎盐的方式。③ 在

---

① 普洱哈尼族彝族自治县磨黑盐矿，普洱哈尼族彝族自治县委史志办．磨黑盐矿志［M］．2011：32－39.

② 普洱哈尼族彝族自治县磨黑盐矿，普洱哈尼族彝族自治县委史志办．磨黑盐矿志［M］．2011：32－39.

③ 普洱哈尼族彝族自治县磨黑盐矿，普洱哈尼族彝族自治县委史志办．磨黑盐矿志［M］．2011：5－46.

开采初期的112年间，盐矿的机械化程度低，需要大量的劳动力参与制盐，这些劳动力大部分都是当地居民。另外，在中华人民共和国建立初期，盐业方面的法规不如现在严格，当地居民可以自己熬盐、制盐。

20世纪中期以后，随着开采技术的改进与盐业制度的改变，磨黑盐矿与地方间的社会关系开始被割裂，与当地居民也逐渐开始对立起来。1965年，磨黑盐矿开始试验水溶采矿，到1977年底，水溶吸卤采矿完全代替了过去人工地下采矿。[①] 水溶采矿工艺的推行，大大提高了采矿量，减轻了采、运的劳动强度，降低了生产成本，同时也开始割裂磨黑盐矿与当地居民的关系。

（二）磨黑盐矿开采技术的沿革

经济是一种制度化了的、人与自然环境之间的一种相互作用过程，人类的每种生产方式都是和自然的一种交换。[②] 当人类追求高利益生产方式使自然遭到破坏，使自己受到惩罚时，他们便会对自己的生产生存方式进行理性思考和反思。近年来，人们开始认识到人类的生存基础——自然环境的脆弱性。因此，现代企业会注重开采工艺对环境影响的程度，尽可能选择科学的开采工艺采矿，磨黑盐矿亦是如此。在290余年的开采过程中，磨黑盐矿不断探索采矿工艺，随着实际情况的改变寻找最合理的开采工艺，先后经历了地面吸卤、旱采、水采三个阶段。

磨黑盐矿有两个开采区：南部开采区（老区）和北部开采区。[③] 南部老区位于矿区向斜南端，地表上水晶宫山头之下的老采区，是井下房柱法水平分层旱采区；北区处于老井小河与上寨小河汇合处附近，构造位置处于太阳沟背斜北部，1976年开始筹建地面钻井气垫对流法，1987年之后在此使用油垫法开采盐矿。[④]

1. 地面吸卤[⑤]

1725—1864年是吸自流卤水生产时期。吸自流卤水即在自流到地面所形成的盐泉四周砌上石块，供储卤、吸卤水熬盐，也就是完全依靠天然条件吸卤。这

---

① 普洱哈尼族彝族自治县磨黑盐矿，普洱哈尼族彝族自治县委史志办．磨黑盐矿志［M］．2011：5-46.

② 陈庆德．经济人类学的生态分析［J］．广西民族研究，2000（4）：16-21.

③ 王泽均．浅议磨黑老区的改造利用［J］．中国矿井盐，1996（6）：25-28.

④ 王泽均．浅议磨黑老区的改造利用［J］．中国矿井盐，1996（6）：25-28.

⑤ 普洱哈尼族彝族自治县磨黑盐矿，普洱哈尼族彝族自治县委史志办．磨黑盐矿志［M］．2011：42-43.

种采卤方法非常落后，且受自然条件限制，产量极不稳定。

地面吸卤法主要利用天然形成的卤水熬盐，生产工艺落后，且人们没有使用强制手段开采卤水，再加之产量较低，因而在采用地面吸卤法的139年间，被开采的南区基本没有对环境产生不利影响。

2. 地下采矿石（旱采）①

1865—1977年为地下采矿时期，先后使用过手锤采矿、炮杆打眼爆破采矿、风钻打眼爆破、电钻打眼爆破四种工艺。

手工采矿，即将长40厘米钢錾用手锤打入岩盐内，进行破碎采矿。1865—1953年下半年用此方法采矿。据统计，一等锤手每日每人能产硔800千克，二等锤手每日每人能产硔400千克，人均约600千克。炮杆打眼爆破采矿，1953年下半年开始使用泡杆打眼加黑火药爆破采矿，每人每日可采矿两吨，比手锤采矿提高功效3倍以上。风钻打眼爆破。1955年5月底，开始采用风钻打眼爆破的新工艺，每人每日采硔14吨，比炮杆打眼爆破法提高功效7倍。1957年10月，以硝酸铵炸药代替黑火药爆破，每人每日采硔达到21吨，比黑火药爆破又提高功效33%。在风钻爆破的操作技术上采取了“按图布眼”方法，既保证了掘进巷道方位的准确，也提高了爆破的效力。电钻打眼爆破。1964年改用电钻打眼爆破法，同时采用了双机轮替作业方法。每人每日采硔量为23吨，比风钻打眼爆破法提高功效9.52%，劳动强度大大降低。

在地下采矿时期，手锤采矿、炮杆打眼爆破采矿、风钻打眼爆破、电钻打眼爆破这几种方式开始借助黑火药、风钻、硝酸铵炸药、电钻等科技手段来采矿。这几种方法大大提高了产量，但也增加了地下被采空的可能，开始对环境造成实质性影响。

3. 水溶采卤及抽送（水采）②

水溶采卤是一种更先进的采矿工艺，这种方法可以免除长期井下作业的艰辛，也可减轻U型矿车运矿的运输强度，还可以提高功效，大幅降低生产成本。据统计，旱采成本每立方3.5元，水采综合成本每立方米2.12元。1965年初，

① 普洱哈尼族彝族自治县磨黑盐矿，普洱哈尼族彝族自治县委史志办．磨黑盐矿志[M]．2011：43-45.

② 普洱哈尼族彝族自治县磨黑盐矿，普洱哈尼族彝族自治县委史志办．磨黑盐矿志[M]．2011：45-46.

磨黑盐矿开始试验水溶采卤，至1977年底，水采已经完全代替旱采。该采矿工艺在磨黑的实践可分为洞室水溶采卤、井下钻井对流法水溶采卤、地面钻井压裂法水溶采卤、地面钻井气垫对流法水溶采卤四个阶段。

洞室水溶采卤，即在井下采取先掘开一条通道，然后放入淡水使其自然溶解，浓度达到24波美后用水泵扬出地面。盐矿于1965年初开始采用这种采矿法。1967年，磨黑盐矿开始井下钻井对流法的试验。到1985年，井下钻井对流法水溶采卤年产卤水占全矿总用量72%。1971年9月8日，磨黑盐矿进行了地下钻井压裂法水溶采矿试验。采区定在老东山南麓，钻井7口试验，但在压卤时发生井下卤水向四周渗出的情况，证明磨黑地质地层不适宜使用压裂法水溶采矿，故而停止使用该种采矿技术。1976年，在新开辟的北区采用了地面钻井气垫对流法水溶采矿技术，1979年10月打了1号井，随后又打了2、3号井。1985年，1、2、3号井都已投产，共产卤5万立方米。到2002年止，全矿共有21口气垫和油垫对流法水溶采卤孔。1965年开始使用的地面钻井水溶又采用了压裂法、气垫法、油垫法、机械采卤法、无垫法。

虽然磨黑盐矿一直都在改进开采工艺，但随着产量与开采时间的增加，它还是给周边的环境带来了巨大的影响。

磨黑盐矿数次改进盐业开采技术，既是其在自然的基础性制约下追求高产量和低成本的成本效益的一种体现，也隐喻着人类生存基础的脆弱。磨黑盐矿的技术人员不断改进盐矿的开采技术，努力探索能提高产量的开采技术，却损害了环境，成为人类生存环境恶化的另类表达。

三、磨黑盐矿带来的影响与人们的生态话语建构

个人生命的有限性，极大地限制了个人的认知能力，人们的生态智慧与技能常常受社会组织、资源管理、伦理观念的影响并与其融合在一起。融合后的生态观念使得人们对生态灾变的认识有所改变，从而也影响到了人们的社会适应方式。磨黑盐已有290余年的历史，长时间的开采给磨黑的地质环境、生态环境及人们的生产生活带来了许多影响。对于这些影响，众说纷纭。

（一）磨黑盐矿盐业发展带来的影响

工业经济发展势必会带来“三废”问题，也势必会带来生态灾变，破坏人们的生产生活环境。磨黑盐矿是开采岩盐的盐矿，其盐业发展与环境变化的相互

作用不可避免。

1. 不同开采技术对地质环境变化的影响

磨黑盐矿制盐产卤的矿石是从地下开采来的。与其他的采矿方式一样，地下采卤会导致地下出现一些空洞，增加地质结构的不稳定性，给地质环境带来不利的影响。磨黑盐矿对周围环境的影响程度随着盐矿开采工艺的变化而改变。它对环境造成实质性影响主要是在20世纪50年代以后，随炮杆打眼爆破、风钻打眼爆破、电钻打眼爆破采矿，以及机械采卤法、无垫法、压裂法、气垫法、油垫法等开采方法的出现而出现。

磨黑盐矿开采分为南端水晶宫山头老采区、中段压裂法试验区和北端地面钻井水采区三片采区，因开采时间长，且早期开采技术不合理，多数地段已采空陷落。①

磨黑盐矿矿山开采区沉陷情况表②

开采区域	沉降观测	地表陷落	说　明
北区	ZS－02至ZS－08之间1982—1996年沉降值0.846m，平均沉降速度0.106m/年。ZS－09号井至ZS－12号井之间，1989—1996年总沉降值0.099m，平均沉降速度0.012m/年	ZS－07号井右侧20m处，1994年7月3日崩落，直径约30m ZS－08号井1995年7月13日崩落，直径约15m	浅孔ZS1－8口井顶板连通陷落，基本上都报废了
压裂法区	没有进行沉降观测	1992年8月6号井孔陷落	压裂法区打7个压裂孔试验，压出20万m^3左右的卤水，地表到处是卤水
两斜井间	1982—1996年总沉降值0.030m，平均沉降速度0.004m/年	地表没发现陷落	地形低洼处，矿山中的果树，虽然矿体掩埋浅，地表未发现沉降

① 王泽均．浅议磨黑老区的改造利用［J］．中国矿井盐，1996（6）：25－28.
② 王泽均．浅议磨黑老区的改造利用［J］．中国矿井盐，1996（6）：25－28.

续 表

开采区域	沉降观测	地表陷落	说 明
老陷落洞（大落洞）	1982—1996 年总沉降值 0.47m，平均沉降速度 0.060m/年	陷落过，经填充后基本稳定，已发文叫不要在附近搞房屋建设	大落洞老采区近地表开采，据说 1943 年前后陷落，无资料可查，现在基本稳定
水晶宫山头	1963—1996 年总沉降值 3.836m，平均沉降速度 0.116m/年	没有发现地表陷落	山头向斜轴附近，岩层之上的盖层较厚，一般不会发生大的陷落
老矿山利用改造区	1989—1996 年总沉降值 1.066m，平均沉降速度 0.152m/年	改造区边沿 1995 年 7 月 15 日崩落，直径约 5m	矿上拨款，叫几家人搬迁

老区主要使用地面吸卤法及旱采法开采盐矿，后者对老区环境的影响最大。炮杆打眼爆破、风钻打眼爆破、电钻打眼爆破均是用火药将地下的矿石炸开，然后将炸碎的矿石背出。在开采中，使用的火药的威力也在增大。这些方法直接使用炸药在地下炸开矿石，无法保证炸药炸裂的范围、方位以及开采厚度，很容易使地下被采空，引起地面塌陷，也不能完全保证工作人员的安全。对此，村民评论：

> 他们以前使用炸药开采盐矿，那时还只是被开采区域有下落与塌陷的危险，后来使用灌水法则是整个区域都有下落与塌陷危险。[①]

地面钻井水溶法具体包括气垫法、无垫法、压裂法、机械采卤法、油垫法，主要在北区使用，其中气垫法、无垫法、压裂法、机械采卤法这四种方法已停止使用。[②] 无垫法、气垫法直接从井口将淡水注入地层下方，将盐矿溶解之后抽

① 访谈对象：B；性别：男；年龄：50；职业：农民；地点：磨黑镇星光村安乐寨；时间：2016 年 7 月 22 日上午 9：05—11：30。

② 普洱哈尼族彝族自治县磨黑盐矿，普洱哈尼族彝族自治县委史志办．磨黑盐矿志［M］.2011.

出，地层与淡水之间没有隔离层。[①] 这两种方法易使基准地层被淡水溶解，使地层变薄，增加地层下落的可能。对此，一位村组长说：

以前他们是浅井开采（无垫法），地层厚度只有300米左右，容易出现塌陷、地裂。[②]

油垫法，即在地面钻探生产井，将淡水用泵注入生产井，溶解矿层采出卤水。[③] 为了保证地层的基准厚度，降低地层陷落的可能。目前开采最低地层厚度为250m，且利用柴油比重比水低的原理，让柴油漂浮在水面上形成保护层，保护顶板，控制水位上升溶解地层。[④] 油垫法对具体的开采方式、开采最低地层厚度、油垫建槽技术以及固井技术都有很严格的要求，对地质环境的稳定性有很大的保护作用。另外，矿区副主任谈道：

分公司总共有24口生产井，现已经封井16口，还剩8口生产井，分别是9、11、12、19、21、22、23、24号井。为了使井与井之间不会贯穿，这些矿井之间间隔都在80米以上，以前技术不合理的时候打的低于80米的那些矿井已经全部封井了。[⑤]

在工业社会中，人类会不断改进技术，寻找最佳的“环境适应”模式。但直至今天，人类也没有研发出完全不会损害生态环境的工业技术，且随着工业产量需求量及供给量的增加，工业生产对生态环境的破坏更为严重。20世纪50年代之后，磨黑盐矿的产量逐年增加，且其生产技术也在不断改进。同时，盐业发展也开始对环境造成实质性的影响。磨黑盐矿的开采技术还在不断改进，它一直试图探索出与环境互利的生产技术，但至今为止都没有探索出一个完全不会损害地质环境的生产技术，包括现在较为先进的“油垫法”都不能完全保证不会损害地质环境。

---

① 李涛．普洱制盐分公司采卤、除铅知识培训资料［C］．内部资料，2012.

② 访谈对象：D；性别：男；年龄：49；身份：组长；地点：磨黑镇星光村大营牌坊；时间：2016年7月25日上午9：10—12：00。

③ 李涛．普洱制盐分公司采卤、除铅知识培训资料［C］．内部资料，2012.

④ 整理自访谈资料。访谈人：A；年龄：42；性别：男；职业：磨黑盐矿矿区副主任；地点：磨黑盐矿矿区与矿区办公室；时间：2016年7月18日。

⑤ 访谈人：A；年龄：42；性别：男；职业：磨黑盐矿矿区副主任；地点：磨黑盐矿矿区与矿区办公室；时间：2016年7月18日。

由此我们可以看出，在经济利益与生存基础不能并存时，人类的行为往往是矛盾的，他们一方面展露“理性人”的特点追求利益，另一方面又追求对脆弱生存基础的保护，这样的双重追求体现了人类对最大互利关系——最佳“环境适应”模式的追求。

2. 盐业生产对自然环境的影响

从打井采矿到制盐，磨黑盐矿生产的每一阶段都会对自然环境带来一定的影响。

早期生火熬盐制盐时期，需要大量的木柴和煤炭，砍树和烧炭，不仅会破坏自然生态环境，还会污染大气环境；后来的真空制盐虽改进技术，但废水、废气、废渣的排放也给磨黑的生态环境带来了不利影响，不过后期经过改良的、相对科学的处理方法减轻了盐业发展对生态环境的影响。对此，有村民说：

> 除了塌陷，盐厂应该不会给我们的生活带来其他的影响。以前整个磨黑镇都是灰蒙蒙的，经过处理，现在磨黑镇的空气质量已经很不错了。排放污水时他们会通知使用河水的人，且他们会选择在下大雨的时候排放，将危害降到最低。①

在诸种水溶法中，会直接对自然环境造成影响的是压裂法和油垫法。磨黑盐矿的压裂法试验区，位于整个盐矿床的中段，莫弄山头之西的斜坡上，在这里共打了7个压裂法试验钻孔。压裂法打孔只打穿上部盐矿层，孔深200米左右。②压裂法主要使用机械把淡水从一个孔中压下去，淡水将盐矿溶解成卤水之后再将卤水抽出。这种方法最大的缺陷就是开采地层薄，过大的压力会将地层崩裂开来，且卤水会从裂开的地层中流出污染生态环境。

> 1967年，他们先从地表打井，然后压水下去。他们的从井那边压水下去，我们的地就会被撑裂，卤水大量地冒出来。曾经就压出过20万立方米左右的卤水，侵蚀了我们4亩左右的土地。被侵蚀的土地不可

---

① 访谈对象：D；性别：男；年龄：49；身份：组长；地点：磨黑镇星光村大营牌坊；时间：2016年7月25日上午9：10—12：00。

② 普洱哈尼族彝族自治县磨黑盐矿，普洱哈尼族彝族自治县委史志办．磨黑盐矿志［M］．2011：46.

以养鱼，也不可以种庄稼。①

“油垫法”是一种较为先进的打卤方式，使用这种方法开采盐矿一般不会引发地层陷落，但是注入地下的柴油若处理不当，可能会漏出来污染环境。

十多年前我家的鱼塘出现了柴油，鱼死了许多，活着的鱼有很大的柴油味。至今我家的鱼塘都不能养鱼。那块被柴油污染的地现在都还会冒柴油。②

人们可以很直接地看到磨黑盐矿对自然环境的不良影响，这样的直接体验构成了他们对盐矿发展的不良记忆。

（二）当地居民生态话语建构

生态安全是现代社会热衷谈论的生态议题之一。当人们认为当地生态系统的稳态延续性受到破坏且其生存受到威胁，他们深深感受到生态环境的不安全性时，他们会建构出更多的生态问题，形成一套独特的生态话语体系。磨黑盐矿在磨黑有着极深的影响，甚至有“没有盐矿，就没有磨黑镇”的说法。对于磨黑盐矿的发展与其带来的影响，当地居民有各种各样的理解与建构。

1. 盐矿岩盐开采对当地人生产生活的影响

磨黑盐矿矿区分为北区和南区，地域非常广，矿区内有很多人居住，因而采矿引发的问题也相当复杂。盐矿开采引发的有关地质环境、自然环境等环境问题与人们的生活息息相关，特别是塌陷、地裂缝等对居住在采矿区的人们的生产生活影响更是巨大。

（1）南区的影响——“采空”引发的搬迁

因开采时间过长，南区的部分区域现在已被盐矿定为采空区。据调查资料显示，受南区开采影响最大的是位于南区附近半山区的星光村安乐寨。

安乐寨于2015年从安乐老区搬迁到安乐新区。据政府资料记载，安乐原居住点受地质灾害影响出现滑坡，加之2014年受“7.21”洪灾和景谷县“10.7”地震影响，居住安全隐患较大，被确定为集体搬迁。但对于搬迁的事，村民有不

---

① 访谈对象：C；性别：男；年龄：68　职业：农民（也兼职开车拉客）；地点：磨黑镇庆明村上寨；时间：2016年7月21日下午。

② 访谈对象：E；性别：女；年龄：48；职业：农民；地点：磨黑镇星光村大营牌坊组；时间：2016年7月27日。

同于政府的看法：

安乐老村是处在半山腰的村子，山脚属于开采盐矿的区域，山脚的地下被开采空，地层下落，山上的山体没了支撑的力量才会滑落。[①]

安乐村民对盐矿的看法与他们搬迁中遇到的一系列问题是有很大联系的。一方面，村民搬迁必须要自己买地盖房子，且政府对搬迁建房有很多要求，如房子必须符合新农村建设的标准，突发性的建房加上新农村建房的高要求导致村民都负债累累，这些债务改变了他们的谋生方式；另一方面，村民搬到新村住，但是他们的土地都在老村附近，且在新村他们不可以养家畜，因此他们白天必须回到老村去进行一些日常活动。村民们被迫常常往返奔走在老村与新村之间，给他们的日常生活带来了许多不便。对此，老队长谈道：

搬家给我们带来了经济压力及生活影响。搬迁后，我们的负担就加重了许多。现在我们这边所有的人都欠着债，5 万—28 万不等，我家就欠了 8 万。为了还债，许多人都出去打工。我们的地全部都在老村子那边，我们必须回到那边去种地；安乐新村不允许我们养猪、养牛、养驴（因为味道不好），所以我们只能把这些动物放在那边（老村）养，每天都要花时间过去喂食。因为大家都欠债，大部分年轻人都出去打工了，每回去老村的基本是老人，我担心下雨时老人可能会遇到危险。[②]

当然，安乐的搬迁也增加了他们的“幸福感”与“安定感”。一方面，安乐村民们搬到新村后，所有人都住上了新房子，提前过上了好日子；另一方面，搬到新村，也使得村民的生命安全有了保障。对此，有村民这样说：

在安乐老村，房子是土基房，下大雨的时候会漏雨，我们担心滑坡，担心房子是否会裂开，只要下雨，我们晚上就不能安稳地睡觉。搬到安乐新村以后，我们完全没有这样的（担忧）。政府的人都说我们算

---

① 访谈对象：F；性别：女；年龄：66；身份：老队长；地点：磨黑镇星光村安乐村民小组；时间：2016 年 7 月 28 日上午。

② 访谈对象：H 性别：女 年龄：66 身份：老队长 地点：磨黑镇星光村安乐村民小组 时间：2016 年 7 月 28 日上午。

是先过上了好日子，以后再慢慢挣钱还债就行了。[①]

由此我们可以看到，尽管搬迁让村民过上了安心的生活，但搬迁带来的债务与不便也影响着他们的生产生活。因为安乐村民对于搬迁的看法与盐矿不一致，且官方对于安乐滑坡的原因也没有更权威的说法。因此，不管安乐村民关于滑坡原因的说法是客观事实还是对盐矿的误解，这样的生态话语体系都会不断加深村民与盐矿之间的矛盾。

(2) 北区的影响——“塌陷恐慌”

因开采量过大，再加上早期不合理的开采方法，处在盐矿北区范围内的大营牌坊村深受影响。大营牌坊是磨黑镇星光村西北部的一个村民小组，部分村民居住在盐矿开矿区域内。

大营牌坊的许多村民都有塌陷恐慌。据村民介绍，他们的房子里面有许多的裂缝，那些裂缝长 1—10 厘米不等。而且他们能明显地感受到地下是空的。现在他们不敢建房子，因利益牵制也不敢随便搬迁。有村民说：

> 20 年前，我们后山的矿井陷落，大营有几户人家因此搬迁。从这时候开始，人们陆续发现了房子的墙上、地板上有大大小小的裂缝。于是我们开始向政府、盐矿提交搬迁书面申请，每年都要递交两三次。[②]

因担心自己的生命安全，大营牌坊的部分居民从 20 世纪 90 年代开始申请搬迁。但大营牌坊的居民大部分都是菜农或者养殖户，其土地都在矿区周围，如果搬迁会给生产生活带来很多不便。因此基于利益考量，当地居民对搬迁也有着很多不同的想象与要求。

> 由于长期受采矿后地质的影响，致使 10 户农户居住的宅基地地基下沉，房屋石角、墙体等多处出现裂缝，有的裂缝开裂达 10 厘米以上，多处房屋因受损严重，已无法居住，严重影响了农户的正常生活，存在极大的安全隐患。现镇政府同意我们搬迁，我们感激政府的关心，但从我们现在和今后子孙的生存、生活等方方面面考虑，我们选择的理想宅

---

① 访谈对象：H　性别：女　年龄：66　身份：老队长　地点：磨黑镇星光村安乐村民小组　时间：2016 年 7 月 28 日上午。

② 访谈对象：D；性别：男；年龄：49；身份：村组长；地点：磨黑镇星光村大营牌坊；时间：2016 年 7 月 25 日上午 9：10—12：00。

> 基地为沙坝营老洛路上半部、白永歧（白七）家附近的政府征用地，诚望政府、磨黑制盐分公司共同协商，一则同意10户农户搬迁或置换该地段的部分为宅基地；二则给予10户农户搬迁或置换安置补偿费，安置补偿费，同时普洱制盐磨黑分公司应对10户农户给出相应的房产赔偿。
>
> ——大营牌坊搬迁请愿书（片段）①

对于大营牌坊村民来说，现在盐矿给他们带来的最大影响就是“塌陷恐慌”与“搬迁的想象”。这两个影响一个关乎生命安全，一个关乎生产生活，都是其“生存适应”的重要因素。因此，大营牌坊的事情就变得重要且复杂。不管是安乐还是大营牌坊，村民们对盐矿的看法都源于其生产、生活、生存方式、生存安全的改变。生产生活的不便、对生存方式变化的不适应、生存安全受到威胁成为安乐村民和大营牌坊村民对盐矿不满的根本原因。

2. 当地居民对地面沉降的认知

对于磨黑盐矿地下采矿产生的地面沉降，受不同知识体系及利益的影响，不同的人有不同的想象。

地下被采空，地层就肯定会下落，“采空区危险”已经成为居住在磨黑盐矿采矿区的居民的基本观念。有村民说：

> 我们不能建很大的房子，因为地基不稳。我们怕地震和下雨，因为地下被采空，地基不稳，地层经不住地震与强降雨。②

其他居民也有不同的想象。部分人认为，采空区很危险，任何人或者技术都不能保证采矿区永远不会下落，因此盐矿开采区不应该住人。对此，盐矿工人有以下看法：

> 如果我是住在大营牌坊那个片区的人，我肯定会搬迁，因为“采空区不能住人”，居住在那边太危险。不管什么技术都不能保证不会出现采空塌陷的情况，我们只能说科学技术能降低塌陷的可能性。但科学不

---

① 资料来源：磨黑镇星光村村委会。

② 访谈对象：J；性别：女；年龄：55；职业：农民；地点：磨黑镇星光村大营牌坊组；时间：2016年7月27日。

是绝对的，会有漏洞。①

也有部分人认为，盐矿开采区没有居民们想象的那么危险，因为盐矿现在的开采技术很科学，不可能会出现塌陷或者下沉的情况。房屋的裂缝或者塌陷不完全是盐矿的责任，可能是其他因素造成的。对此，有盐矿工人说：

> 现在许多与盐矿有关的生态问题是遗留问题。以前技术不好、经验观念落后、法律不完善，有的矿井150米以下就可以开采，因此造成过塌陷，但是不严重。村民把地震、裂缝、地面塌陷归因于我们，这不科学。这些地质灾害大部分是其他因素造成的，村民对我们有着很大的误解。②

对于开采是否会长期影响居民生活，在将来是否会引发地面沉降，当地居民也有一套独特理解与想象。部分村民认为盐矿是可再生资源，停止开采后，矿石还会再生长出来。对此，盐矿员工坦言：

> 现在地下被采空应该不会出现，一是盐厂开采技术也在改进，开采时用柴油隔离淡水与地层，并支撑着，使得地层不会塌陷；一是盐厂停止开采时，盐矿会自己生长，堵住地下的空间。③

对于地面沉降，居民们的理解正确与否有待商榷，但这些理解也不是凭空出现的，还是有一定依据的：一是人们对盐矿开采与地面沉降因果关系的误解；二是人们的环保观念已经有所改变，以前重视经济的发展，现在大家开始重视环境；三是受一些地质灾害知识宣传的影响，大家对矿业活动对生态的影响有了一定的认识。

3. 当地居民对盐矿开采技术的理解

人们对于地面沉降的不同想象在很大程度上是受到其对盐矿开采技术的理解与想象的影响。磨黑当地居民对盐矿开采记忆还停留在旱采法、压裂法与油垫

---

① 访谈对象：K；性别：男；年龄：46；职业：工人；地点：星光村办事处对面；时间：2016年7月27日。

② 访谈对象：A；年龄：42；性别：男；职业：磨黑盐矿矿区副主任；地点：磨黑盐矿矿区与矿区办公室；时间：2016年7月18日。

③ 访谈对象：C；性别：男；年龄：68；职业：农民（也兼职开车拉客）；地点：磨黑镇庆明村上寨；时间：2016年7月21日下午。

法上。

大部分当地居民认为前两种开采方法对生态环境的影响比较大，因为开采地层薄，基础开采地层厚度只有300米左右，开采方法不合理；后一种对生态环境的影响比较小，开采地层厚度较深，基础开采地层已达到500米，开采方法相对合理。对此，有村民坦言：

> 现在科技发达了，盐厂的开采方法也相对科学，采矿时淡水与地层有柴油隔离，柴油会支撑住地面，淡水不会侵蚀地层，卤水不会冒出来，地层塌陷的可能也比较小。地下虽然是空的，但应该不会塌陷。因为盐厂每年都会往采空区灌200多吨的柴油支撑着地层，防止地层下落。①

从上面的资料中我们发现，当地居民有关盐矿对开采技术认识并不正确，村民们对开采技术的理解与想象，基本上都源于个体的主观印象及传言。他们提到的300米与500米地层厚度指的是早期磨黑盐矿钻井所达到的最深地层，而不是基础开采地层，基础开采地层是250米。除此之外，我们还可以很明显地看到他们对填充柴油的作用存在误解。

不管是对地面沉降的理解，还是对开采技术的认识，居民们的理解都与其“生存适应”观相关，体现着人们对最佳生存模式的追求。

四、磨黑盐矿盐业发展引发的矛盾探讨

虽然经济学上有关于“理性人”的假设，但人类的本性常常是不一致的。人们对磨黑盐矿的理解与想象源于人们对生态灾变统一的认识，但当人们将自然的生态灾变与人为的生态灾变混杂在一起理解时，便会形成不同的生态话语体系。

（一）磨黑盐矿盐业发展引发的矛盾

磨黑盐矿与当地间的矛盾其实可以大体概括为“事实影响”与“建构的影响”的矛盾。“事实影响”即磨黑盐矿盐业发展过程中实际发生的影响，包括地下被采空导致的地裂缝、塌陷以及由此引发的其他影响；“建构的影响”指人们

---

① 访谈对象：L；性别：男；年龄：66；职业：农民（以前当过兵）；地点：磨黑镇庆明村上寨；时间：2016年7月21日中午。

对磨黑盐矿发展已经带来及可能带来的影响的理解与建构，包括安乐的滑坡、大营牌坊的“塌陷恐慌”等。两者间有一定的区别和联系。

“事实影响”是指磨黑盐矿岩盐开采带来的正在发生或者已经发生的，人们很明显已经感觉到或者能感觉到的实质性影响；“建构的影响”则是人们以自己对盐矿发展的理解以及以对盐矿已经带来的实质影响的认识为基础，结合自己的利益诉求、知识体系对盐矿发展带来的影响的一种认知。从表面上来看，两者之间似乎毫不相关，前者注重阐释的是事实，后者注重阐释人们的理解与想象的“事实”。但进一步看，“想象”是建立在“事实”的基础上的，而“事实”又在人们的“想象”中被多样化、复杂化。例如，谈到“十年一震”时，因为有地面沉降的先例，磨黑的部分居民便认为这是受盐矿长期开采的影响，部分居民则认为这个说法有失偏颇。

（二）磨黑盐矿与当地居民之间产生矛盾的根源

对于磨黑盐矿带来的影响，官方并没有给出一套权威的说法，而且盐矿或者政府也没有组织居民学习过盐业发展的相关知识。双方的文化观不同，许多的观念都是人们“就事论事”而来。不同人在其利益诉求、知识结构、历史记忆、话语权等因素的基础上构成的社会关系不同，还有信息披露的不完全与交流的不对称也影响了当地居民的生态话语构建，从而引发了两者间的矛盾。

对盐矿的员工来说，他们基本都对制盐工艺有所了解，加上他们的利益诉求，他们对磨黑盐矿给环境带来的不利影响持相对乐观的态度。对盐矿工人来说，以前的开采方式给环境带来不利影响是很正常的，现在村民们反映的问题是遗留问题，现在的“油垫法”完全不会导致塌陷、漏油等问题出现。有盐矿工人说：

> 现在我们开采盐矿是在地下250米之下开采，250米以上的盐矿我们出于保护地层的目的，现在不会开采。①

对于处在采矿区域，受到影响的居民来说，他们对盐矿的了解来自于自己的理解及人际间的消息传播，他们对于盐业发展没有全面的认识，了解的只是比较片面的消息，有些消息甚至是错误的：

---

① 访谈人：A；年龄：42；性别：男；职业：磨黑盐矿矿区副主任；地点：磨黑盐矿矿区与矿区办公室；时间：2016年7月18日。

> 20 年前安乐有几户人家因为居住的地方地层塌陷，才搬迁到其他地方。现在安乐也是因为居住区域受地下采矿的影响发生滑坡、泥石流才搬迁。而且有人说当年高速公路本来要经过安乐，后来专家检测出来安乐那边地下是空的，才改了线路。①

村民对磨黑盐矿的认知在很大程度上会受权威说法的影响，但因为没有地质专家对人们所建构出来的影响进行调查，缺乏权威说法反而加剧了居民对盐矿的误解。对此，有盐矿工人表示：

> 安乐搬迁，当地村民认为滑坡是山脚的地下采空引发的，但是没有证据，盐矿的人也不承认，再加上没有地质专家的测量，我们也没办法去消除安乐居民对滑坡的一些看法。②

因此，我认为磨黑盐矿与当地居民间产生矛盾的根源是受接收信息不对等影响形成的固化观念及不同的利益诉求。一方面，不同的利益诉求触发人们对磨黑盐矿开采情况的不同认知；另一方面，磨黑当地居民的思想观念受“实在主义”的影响，他们相信的是他们的亲身经历及体验，他们追求的是能使他们利益最大、损失最小的选择。因此，因接收信息不对等而形成的固化观念、不同的利益诉求与受“实在主义”影响形成的经验观念成为盐矿和当地居民间产生矛盾的根源。

五、结 论

磨黑盐矿使用过露天开采、矿道开采、水溶开采等不同的开采技术。从盐矿的角度看，盐矿开采技术是在不断进步的，其对周围环境的影响也在不断减小，但为什么人们和盐矿之间的矛盾依然存在呢?

首先，从周边村落走访调查的结果看，人们对盐业开采引发的环境问题日渐焦虑。一方面，早期开采给人们留下了许多不良的历史记忆，再加上因 1980 年以来采取的水溶法导致很多地方出现冒水或陷落的问题，人们对盐井开发中出现

① 访谈对象：N；性别：女；年龄：38；职业：农民；地点：磨黑镇庆明村上寨；时间：2016 年 7 月 21 日上午。

② 访谈对象：O；性别：男；职业：村主任；时间：2016 年 8 月 1 日下午；地点：磨黑镇星光村村委会。

的地面下沉状况日渐担忧；另一方面，随着环境保护意识的加强，磨黑当地出现的水污染、山体滑坡等问题使得人们更加相信制盐对磨黑当地生态环境的负面效应。

其次，现在国家加大了环境保护力度，人们有了新的利益诉求。随着盐矿生产技术的演变，当地居民与盐矿的原有的社会关系已被割裂。现在，国家强调生态环境保护，生态保护力度不断加强，人们知道如何建立现实生活与生态问题的联系，为自身利益寻求支撑。也就是说，国家生态保护话语权建构了地方生态话语权，并赋予了话语体系一些正当性，人们可以通过国家支持的话语体系增加自身利益诉求的合理性。

最后，人类群体与生态环境相互作用已经改变。对于磨黑盐矿来说，国家干预、政府行为、盐矿行为、居民观念构建起了一系列生态话语体系，而这些话语体系是环环相扣的，只要一个环节出错，就会使这些相扣的环断裂，从而产生矛盾。这样的断裂可能由信息不对称、利益诉求冲突、知识观念冲击、社会思潮影等原因造成。

综合以上信息，我们认为，磨黑盐矿不仅要加强开采技术的提升，同时也要对信息传播的路径进行调整，让更多人知悉其开采技术与生态环境之间的关系。另一方面，盐矿的上级单位——盐业集团也应赋予地方的分公司一定的财政支配权，以让其拥有更多参与到地方建设中去的能力。这样才能构建一个和谐稳定的企业发展环境。对于地方政府而言，也需要借助制度性举措，与盐矿达成更多良性协议，为当地百姓提供利益保障，缓解利益冲突。

参考文献

[1] 陈庆德，潘春梅，郑宇．经济人类学［M］．北京：人民出版社，2012年．

[2] 黄淑聘，龚佩华．文化人类学理论方法研究［M］．广州：广东高等教育出版社，1998.

[3] 黄正泉．文化生态学［M］．北京：中国社会科学出版社，2015.

[4] 普洱哈尼族彝族自治县磨黑盐矿，普洱哈尼族彝族自治县委史志办．磨黑盐矿志［M］．2011.

[5] 全京秀，崔海洋．环境人类学［M］．北京：科学出版社．2015.

[6]［日］秋道智，［日］市川光雄，［日］大柳太郎，等．生态人类学［M］．范广融，尹绍亭，译．昆明：云南大学出版社，2006.

[7]［美］唐纳德·L. 哈迪斯蒂，郭凡，邹和．生态人类学［M］．文物出版社，2002.

[8] 杨庭硕．生态人类学导论［M］．北京：民族出版社，2007.

[9] 陈庆德．经济人类学的生态分析［J］．广西民族研究，2000（4）：16－21.

[10] 崔明昆、崔海洋．近三年来中国生态人类学研究综述［J］．中央民族大学学报：哲学社会科学版，2013（4）：42－49.

[11] 管彦波．2016 年中国生态人类学研究前沿报告［J］．创新，2017（2）：5－17.

[12] 黄国文，陈旸．生态哲学与话语的生态分析［J］．外国语文，2016（6）：55－61.

[13] 黄国文，赵蕊华．生态话语分析的缘起、目标、原则与方法［J］．现代外语，2017（5）：585－596.

[14] 罗康隆．人类的生态困境与生态人类学的研究取向［J］．吉首大学学报：社会科学版，2007（6）：40－46.

[15] 雷波．矿产资源开发对环境影响及可持续发展［J］．中国井矿盐，2016（6）：31－33.

[16] 雒卫．地下采矿对矿山地质环境影响［J］．科技传播，2012（7）：19－29.

[17] 李源．云南盐业生产与生态环境保护问题［J］．中国井矿盐，1990（6）：43－45.

[18] 李源．查阅国外井矿盐科技文献资料的一点体会［J］．井矿盐技术，1981（1）：42－44.

[19] 李源．依靠科学技术进步开创我国岩盐开采工业的新局面［J］．中国井矿盐，1991（3）：12－20.

[20] 李永祥．灾害管理过程中的矛盾冲突及人类学思考［J］．云南民族大学学报：哲学社会科学版，2013（2）：47－54.

[21] 李永祥，彭文斌．中国灾害人类学研究述评［J］．南民族大学学报：

人文社会科学版，2013（8）：1 - 9.

［22］［美］J. H. 斯图尔德，玉文华．文化生态学的概念和方法［J］．世界民族，1988（6）.

［23］［美］凯·米尔顿．多种生态学：人类学，文化与环境［A］//中国社会科学杂志社．人类学的趋势［C］．北京：社会科学文献出版社，2000.

［24］祁进玉．生态人类学研究：中国经验30年（1978—2008）［J］．广西民族研究，2009（2）：47 - 52.

［25］［美］R·McC·内亭．文化生态学和生态人类学［J］，张雪慧，译．世界民族，1985（3）：23 - 29.

［26］王刚，郭广礼，周春蓉，等．钻井水溶法开采的地表沉陷预计研究［J］．中国矿业，2012（6）：104 - 107.

［27］王泽均．浅议磨黑老区的改造利用［J］．中国矿井盐，1996（6）：25 - 28.

［28］谢本书．滇盐发展的历史特点［J］．盐业史研究，1996（3）：20 - 23.

［29］尹馨萍．明清以来黑井盐业开发与环境变迁研究［J］．北方文学，2016（6）：20 - 23.

［30］赵小平，肖仕华．八十年来云南盐业史研究综述［J］．盐业史研究，2014（3）：139 - 150.

［31］周训发．岩盐开采中几个问题的探讨［J］．中国井矿盐，1992（4）：9 - 12.

［32］周靖．云南黑井井盐研究［D］．昆明：云南大学，2015.

［33］张雯．草原沙漠化问题的生态人类学考察——以毛乌素沙地北部边缘的马什亥嘎查为例［D］．北京：中央民族大学，2006.

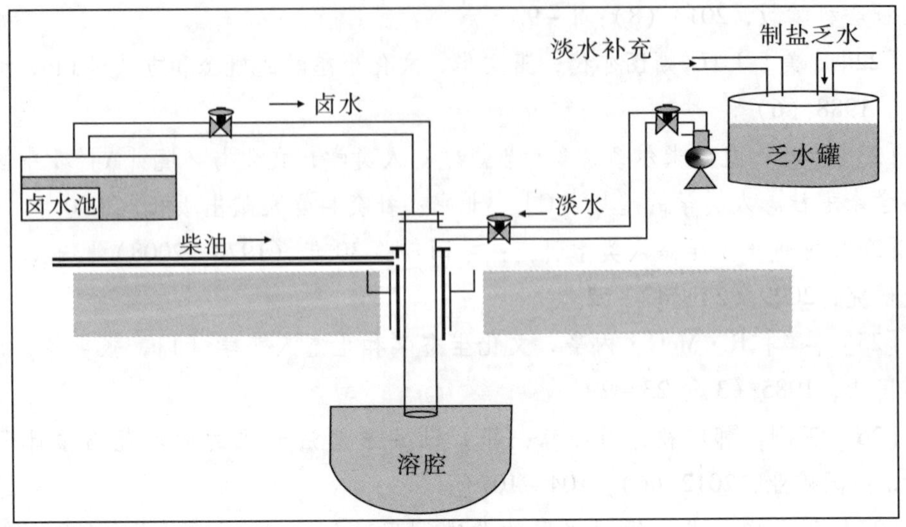

附录一：三管油垫单井对流法示意图①

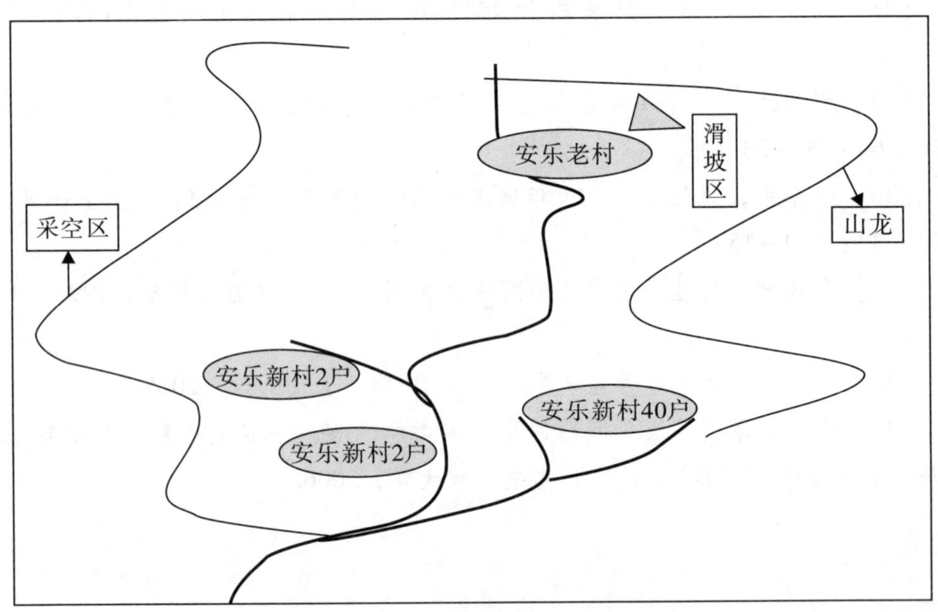

附录二：安乐老村、采空区、滑坡区分布图

① 李涛．普洱制盐分公司采卤、除铅知识培训资料［C］．内部资料，2012.

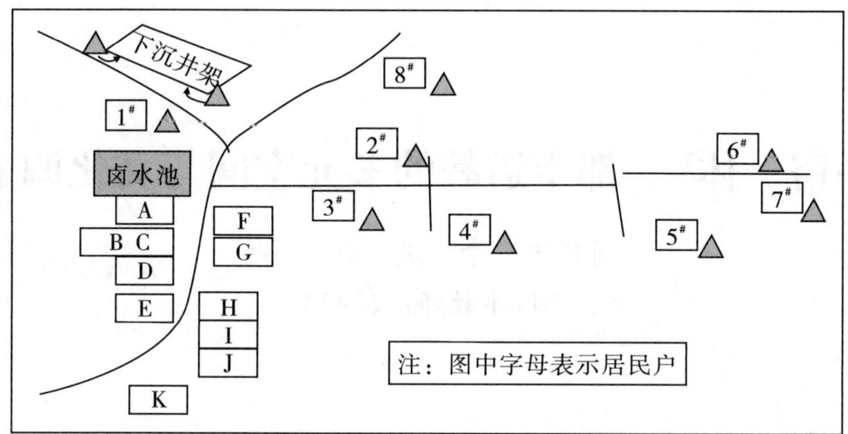

附录三：大营牌坊居民区与采矿区示意图（图中字母表示居民户）

作者简介：

卢小反，云南大学民族学专业 2014 级本科生。

“圣俗一体”：都市道教的多元空间与文化调适[①]

周颖怡　李　灵　张　卓[②]

（指导教师：段颖）

摘　要：随着信息技术革命、全球化的加速发展，都市宗教面临着日益复杂的社会环境。与其他宗教不同，道教由于其本身所具有的非制度化的宗教特性，在现代化背景下呈现出与制度性宗教不同的调适路径。通过容纳不同理念求同存异，多元活动的开展，以及文化空间的开辟，广州市纯阳观吸纳了更多的信仰人群，丰富了都市道教的实践路径。

关键词：都市道教　多元空间　网络宗教

一、导　论

本研究试图通过对广州市纯阳观的空间、举行的活动、其中的人群及其对网络空间的利用的研究，探讨以下问题：都市道教在对现代都市社会的适应中，有哪些力量参与其中？它们和纯阳观的关系是怎样的？又分别在纯阳观面对都市环境做出的调适中扮演了怎样的角色？借助对纯阳观的研究，我们也希望一窥现代

---

① 此次调研首先要感谢的是中山大学人类学系的段颖副教授，他的悉心指导，对我们的调研和报告写作提供了极大帮助。其次，感谢广州市纯阳观对调研的支持，感谢所有受访者的友善相待。同时还要感谢中山大学第八届“社人聚焦”社会调研大赛的主办方和承办方，感谢大赛为我们提供的调研资助和比赛奖金，在此还要一并感谢大赛中的工作人员。最后必须要郑重提及的是调研中的其他两位伙伴——中山大学历史系的唐小惠和中山大学人类学系的周诗妤，她们全程参与了此次调研和报告写作。中山大学社会学系的马一苇同学在调研初期也与我们同行，给予了我们不少启发。在此次调研的过程中，我们得到的帮助太多而无法一一尽数，在此处一并感谢大家的鼓励、支持和帮助。

② 中山大学人类学系本科生。

化进程中商品经济、理性主义、国家权力和中国民间信仰与传统文化等意识形态在都市道教这个场域中的冲突与合作。

国内外均有学者为都市道教在当代社会的存续提供理论支持。张继禹道长提出了“生活道教”的概念，认为当代道教的根本发展方向是要“融道教智慧、道教精神、道教的优良传统于人们的社会生活和个人生活中”。孙亦平指出了道教理论对现代哲学、医学、生物学等领域的可借鉴之处，① 并认为道教理念可以帮助解决现代人的生活危机。② Jianyu Wang 等则提出，道教思想深刻影响了当代中国人的休闲生活。③

针对当代中国都市道教及其仪式和信徒状况，国内外也有了部分研究成果。其中，吕鹏志介绍了苏州和香港的特定的道教仪式实践。④ Dean K. 通过对 20 世纪末中国东南的道教仪式与民间崇拜的研究，论述了道教作为国家和民间的“第三方”，具有地区联合和等级区分的功能。⑤ 在都市道教的信仰实践方面，曾传辉通过对成都市青羊宫道教信徒的研究，发现信徒分布有年龄、性别的差异。⑥ 而针对都市道教的生存现状，黎志添探讨了广东与香港道教的互动及各自的发展特点与境遇。⑦ 李大华经过对三个岭南宫观的调查，认为当代道教应该通过设置道场、提供心理咨询、开展多元服务来吸引受众。⑧

对本研究有重要意义的，是 Yang DerRuey 对 21 世纪三个当代都市道教实践案例（如道教文化公司的成立、将道馆作为市级文化遗产的实践）的描绘。他

---

① 孙亦平．神圣与世俗之间——论道教在 21 世纪的发展［J］．中国道教，2001（5）：14 -17.

② 孙亦平．论道教幸福观的特点及现代意义［J］．浙江大学学报：人文社会科学版，2011，41（1）：72 -78.

③ Jianyu Wang M. A，L. Allison Stringer PhD. The Impact of Taoism on Chinese Leisure［J］. World Leisure Journal，2000，42（3）：33 -41.

④ 吕鹏志．中国现存地方道教仪式新探［J］．宗教学研究，2013（3）：28 -48.

⑤ Dean K. T. Taoist ritual and popular cults of Southeast China［M］. Princeton University Press，1995：308.

⑥ 曾传辉．成都市青羊宫道教信徒基本情况调查报告［J］．宗教学研究，1989（z1）：70 -72.

⑦ 黎志添．广东道教历史要述——以正一派、全真教及吕祖道坛为中心，兼论三者之间的互动关系［J］．全真道研究，2011（1）．

⑧ 李大华．当代道教的生存处境——岭南道教宫观调查［J］．宗教学研究，2007（4）：76 -82. 李大华．商人伦理与宗教伦理——兼论华南地区道教世俗化运动［J］．宗教与哲学，2016. 355 -385.

指出，更多的政府机构、商业团体、普通市民开始介入都市道教的发展当中。在日常的实践中，更为广泛和去中心化的网状社群结构也逐渐取代了20年前道教发展的金字塔形层级结构。①

以往的研究多聚焦于理论的探讨，在实际案例的展现方面略有不足。本研究希望通过展示位居闹市的广州纯阳观的生存状况，论述当代都市宗教在都市生活中存续的生命力，分析其多元空间的状态并提供典型的案例，同时也为其他地区的都市道教乃至都市宗教的存续研究提供一些借鉴。

纯阳观位于广州市海珠区中大布匹市场内，占地1万余平方米。目前观内有29位道长，在宗派上属于全真教一系。广州市现有登记开放的道教活动场所7处，教职人员50余人，信教群众约12万人。纯阳观作为广州市最大的道教宫观具有重要地位。纯阳观住持P道长于2008年当选为广州市道教协会第六届会长，广州市有另外三处道观均由P道长出任住持，且均是陆续由纯阳观鼎力支持修建或重修而成。在举办大型活动时，上述道观会合作，甚至观内教职人员在有需要时会相互调动，但纯阳观与其在组织上仍保持相对的独立性。在内部组织上，纯阳观的行政、清洁、售票、保安等工作由道士与外聘人员共同负责，纯阳观出现了宗教教职人员与事务人员在职责上的分离。

二、新旧交叠：景观多元

（一）历史溯源：漱珠岗上的纯阳观

《（同治）番禺县志》记载："纯阳观，在河南漱珠冈，祀纯阳真君。道光六年道人李明彻募建。"纯阳观开山祖师李明彻为近代广东历史文化名人，他少时便自请出家为道士。他钻研道学与诸子百家，还向传教士学习西方科学知识。道光四年（1824年），李明彻于漱珠岗创建纯阳观。当时观内有山门、灵官殿、华佗先师亭、纯阳殿、南雪祠、朝斗台等建筑，还曾遍植松树。其所供奉神明一部分是道教先贤，一部分是生于岭南的文人名臣。② 当时纯阳观的建筑格局体现的是明彻真人道士与文人身份的融合。1963年，纯阳观被广州市列为市级文物保

---

① Yang DerRuey. New Agents and New Ethos of Daoism in China Today ［J］. Chinese Sociological Review，2013，45（2）：48－64.

② 黄秋香．清代广州全真道和纯阳观概略［J］．青年文学家，2010（1）：131－131.

护单位，并于1987年和2003年重修，2007年建纯阳观正门牌坊。

（二）闹中取静：21世纪的纯阳观

如今纯阳观周围形成了广州中大纺织品商圈。商圈内小商户林立，交通繁忙，而墙外的喧嚷更衬托出纯阳观的清凉幽静。纯阳观在两次复建后的变化反映了其从空间景观上对都市环境做出的调适，其内部环境呈现出下列特点。

首先，纯阳观沿袭并重修了原有的建筑，如纯阳宝殿等。该类宗教建筑的重修表明，纯阳观的道教特质在都市生活中得到了沿袭。其次，部分原纯阳观内的建筑发生了功能转换。例如：朝斗台从观测星象的天文台演变成了道士们放置斋醮仪式所需法器的地方，祭祀火神、文人雅客赏梅赋诗的华光亭成了游人与香客休憩的场所等。这意味着纯阳观开始根据公众的新需求调整原有的建筑功能。同时，纯阳观内亦增建了供奉有太岁、财神爷、文昌君等职能分工明确的神灵的大殿，亦是顺应了都市人拜神祈福、求财消灾的需求。

如今，除了宗教建筑，观内还规划建设了特定的办公生活、艺术文化、学术交流、医疗慈善、养生锻炼的空间。这在很大程度上丰富了纯阳观的内部景观，令其能够开展多层次的活动。而这些不同功能的空间也成功塑造了一批对纯阳观有黏性的人群。多元群体的力量与不同的意识形态在纯阳观内交流、碰撞、融合，共同型塑了观内当前的建筑格局及其表现形态。上述内容将在下文中详述。

三、有容乃大：活动多元

（一）时移世易：斋醮仪式

1. 仪式类型

纯阳观的斋醮仪式类型多样，经调查可大致将其分为：每月初一、十五都会举办的例常仪式；道教祖师的祭典；观内供奉神灵的圣诞（土地诞、观音诞等）；贴近中国人传统文化与生活的节日仪式（接财神、观音开库等）。对于观内新增设的神灵，道长的解释是：道教并非一神论的宗教，其信奉的是道；因而符合"道"的规律的，道教均不会排斥。斋醮是道教济世度人的宗教活动，经历了逐渐丰富发展的历史过程。[①] 但是随着道教仪式越来越注重实用，仪式的种类反而逐渐变少，科仪内容也更加简化。

---

① 张泽洪．道教斋醮科仪与民俗信仰［J］．宗教学研究，1999（2）：38－46.

2. 使用物件

道教斋醮仪式中，给神灵的供品由香、花、灯、水、果这五供构成。香被认为是五供之首，可降天地，致万神，镶灾祷福。高供一缕香烟，作为通神召灵的媒介。[①] 但如今观内有"不要烧高香"的要求，道长认为烧高香不符合道教虔诚之本意，有污染环境破坏健康的危害，且易生安全隐患。所以信众只能在殿外适量烧香，并按规定放在香炉里。而用于供奉神明的果篮，信徒在报名法会时可以通过网上转账的方式将费用（100 元）转给道长，由道长统一采购准备。除了传统的供品外，纯阳观也制作了一些新型"仪式周边"。例如观音开库当天，慈航殿门口聚集了大量香客购买"福袋"。袋内装有两个用中国结连接的红色精致小桶，桶内装满了小米、红枣等谷物，可带回家煮食，意为让家人也"沾沾福气"。因与神灵相联系，来自人间的物品被赋予了特殊含义，成为神秘力量的实体。

目前，纯阳观的斋醮仪式呈现出以下特点：一是仪式类型多样，以满足市民烧香求福的心理。二是仪式简化和规矩宽松。相较于古时举办斋醮仪式要设道坛、布道场、准备各类用具等繁复的过程，如今的仪式持续时间不长，规矩宽松，一定程度上与现代都市快节奏的生活要求相贴近，而网络仪式的出现，更是对人们参与道教仪式渠道的拓展，给人们带来许多便利，同时也使道教文化的传播范围更广，更能福泽各方。三是内容扩展。在这样的过程中，道教斋醮与民间信仰相结合，体现出了契合民众心理的趋向与发展特点。四是仪式元素的增添，如一些仪式"周边"的出售。这些物件一方面具有实用价值，另一方面帮助强化了香客祈福消灾的心理。通过物质实体，神灵的庇佑得以具体化、实质化。

（二）融会贯通：道医馆

纯阳观的道医馆于2016 年建立，向普通市民，尤其是贫困人士提供免费医疗服务。观内 W 道长和广州道教公益团负责人 J 居士是主要负责人。如今馆内有三位常驻医生，三位义工。道医馆每周日上午开诊。自开馆以来，慕名而来的病人络绎不绝。据馆内的义工说，道医馆现在不太对外"宣传"，因为场地人手都有限。大多数患者对道教知之甚少。馆内有两名退休的传统中医和一名道医，提供兼具两方的治疗。因其中一名医馆义工 S 是心理学博士研究生，故而道医馆

① 张泽洪．道教斋醮仪式的文化意义［J］．中国文化研究，2002（2）：103－110.

还提供心理咨询服务。两位老中医主要通过"望闻问切""揉筋正骨"的方式进行诊治，而另一位道医，除了使用传统的针灸治疗外，还会使用道教的法术、符咒。

据了解，P道长作为中国道教慈善协会会长，一直想以医疗的方式发展道教慈善工作。道医"身心合一""天人合一"的诊疗思维有独到的吸引力。道教文化以"延年益寿""羽化登仙"为最高目标，对中医养生的形成发展影响深刻，也为道教介入当代都市人的医疗选择提供了可能。① 而道教在历史中的慈善医疗实践，让纯阳观在医疗领域的扩展"顺理成章"。历史上，道教曾以救灾、济贫、疗病、劝善为宗旨，信众也以劳苦民众为主。早期的道教组织除了是一个道教信仰者的团体之外，更是一个聚合社会阶层的、能协调各种社会关系和行动的组织，而医疗救济的功能亦寓于其中。

道医馆内的医疗实践就是道医、中医和心理学的融合。一方面，道医馆更像是打着道医的名号，主要实施中医的医疗实践；而另一方面，他们也依托与科学的连结为自身"添砖加瓦"。2017年春季，纯阳观还与广州市心理咨询师协会合作，开展针对自闭症儿童的音乐康复治疗。在项目的一次会议上，纯阳观W道长用"能量"的理念解释了自闭症的产生原因和道医的力量：道教有"抱朴守一"的说法，即从纷繁世界回归到自己的内心。人会生病是因为外界的污染导致内部邪恶产生。人要分清自身内部的东西和外在污染，才能避开"负能量"。道医的核心不是医术，而是运用生命本来的能量。在场的道医和某理工大学毕业的某武术协会会长均同意此观点，几个人的言语将道教和科学在无形当中联系了起来。

（三）四通八达：养生公益团

随着温饱问题得到解决，现代中国人开始愈加重视身心的健康，而现代社会中的疾病和食品安全等问题则引发了都市人对健康的新焦虑。Wanning Sun 沿用了 Rose 和 Novas 的"公民的生理品德"的概念，认为当代中国通过官方对公共卫生政策和理念的倡导、媒体的宣传等手段，逐渐把"懂得科学地养生"塑造

---

① 温茂兴．从"医道相通"透视道教文化对中医养生思想的影响［J］．浙江中医药大学学报，2006，30（4）：327－328.

成合格公民的标准之一。[①]

“广州道教养生公益团”建立于2015年，主要面向的是热心养生和公益活动的群众（无需信仰道教）。据其负责人J居士介绍，广州市养生公益团目前已有数百名“会员”。

由于大家共同兴趣（养生）的特殊性，成员们大都知晓彼此身体上的伤痛，并在平日交谈、交往中彼此慰藉。而凭借着纯阳观住持P道长的中国道教协会副秘书长、广东省道教协会常务副会长等多重身份再加上观内其他道长的丰富人脉，纯阳观拥有广泛的社会资源，为信徒提供了从观内到观外、从讲习到实践等多种多样的养生途径，如道教文化讲座、到其他道观学习、与其他道教文化群体交流等，在帮助成员们达到强身健体、保养身心、研习道教思想、积累功德等愿望的同时，亦扩大了他们的交际圈。

除此之外，养生实践亦在虚拟空间中展开。公益团成员常在微信群中分享养生知识和感兴趣的社会见闻，有的道长也在微信群中与信众进行交流。线下与线上两个空间的公益活动、信仰实践相互促进。

（四）画乐相映：梅社与音乐馆

广州梅社是岭南画派在广州最早的发祥地，肇始于纯阳观，2009年复建。目前，梅社有成员近百人，大多数是广州官方书画机构成员。广州道教音乐馆建立于2015年，它与纯阳观的广州梅社书画院同处一室，以墙分隔。音乐馆的馆长F老师对音乐和道教都颇有研究。音乐馆仅在周六举办活动，在音乐课程之外每月还会举办阅读经典的活动。

梅社内部环境幽雅，陈设装潢均有古香之韵。梅社被塑造为岭南文化的代表地之一，为岭南文化元素的展览提供了空间，也使纯阳观成为广州市的重要文化符号。住持P道长在一次采访中明确表示：“恢复梅社是为了传承和发展我们的本土文化。”

不同于道医馆面向的是中下层的都市民众，梅社和音乐院吸引的是城市中的中产阶级。据观察，学员大多在40岁左右，职业有老师、画家等，大多是城市中产阶层，这些有“余钱”和“余闲”的人，在纯阳观寻求到了暂时的内心安

---

① Wanning Sun. Cultivating self-health subjects：Yangsheng and biocitizenship in urban China［J］. Citizenship Studies，2015，19（3－4）：285－298.

宁和象征地位，以及区隔的"文化品位"。国学热、祭拜孔子、兴建国学书院、开办国学班等现象都反映出传统文化正在复兴的态势。① 纯阳观内的文化活动是道教与中国传统历史、文化、艺术的结合。纯阳观特殊的历史地理位置——"梅社"的原址，为其创造了历史条件。另外，吸纳文化界的名流和对道教有兴趣的文化人士，也为纯阳观内的文化艺术活动增添了资本。

综上，基于已有的历史地理条件，纯阳观内现形成了多元的空间。不同的空间及活动所聚集的人群的性质不同，其对纯阳观这一空间的理解也不完全一致。相对而言，斋醮仪式的主要组成人员是普通的香客（非道门中人），他们中的大多数人仅仅将纯阳观视作拥有祈福消灾功能的宗教场所，而不太注重其"道教"性质。皈依道教的居士却更多地作为养生的实践者，观内医疗实践的义工、道教文化讲座的学生，将这里当作"修养身心"的地方。最后，被纯阳观的自然人文景观吸引的人们，更注重的则是纯阳观作为中国传统文化载体的一面。

四、高下相盈：人群多元

本部分将通过个案对纯阳观内人群及其互动进行分析，试图在另一个侧面呈现纯阳观的包容性与复杂性。

（一）巫道相容

纯阳观的香客年龄及性别的分布上呈现出了一些特征。香客主要以中老年女性为主，且其更熟悉参拜的流程与规范。现代都市极具规律性与快节奏的生活方式也使得原本应以家庭为单位进行的祈福活动更多地成了闲居在家的老人的"工作"。

纯阳观的香客流量会因仪式主题或关联神灵的不同而呈现出较大的变化，且流动性较高。一般而言，与仪式有关的神灵掌管领域与现代都市人利益的关系越密切，当日纯阳观的人流量就越大。这点在"迎财神"与"文昌诞"等节日表现得十分明显。

中大布匹市场的商户是纯阳观较为稳定的香客来源。象征"神圣"的纯阳观成为"世俗"的布匹市场的重要组成部分之一。在布匹市场与纯阳观二者关系中，纯阳观更似扮演了"商业保护神"的角色，而商户供的香火钱也成为纯

---

① 刘诗林．当前传统文化复兴现象分析［J］．科学社会主义，2011（1）：106－108.

阳观重要的经济来源。

前来求神庇佑的香客，大都对道教了解不多，且受佛教影响较深。以参拜时所用手势为例，纯阳观中香客经常把道教拱手礼与佛教合十礼混用。此外，纯阳观还出现了道教信仰与民间信仰的交杂。例如，“祭白虎，打小人”是广东的风俗，意图驱邪，带有一定的民间巫术色彩。纯阳观作为道教“纯阳之地”，却因山门旁的“白虎石”得到了民众的垂青。

对于在观内流行的民间信仰活动，纯阳观的态度略显微妙。在对外宣传中，纯阳观声明“正统道教里面没有‘打小人’的说法”，而实际上却通过提供法事与器物设置上的方便，促进了该风俗的发展。更有趣的是，在纯阳观的宣传中，他们将“打小人”的活动解释为“心理的慰藉”，“对创建和谐社会、提高人们幸福感有积极作用”。通过这样的话语实践，充满巫术色彩的民间仪式与现代国家意识形态接轨，被贴上了正面标签。

（二）道俗相通

对此世的关照、戒律的放宽，令都市道教在某种程度上降低了“门槛”。都市道教的开放性和亲民性，表现在其借着“修心”“养生”“公益”“文化”等更为通俗和流行的概念介入普通都市人的生活。

以J居士为例，她原来是一名心理咨询师，比较关注心理健康。她觉得佛教主张减少甚至消除人们欲望的要求“非常不现实”。相反，道教的“清静无为”等观念对调节生活心态很有帮助。她认为道教的“性命双修”修的正是人性，与她的所学相关。

每天早晚，J居士都会花半小时念经。作为公益团的负责人，她还会组织并参与一些养生和公益活动。J居士认为当代人会沉迷赌博、酗酒等皆因感到生活“空虚无聊”，“没有事干”，学习道教文化令她的生活更为健康和充实。

中国正在经历极大的社会转型，紧张忙碌的都市生活，与故土及原有集体记忆的断裂，使一些人转向中国传统文化中寻求解救之道。[①] 中国传统文化所强调的伦理观念及人格观念在现代都市再次得到重视，而道教文化同时也成为身份区隔的符号之一。

---

① 卿希泰．道教文化与现代社会生活［J］．西南民族大学学报：人文社科版，2006，27（9）：40－42.

四十多岁的D先生是纯阳观广州道教音乐馆的发起人之一，他对文化经典的兴趣源自“进了社会后”随着年龄增长产生的精神困惑。都市生活的繁忙与工作的压力迫使他需要心灵的放松，音乐馆的课程于他而言是一种“减压”的方式。在如今的商业社会中，D先生觉得一个人的文化品位越来越重要，他将“喜欢传统文化与道教经典”视为自己与“名利场”中人群不同的标签之一。相较工作中的朋友，D先生认为他在音乐馆的交际“没有任何功利性，所以关系很单纯”。

基于兴趣的群体组建后，成员之间较为紧密的互动加强了个体对纯阳观的认同。例如C道医在治病之余，还会与义工一起总结记录道医特有的治疗模式，意在传承道医文化。他们习惯在义诊完后，一起聚会聊天，还时常在微信群中聊生活琐事和治病案例。C道医强调他与义工朋友的亲密关系是基于“一致的人生观”。

如J居士所述，“开放”是纯阳观的主要特点，主要表现在三个层面：道教观念“亲民”化、低门槛、活动类型多元。在多元活动的基础上，从前来祈福消灾的香客、希望“修心”的居士到寻求“文化品位”的中产阶级，纯阳观吸纳了层次更丰富的人群。

（三）和光同尘之难

相较于普通香客，上述以观内活动组织为依托的多层次人群并非仅仅享受纯阳观提供的服务，相反，他们需要投入到活动组织等过程中，也因此拥有更多自主权。但这些活动团体有其特定的惯习，与道观总体的发展目标和步伐并不完全一致。

C道医对现在的道医馆不太满意，因为道医馆受养生公益团管理，不具独立性。C道医觉得“自己的能量发挥不出来”，无法实现他个人关于义诊及道医文化的抱负。而在梅社工作的J小姐，则因梅社并不直接由纯阳观管理而需要独立完成大量工作。馆内存在多个活动主体也会带来管理上的问题。J小姐原本是梅社的工作人员，但因音乐馆跟梅社空间相连，而各自的管理职责又不明确，她不得不同时承担着音乐馆的清洁工作，但工作量的增大却没有相应的补偿。即便与一些年轻道长建立了良好的互助关系，但有时“有些道长觉得不是他们的事，所以不愿意过来（帮忙）”。

纯阳观是一个包含了医疗、文化等次场域的宗教场域，其中的个体因各自不同的需求和持有不同的资本而在纯阳观中占据、形成特定的结构位置。但每个人、每个群体都只抓取了观内和自己的生命经历相契合的那一部分。由于集合了拥有不同认同的人群，如何协调各群体因其特定结构位置、特定实践惯习而带来的冲突，是纯阳观需要面对和解决的问题。

四、有无相生：虚拟空间中的纯阳观

网络宗教是依托于网络技术条件兴起的宗教对自身表达的新形式。[①] 在网络空间当中，面对面传播的传教模式变成了无中心辐散的信息共享模式。[②] 技术革新一定程度上减少了宗教在教义传播、仪式参与等方面的时空限制，拉近了信徒与宗教神职人员间的距离，将神明的力量注入无形的虚拟空间中。[③]

纯阳观的网络平台可分为三类，一是O2O（Online To Offline）平台，又可再分为旅游服务平台（携程网等）和宗教服务平台（求福App）；二是自媒体平台，以纯阳观为主体发布官方消息，如纯阳观的微信公众号；三是道长与信众组成的微信群，将线下信众联系在一起，形成了紧密的共同体。

在旅游服务平台中，以携程网为例，纯阳观在其中作为景点存在，对纯阳观的介绍涵盖地理位置、环境、可游览景点及历史文化背景等。此条目下有不少评论提及“历史”“人文”“建筑”“环境”等关键词，意味着纯阳观在宗教场所之外，也延伸了其作为世俗休闲、旅游景点的角色。[④]

求福App是国内首个佛道庙观定制服务O2O平台，纯阳观在其中有单独的主页。“道场法会”栏目是纯阳观内斋醮仪式的网络报名处。信众在求福App上完成线上支付功德金后，其姓名将被列入法会的祈福名单中，被道长在仪式当中念出。这意味着信众即使不亲临法会也可完成祈福实践。

线上祈福拓展了仪式空间与宗教参与的渠道。传统信仰实践中信徒亲自奉上供品、在殿堂听道长诵经、接受神明福赐的过程被指尖一拨所代替，信徒与仪式

---

① Jereny Clarke SJ. Communing on the Internet: Chinese Catholics and their Various Uses of the Web［J］. Asian Studies Review, 2007, 31 (4): 459－470.

② 陶金. 互联网＋时代的宗教生活　上海道教科仪的数字化保存［J］. 中国宗教, 2016 (4): 76－77.

③ 唐名辉. 网络宗教生活对基督徒的宗教性的影响——以长沙市在线基督徒的宗教生活为实证研究基础［J］. 宗教学研究, 2008 (2): 112－116.

④ 高科. 现代性、世俗化与宗教旅游［J］. 广西民族研究, 2014 (2): 166－171.

在时空上分离。此种祈福途径已经被越来越多的都市信徒所接受，这一方面是都市生活的快节奏使然，另一方面政府基于管理（例如香烛管理）的考虑也在其中推波助澜。

拥有较为完备的网络信息传播系统，是纯阳观的特点之一。目前，纯阳观的自媒体平台以微信公众号、新浪微博以及腾讯“天天快报”为主。为了面向更广阔的都市群体，在发布法会资讯的基础上，L 道长在微信公众号中增加了道学、养生、文化等内容。但公众号订阅者活跃度不高，文章浏览量也比较低。据不完全统计的数据，涉及养生、命理或热点事件的文章阅读量会比较高，偶尔推送的“标题党”文章也能吸引一些点击量。公众号后台的私信大多以法会咨询为主，还有一些关于道场的意见反馈。这也符合纯阳观建立公众号的目的——加强与信众之间的交流，也从侧面反映了受众对公众号的服务性定位。

纯阳观借助网络扩大了道教文化存续的空间，但是网络表达也存在诸多限制。例如，出于“为道教保留更多影像资料”的想法，L 道长将某日的斋醮仪式做了网络直播，但播出不久后他的直播账号便被查封。L 道长将此解释为：“尚未将宗教脱敏。”

纯阳观在网络上进行的道教文化传播中也加上了社会主义核心价值观的内容。无论如何，网络空间的开拓，拓宽了在现代国家控制下宗教传播的途径，但目前在网络扩宽的有限空间里，宗教向虚拟空间的扩散之路可谓道阻且长。

五、结　论

随着城市的发展，曾经深深根植于人们的社会、经济和政治生活的宗教功能被分离出来，以至当下存在一个被重新定义的脱离于日常生活的宗教世界。[①] 如今被车水马龙包围的纯阳观，需要在都市环境中做出调适，重新与都市人的日常生活接轨。

从纯阳观的实践中可以看出，由于中国道教科层体系的松散性，都市道教在发展中拥有更多主动权，可以更多地依靠和发挥自身历史、地理条件和观内道长的个人能动性。而道教与中国传统文化、民间信仰在历史上的互动也使其在现代

① 魏乐博．全球宗教变迁与华人社会——世俗化，宗教化，理性化与躯体化［J］．华东师范大学：哲学社会科学版，49（2）：48 –55.

都市环境中具有更多元的生命力。

为了适应都市人的生活节奏与需求等，纯阳观在一定程度上对传统的斋醮仪式进行了变更。蕴含了道教思想底蕴的道教祭祀仪式——斋醮在纯阳观内的传承演变使其在都市中具有了特殊地位。多层次的空间、人群、文化在纯阳观内磨合、交流、错杂，形成了纯阳观独有的丰富生态景观。

在实践的过程中，纯阳观收到了良好的反馈：在丁酉鸡年的第一届纯阳观庙会中，纯阳观曾在一天内迎来3万名香客和游客；广州道教公益团、纯阳观道医馆、纯阳观慈善会、广州梅社书画院、广州道教音乐馆等组织在有效运转的同时，也巩固了纯阳观在都市人日常生活中的地位；纯阳观微信公众号的不断更新，在一定程度上打破了道教传播的时空限制。

如何在现有的社会环境中继续巩固并拓展生存空间？如何协调纯阳观内多元群体的关系？这仍然是纯阳观需要解决的问题。

作者简介：

周颖怡，中山大学人类学专业2014级本科生；李灵，中山大学人类学专业2015级本科生；张卓，中山大学人类学专业2014级本科生。

大理乔后井变迁研究

杨露露

（指导教师：朱映占）

一、引　言

乔后属于大理州洱源县，居民以白族为主，山环水绕，风景秀美。乔后盐井（当地人习称“乔后井”，本文沿用此称）的开发已经有近六百年的历史，其间经历了多次被争夺的情况，国家大背景的变化也对乔后盐井的发展产生了影响。乔后交通比较闭塞，从下关到乔后有三四个小时的车程。这样的交通状况也导致乔后在经历过盐业兴旺的巅峰以后开始走下坡路，经济、文化等各方面都不如从前。

二、乔后井变迁史

（一）乔后井的发现：一个传说以及盐母崇拜

在乔后当地，关于乔后井的发现流传着一个故事：一个名叫陈文秀的人在山上放牛时，意外发现牛经常跑到同一个地方喝水吃草，久而久之，他养的牛比别家的要更壮硕一些。后来，他发现牛经常喝水吃草的地方地下埋藏有盐矿，于是开始熬卤水制盐，周围的村民也学着陈文秀熬卤水制盐，共同发家致富。这便是日后兴旺的乔后井的雏形。①

乔后的主体民族是白族，而白族有本主崇拜，崇拜对象主要是图腾、英雄人物或对本地有贡献的人物等。

本主神不同于一般鬼神，是富有现实性和人间性的神，各自有功绩或值得尊

---

① 访谈对象：村委会副主任，时间：2016 年 7 月 18 日，地点：乔后村委会。

敬或同情的地方。陈文秀因为发现了盐井并带领乔后百姓走上致富之路，对当地的经济发展作出了巨大贡献，而被当地白族人奉为本主神之一，成为当地人的保护神。在当地还有“家咸调百味，牛郎居头功”的说法。

后人为了纪念陈文秀的功劳，在乔后盐矿矿山上建盖了供奉他的本主庙，称盐母庙、碘王庙。庙的结构是典型的白族民居建筑样式，门口上方挂着“盐龙祠”牌匾，门两边有一副木刻对联：“厨中百味盐为首，美肴当思碘王功”，横批：“功照千秋”。庙中间供奉着盐母和骑着牛的陈文秀——盐母在左边，面相慈祥温和；陈文秀在右边，是一个白发苍苍、牙齿也有些摇摇欲坠的老牧翁形象。盐母的左边是黑脸包公，包公的左右两边分别是展昭和公孙策；陈文秀的右边是骑着猛虎的财神，面色严肃。

灶城里的一个奶奶（即后文的灶户奶奶）[1] 说，以前碘王庙里有一个戏台是专门唱戏的，代替法事、斋事劝化人们，也叫高台劝化，所以有句话叫“三斋不过一台戏”。

（二）“八十灶”：乔后井的繁华与衰落

据王国玺老师[2]介绍，“八十灶”是乔后盐发展历史上的巅峰。煮盐大灶在灶城的巷子之中排开，最多时有约八十口大锅一齐开火，因而有“八十灶”之称。巅峰时期，乔后盐遍及整个滇西的盐市场，乔后是重要的成品盐输出地。

“八十灶”时期主要有两个盐巴管理机构，一个是盐矿衙门，原址后改为工人医院，现已废弃；另一个是乔后井商会。“八十灶”是帮公家煮盐的，煮好的盐巴交给公家，存放在盐矿衙门。马帮通过盐矿衙门跟公家买盐，然后通过自己的马队拉出去销售到其他地区。旧时盐矿衙门前面留有一大片空的广场供马帮、牛帮的马匹和牛上货，领到盐矿衙门发放的成品盐之后他们就立即离开。

“八十灶”以前主要是由地主和资本家统一建造的，因此格式布局相差无几，都坐北朝南。灶城的每间房子里必定有一个灶，灶台基本上是四五米宽，七八米长，一般高于地面一米左右，但也有视情况而定的不同高度。灶台的旁边放有一口大水缸，用于制卤水。每个灶放八口锅，左右两边各四个；在灶的正上方有一个排气口，用于排烟；灶台的下方是进柴口，一般灶的前方火最旺。灶旁边

---

① 时间：2016 年 7 月 28 日，地点：奶奶家。

② 乔后小学现任教师。

备有圆桶来装煮好的盐巴，灶膛中的炭在装成品盐的时候起烘干作用，保证盐的质量。在熬制盐的过程中，需要工人拿着一把大铲在锅里面不断翻炒。锅的质量必须要好，承受得住长时间的烧煮，因而“八十灶”的锅普遍很厚很大。

杨达善老师[①]曾经亲自去调查研究“八十灶”的历史并整理出一份完整标明了“八十灶”位置和名字的资料，资料上还写有一段注释：“乔后盐井原有八十盐灶。清朝咸（丰）同（治）年间，“杜文秀起义”所致的战乱期间，煮盐的灶户逃亡，又深恐盐课拖累，便以宜价出售，后来杨玉科攻克盐井，于是招四部分灶主，并将无主认领的盐灶赐以随征出力将领，分别给以执照、永煎，所以有民灶、官灶、公灶之别，一直延至解放初期。”[②]

7 月 24 日，笔者对“八十灶”旧址进行了实地调查。经调查，我认为可将现存的这些“灶”分为四类：一是大户人家的房屋，二是老房子（门口房梁木材装饰非常的古老），三是新房或者正在装修的房屋，四是已经无人居住的房屋——房子里面野草丛生，房子外面用锁锁住，或者直接没有锁。

由于年久失修，现在大部分的房子都是将已破损的原屋重新修造，因此与以前的“八十灶”在外形上已有差别。目前保存得比较好的是一个卖饵块的叔叔家。现在“八十灶”里面居住的有外地人也有本地人，入住的方式主要是通过租赁或购买。

熬盐大锅[③]

“八十灶”里的宽窄小巷[④]

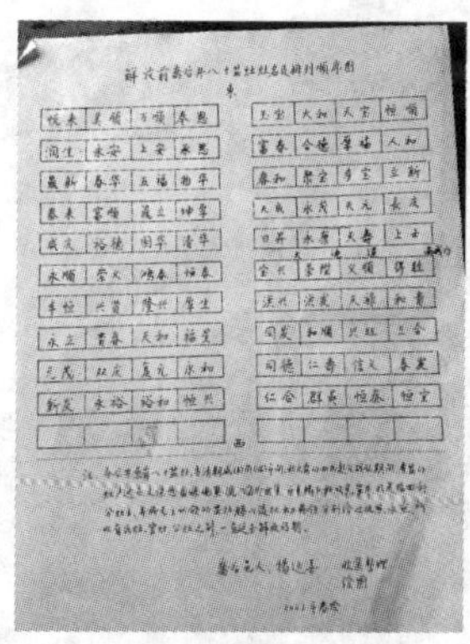

杨达善老师绘制的“八十灶”平面图[⑤]

① 乔后小学退休教师，乔后人，王国玺老师的班主任。

② 引自杨达善老师的《解放前乔后井八十灶灶名及排列顺序图》注释。

③ 2016 年 7 月 25 日摄于王绍武家中。

④ 2016 年 7 月 24 日摄于灶城。

⑤ 2016 年 7 月 24 日摄于杨达善老师家中。

“八十灶”中间的小街道①

废弃的“八十灶”之一②

今日“灶城”仅剩的一段旧城墙③

乔后井商会旧址，今为民居④

---

① 2016 年 7 月 24 日摄于灶城。

② 2016 年 7 月 24 日摄于灶城。

③ 2016 年 7 月 28 日摄于灶城旧址旧城墙。

④ 2016 年 7 月 28 日摄于乔后商会旧址。

（三）今日的乔后盐业公司

在盐厂的办公大厅里陈列着“白象”系列产品，种类繁多，包括洗手盐、沐浴盐、足浴盐、雪晶盐等等。工人说这些都是盐厂生产的成品。但是这一说法在门口云南盐化零售店遭到了否定。

零售店的大叔①是一位退休工人，他接受了我的访谈并给我介绍店里不同种类的盐制品。店里的盐有泡菜盐、深井盐、晶纯盐、天然钙盐、澳洲湖盐冰晶盐、腌制盐、低钠盐，另外还有洗手盐。他说货架上的盐只有深井盐和低钠盐是乔后自产的，其他品种的盐都是外地引进来的。我问为什么要从外地引进来盐，难道不会抢占了本地市场么？大叔回答，因为国家盐业政策准备开放了，虽然不知道以后是什么情况，但是还是会对本地产生影响，盐化公司就决定先将外地的一些盐引进来这里。店里的外来盐基本上都是在货架上展示给本地村民看的，买的人少。此外，盐厂还生产畜牧盐（即喂给牲畜的盐巴），但是销量不多，产量也不大，价格为十八元一公斤。这种畜牧盐只在有订单指标的时候才会生产。云南盐化的市场经营部设在大理下关，生产的指标都是从下关传达到乔后的。订单指标也是盐厂生产所有盐的指标。

盐厂背后的成品运输车间是成品盐装车运送的地方。搬运工说他们是临时工，每天的工钱是按搬运的件数计算的，大概是小包盐 1 角，大包盐 5 角，一天工作八小时。运输的车队都是雇佣的，路线一般向罗平山那边出发，经过其他村子。车队只有在需要运输盐的时候才被雇佣，并且都要在成品盐生产出来以后尽快出发。

今天乔后盐厂生产方式主要是用煤烧热锅炉以及水电站发电支持机器运转。但是以电来支持机器的运转，也是把双刃剑——水电站电力生产不稳定，有生产多余的电力时盐厂可以卖给电厂，但买电时却要向电厂交大约两万一个月的费用，实际上很不划算。

2005 年，乔后盐厂有人员外调安宁，原因有三：第一，乔后盐厂生产规模在缩小，员工过剩；第二，安宁盐矿规模大，需要的人手更多；第三，年轻人更愿意去外面工作，调走的大部分是年轻人。2015 年云天化集团改制，将乔后盐厂转手给云南能投，但是生产状况还是不景气。现在的正式员工大概有一百多

---

① 时间：2016 年 7 月 19 日，地点：盐厂旁边的零售店。

名，但厂里大部分是临时工。现在云南能投公司是母公司，云南盐化公司是二级公司，乔后盐业公司则是三级公司。

三、乔后井与乔后社会变迁

（一）因盐而聚："八十灶"时期的职业分工

1. 灶户的回忆

"八十灶"对于当地人来讲已经是很久远的事情了，亲身经历过那个时期的人到今天也已经步入暮年。火把节当天我有幸采访到一位灶户奶奶[①]（之前住在南江登村小组，后来嫁给"八十灶"里的一个灶户），可以为"八十灶"的传奇留下一些文字记录。

奶奶说，以前灶户在煮盐之前要进行"谢灶仪式"，摆上一块豆腐还有一块刀头肉（在肉上面插一把刀），然后进行跪拜。"八十灶"一直到改革以后都还继续煮了几年，后来才变成了盐厂。因而他们把盐厂叫作新灶。

"八十灶"被四面城墙围成一个四四方方的灶城，只开了东门和西城门。这样做一方面是为了防止成品盐外流，变为私盐在市场上交易；另一方面也是为了防止土匪进入灶城抢劫，保护灶城的安全。灶城东边城墙的大街上，都是一些彝族人在售卖东西。

"八十灶"时期，煮盐主要靠的都是烧柴，砍柴和运柴的人都长期驻扎在黑惠江边，逐渐形成了现在的上下柴坝村。"八十灶"的房子里因为地方不大，每个房子里又都放了八口大锅，因此一般不在家里堆积柴火，都是在要用到柴的时候灶户才去请柴坝的人将柴背到家里。柴坝的运柴工人将柴先运到西城门，进灶城前把自己背上的柴火分一些给自家等候在西城门外的小孩，再一大一小两人一起进入到灶户家里。如此便能收到双份工钱，还可以得到灶户赏的一人一捧盐巴。每捧盐巴约有十六两，大致相当于当时的一斤，柴户可以在城墙下的市场上卖掉以补贴家用。

当时叫花子去要饭，灶户也是施舍盐巴，这样叫花子就可以用盐巴去换钱或者换食物维持生计。

---

① 时间：2016 年 7 月 28 日，地点：奶奶家。

2. “八十灶”煮盐工人的记忆

徐福彩①，以前在“八十灶”当过煮盐工人。他是1949年从剑川过来的，来了以后直接去“八十灶”里当工人帮忙煮盐。当时煮一百桶盐可以得工钱2角，一桶的重量是10斤。当时有专门背矿石和送柴火的工人，所以只需要完成煮盐的工作就可以。徐福彩所在的灶叫“兴贤灶”，那时请工人的灶并不多，灶户都是自己煮盐，只有忙不过来时才会请工人。当时生产任务都不重，灶户只要完成盐矿衙门给的生产指标，今年的工作就可以结束了，工人领到工钱以后也就可以回家了。

徐福彩说他和灶户间就是正常的雇佣关系——工人只要完成工作即可，灶户不会压榨工人；灶户也不包吃住，工人都是自己解决吃住问题。当时“兴贤灶”的灶户也不是很富裕，只能算是一般百姓，仅是住在灶城里而已。因为是独立生产，所以灶户与灶户之间也没有什么联系。生产结束以后，盐巴统一交到盐矿衙门，盐矿衙门直接把钱给灶户，不需区分盐巴质量。盐矿衙门是管理盐巴的机构，办事人员有三四十人。但是乔后井商会则是管理乔后当时所有的商人的，“八十灶”也在被管理的范围里。公私合营以后，“八十灶”逐渐消失，但是徐福彩说他们在1955年的时候还在一个灶里面煮过盐，但是更具体的情况已经记不清楚了。

“土地改革”的时候，灶户虽然被划分为商人，但是因为家里还有耕种的土地，所以被“农会”当作地主批斗，要求他们把土地还给农民。灶户被人从自己的房子里撵出来，由政府把这些房子重新划分，大部分分给了农民，所以现在灶城里大部分的住户都是农村户口。

那段时期，不少灶户死的死、跑的跑，房子也被重新划分，现在“八十灶”的房子很少有回归到灶户子孙手里的，他们大部分都已经外逃没有再回来。徐福彩当时帮工的灶户是剑川人，并且还曾是老县长，所以“土地改革”的时候被剑川那边抓回去批斗。至于后来怎样，他也不知道。

“八十灶”彻底停工后，徐福彩就去了盐矿工作，负责的工作还是煮盐，一直煮到1988年退休。退休的时候以前的盐矿公司还在，待遇比较好，公司帮职工把医疗保险都买好了，资金直接从工钱里面扣。现在退休了以后一个月可以领

① 时间：2016年7月30日，地点：徐福彩家。

到2500元的退休金，但是是县上发的，和盐矿没有关系。

3. 马帮与鞍匠

与乔后盐相伴的传奇，还有作为旅游热点的茶马古道，更具体地说是茶盐古道。

马帮到乔后进货买盐巴叫作“抄盐”。从乔后出发的茶盐古道主要分为三路（西路和南路归为一路），分别是东路：从乔后出发，最终目的地在洱源、剑川、弥渡一带；西路：从乔后出发，最终目的地在漾濞、永平、保山、腾冲、中缅边境一带；南路：从乔后出发，最终目的地在临沧、元县、凤庆、巍山、祥云一带；北路：从乔后出发，最终目的地在丽江、维西、香格里拉、藏区以及藏区以北一带。马帮的领头叫马锅头，这并不是由马帮众人民主选举选出来的，而是由拥有马的数量和资金决定的。马帮虽实行股份制，但是分钱却不按照股份制来分，同时钱财分得很开也避免了很多矛盾的产生。

当时马帮运输路线上面临的主要挑战是土匪和疾病。如果遇上土匪，马帮就会联合自己在路上认识的熟人对付土匪，因此马帮很重视在运输路上搞好与路边商家的关系。马帮的队伍由骡子带路，以头骡和二骡最为重要，也装饰得最为出彩。头骡的脖子上挂有大红花，脖子上系有铃铛。在马帮的前方安排骡子是为了要提醒同一条山路上的对面的马帮让开路；注重头骡的打扮，也是为了显示自己的马队很厉害、有实力。由于马帮经常出门在外，所以对生活上的一些细节是非常讲究的。例如吃饭盛饭时不能直接从中间开始挖，而要从外围开始；睡觉的枕头不能叫枕头，而要叫“睡脑”；山上的豹子不能叫豹子，而要叫山猫。一切都是为求运输路上的平安。

马帮对鞍架的需求量很大，鞍架损坏则需要鞍匠修理。李裔钧[①]的父亲终生都是做鞍架的，祖籍剑川。李家兄弟三人也都会一些鞍架的技艺，但是手艺已不纯熟，不如父辈的手艺精巧，最近一次做马鞍也已经是在十年前。

做鞍架是李家祖传的手艺，不外传，当地称为独行。他们家所做的鞍架质量上乘，技艺精巧，在滇西都是有名的。李裔钧说当时他们家父辈做鞍架根本不需要测量，只需要把骡马牵进来让他们看一看，即可做出受力均匀的、非常合适的鞍架。做出这样合适的鞍架，靠的都是经验积累和祖传技艺。如果鞍架不合适，

① 时间：2016年7月31日，于李裔钧家中。

骡马在运输途中会受伤，路程会被耽搁，整个马帮的行进速度就会被拖慢。所以李家人在做鞍架之前看骡马，要判断骡马是否已经吃饱；如果是吃饱的时候就要判断骡马没有吃饱或者半饱的时候是什么样的状态，从而做出一个最合适的鞍架。

鞍架由鞍和架两部分组成：鞍在架的下面，鞍可以把骡马的肚子都覆盖起来；铺好鞍之后再放架子，这样就可以让架子上面的货物在马背上受力均匀，保护了马匹的背部。李家人做鞍架主要用栗木：一是栗木非常的坚硬，可以承受很大的重量；二是乔后附近的大山里四处都有栗木，木材充足。做鞍架前先请山民砍伐山上的栗木，经过粗加工，再运到李家；李家人再进行精加工，做成鞍架。当时山民所砍的栗木可以说是专供给李家的。

鞍匠家中的煤油灯①

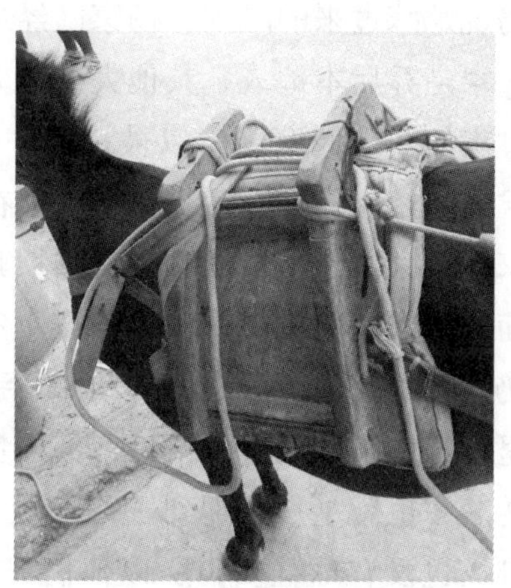
骡子背上的鞍架②

由于非常讲究信誉和质量，李家的鞍架十分受马帮的青睐。当时经常出现这样的情况：马帮下午到乔后，然后把破损的鞍架送到李家修理，第二天早上马队就要重新出发。为了信誉，李家人通常在当天晚上就要把破损的鞍架修好，所以工作非常的辛苦。当时照明设备非常差，只有简易的煤油灯可用来照明，而修理鞍架又基本上都是在晚上进行。李裔钧还拿出一个民国时期的煤油灯给我看，确实可以看出当时的工作条件非常的艰辛。虽然条件非常的艰苦，但是李家还是可

① 2016 年 7 月 31 日摄于李裔钧家中。
② 2016 年 7 月 28 日摄于乔后赶集大街。

以在规定的时间内完成任务，第二天早上把修理好的鞍架交给马帮。

现在他们家已经不做鞍架了，但是镇上还有个别人家在做。其他家现在做的鞍架并不是十分的精巧，价格也很贵。“一化三改”的时候他们家因为有鞍架技艺被划入农具厂。改革开放以后实行市场经济，责任田制度下允许养大牲畜，当时养骡马一度重新兴起，带着鞍架生意也兴旺了一段时间，当时是15块钱一套鞍架，需要做3天。现在做一套全手工的鞍架要300块钱。李家父辈把鞍架技艺传给李裔钧兄弟三人，但到李裔钧他们的子女身上，这门技艺却是失传了。

4. 柴坝的运柴工人

2016年8月1日上午，我去柴坝访谈了一个奶奶。这个奶奶的夫家杨家可以说是“柴坝第一家”。

奶奶说她嫁过来的时候，杨家已经从乔后镇上搬到了柴坝。现在柴坝这里只有他们一家是乔后本地人，其他大部分人都是从剑川的兰州（今怒江兰坪）、马登那边过来的。他们家之所以被称为“柴坝第一家”是有历史原因的。清朝末年的时候，他们家住在乔后街上，后来在汉族和回族的冲突中房子被烧毁了，于是他们家就全家搬去了柴坝。当时柴坝其他的人家都住在河边，只有他们家住在坝子里面，所以他们家就被称为“柴坝第一家”。

奶奶嫁到杨家的时候是18岁，婚后就开始跟着她的丈夫去砍柴卖。她说当时坝子里全都堆满了码好的柴垛，男人负责在江里或者江边把柴钩上来。她一天要背7转柴，也就是从柴坝到“八十灶”，来回一天要走7次。由于当时没有钱去买球鞋，也没有球鞋卖，所以他们只能穿草鞋。从柴坝走到“八十灶”有两三公里。奶奶说她一天走7个来回所以草鞋坏得很快，没有鞋子穿的时候就只能打赤脚走两三公里，身上还负着100多斤的柴火。当时背100斤的柴可以赚1角钱，一般人可以背三四十公斤，可以得到7分钱，但是奶奶说她自己可以背70公斤，或者80公斤，一天可以背1000斤，赚得1块钱。灶户每4天发钱一次，每一次发钱基本上她都可以得到4块钱。当时家里不止她一个人背柴，另外还有她丈夫的父母，她自己的父母，丈夫的两个兄弟，两个妹妹，她的姐姐，都参与背柴。虽然劳动力很充足，但是背柴得到的钱少并且家里人口很多，所以生活非常艰苦。

当时柴坝有80多户人家，后来很多人都来柴坝开始做运柴的生意，最终发展成为几百户人家。运送的柴是灶户已经定好的，柴坝的人只负责从江边运到灶户的家里。黑惠江附近的柴都砍得差不多之后，砍柴工人就一直往江的上游去，远至兰州、马登等地方。“八十灶”撤销以后，柴坝的柴火生意也做不成了。“土地改革”以后，私人田地都归入公家，柴坝人也就不背柴去卖了。

常年在江边活动加上冬天的时候也要去河里面捞柴，奶奶就此落下风湿病，从嫁过来（18岁）开始就背柴，一直到“土改”（1956年）才放下，她一直背了二十多年的柴。

5. 河神庙：见证繁华

柴坝因修公路而被分为上下两片，河神庙就在柴坝村下片的最高位置。但是我去的时候河神庙的门没有开，只有一个不住在里面的庙祝奶奶[①]在管理。

庙祝奶奶说她以前是四川人，是从川西过来的，汉族，名字叫许小英。她一共有10个兄弟姐妹，她是最小的。被作为养女送到这里来时她才4岁，身体虚弱。河神庙最原始的地址在她家门口对面，后来在“破四旧”的时候被破坏了，再后来才迁到了现在的地址。河神庙是“八十灶”的灶户们修的，从旧址那个庙开始算起到现在已经有两三百年了。建河神庙是为了供奉管理黑惠江的河神。因为以前每年河里会淹死很多人，而建庙供奉神灵以后，死的人就少了很多。一位“八十灶”的灶户老爷把许奶奶的父亲安排在河神庙（旧）服侍香火，她的父亲退下来之后就由她去服侍。以前的河神庙建筑是典型的四合五天井样式，装修得非常豪华壮观，庙会定在每年的农历三月二十八日，每年只开一次庙会。“八十灶”的灶户们会出资请一个戏班子，来唱三天三夜的戏，庙门口摆满了卖小吃的摊贩子，场面非常热闹。现在河神庙的庙会定在了每年的农历三月二十六。

现在的河神庙庙中留有一片空地供举行庙会的时候大家跪拜以及摆桌子吃饭之用。河神庙正门上方挂着写有“神光普照”的黑布块和写有“济世福民”的红布块；庙内神龛正中供奉的是河神，河神面目严肃，双眼圆睁，嘴巴张大露出牙齿。河神的左右两边分别是哼哈二将，左边的拿着刀，右边的拿着剑。在河神的右边供奉着药王，药王面目慈祥温和，两边是分别背着背篓、拿着锄头和背着药箱、拿着拂尘的两个童子。摆放供品的桌子上放着一个木头的钵和一个木鱼。庙里面右侧的墙壁上刻着一块石碑，上面刻着庙修建的时候捐过功德钱的村民的名字。

① 时间：2016年7月29日，地点：柴坝许奶奶家。

每年除了农历三月二十六开河神庙庙会的时候，每个月的初一、十五许奶奶都会开门让村里人去河神庙里上香、磕头。河神庙庙会可以吃荤，而初一、十五的时候却是吃素，供一些开水即可，连酒都不会带。奶奶说，像六月初一就要连续去磕头 6 天，九月初一就要连续去磕头 9 天。

（二）盐矿改制后的盐矿工人生活

乔后井在改制以后，盐矿工人的生活开始出现变化。有的人可以拿着稳定的工资在盐矿的廉租房里面安稳度日，有的人则日日担心是否会成为下岗工人。

1. 何向先：顶替进厂，平凡退休①

何向先，今年 66 岁，2012 年从乔后盐矿退休。和他一起退休的工人是盐厂改制前的最后一届工人，可以说是作为分水岭的一届盐场工人。现在盐厂作为一个上市公司，员工在退休之后都有退休金，但是据何向先说退休金并不高。何向先 1981 年进厂，是因“顶替政策”进厂的，即他的父亲在盐厂里面工作，退休后由他顶替父亲的岗位进厂上岗。“顶替”这一政策只有农村户口才可以享受。由于一般都是父母亲退休以后由家里的儿子女儿代替父母上岗并且是同样的岗位，所以有人把乔后盐矿叫“子母矿”。

何向先在盐厂主要负责机建方面的工作，同时也在别的科室有兼职，但是工资不高，当时是 31. 5 元一天工资，最高的只能到 50 元。2012 年退休的时候工资大概是 1500 元左右一个月，后来员工工资有过两次上调，但是幅度都并不是很大，所以何向先才说去盐矿工作其实和务农差不多。何向先家里有兄弟姐妹，但是只有他“顶替”接手了父亲在盐厂的职位。当时何向先去顶替父亲的原因是家里其他兄弟姐妹都有工作，只有自己没有。毕竟在盐厂的工作基本是稳定的，所以何向先就“顶替”了父亲的工作进到盐矿。

何向先说，在去盐矿工作之前，他主要是在家里务农，家里当时十分清贫。而盐矿的工作也没有非常好的待遇，工资也很低，实际上和农村务农没有太大的差别。但是何向先还是选择了进盐矿工作。他的父亲和母亲是从剑川那边迁来乔后的，是盐矿开采初期的劳动力，也是盐厂成立初期的建设者。可以说大部分人见证了盐厂从 1954 年以后的多次改制变动，也见证了盐厂由兴起到近期有些走下坡路的过程。

---

① 时间：2016 年 7 月 22 日，地点：何向先家。

2. 杨四代：宽心看改制①

杨四代，之前在剑川奶粉厂上班，后来 1990 年回到乔后在盐矿上班。1990 年他入职时工资 400 多元一年，后来工资逐渐下调，杨四代表示他从奶粉厂去盐矿确实有后悔，因为盐矿的工资没有奶粉厂高。市场上对盐的需求量是固定的，所以乔后盐厂会限制产量，但是又要保证员工的工资，所以每年大概会亏损 200 多万，不过国家会帮盐厂支付，减轻盐厂负担。

乔后的物价比下关和大理高，杨四代说在刚开始进入盐厂工作时，生活十分艰难——当时厂里发的是粮票，1971 年每月发 17 元，1972 年涨到每月 19 元，1973 年是每月 22 元。他当时在厂里吃饭，一个月不会花费超过 10 元钱。杨四代 2003 年从盐场内退（即没有达到退休年龄就退休回家）。当时发给他的退休金大约是每月 300 元。2007 年办了退休证以后，退休金才回到正常范围。杨四代说退休金每年加一次，到现在已经有每月 2000 多元，生活好了一些。

当问及他们是否认为改制后的盐厂抛弃了他们时，杨四代说他们并没有认为改制后的盐厂抛弃了他们，因为当时的厂长和副厂长都被换掉了，大部分的职工也被换掉了，更新换代是再正常不过的。

3. 王绍武：自主招工进厂②

王绍武，今年 77 岁，19 岁进盐矿工作。王绍武说他是地道的乔后人，也是白族。当时盐矿的工作十分繁重，本地人大部分都不愿意做，他由于家庭困难不得不去盐厂做煮盐的工作。当时炮制卤水的方式都是把硔矿石放进水缸里腌制，然后再把卤水放进锅里煮。锅从一开始的平锅变成了现在的圆锅。

王绍武说他的父母没有在盐厂工作，是纯粹的农民，他是通过自主招工进盐厂去的。当时因有工人嫌弃工作太累而逃跑，矿上缺工人，他就自己去应聘进了盐厂（1959 年）。那时候每个月的工资是 18 元，王绍武中间还曾当了一年的门卫。王绍武家里的状况并不好，直到 1983 年包产到户之后生活才开始变好——政府补贴红糖每个月 3 斤，酒半斤，油半斤，肉 1 斤，有粮票换口粮，一共 50 斤。分田地的时候他们家只分到了两分地，收入也没有增长多少。

王绍武认为盐矿改制对工资并没有太大影响，但是现在盐矿退休职工是没有

---

① 时间：2016 年 7 月 23 日，地点：杨四代家。

② 时间：2016 年 7 月 25 日，地点：王绍武家。

供养费（即职工去世后家属每个月可以领到70多块钱的补贴）的，他们1995年的时候退休也没有供养费。

另外，王绍武还提到当时盐矿刚开始开办的时候招的都是外地人，主要是马登人。有些本地人觉得在盐矿里当官的大部分都是马登人，所以经常产生官官相护的场面。

（三）今日的“八十灶”建筑

因为盐矿，乔后开始发展，人民开始富裕；也因为盐矿，今天的乔后人发生了各种各样的变化，生活也因此天翻地覆。“八十灶”是乔后井巅峰时期的代表，但是今日却成为乔后社会区隔的象征之一。往日繁华热闹的灶城，今天已经演变出几种形态。

1.“八十灶”传统建筑的代表

今天灶城中门牌号为043的房子以前是“八十灶”中的“厚生灶”。这户人家吸引笔者的主要是门口的装饰，具有非常浓厚的古朴气息。“厚生灶”的阿姨[①]说他们祖辈都居住在这里，属于是这里的灶户而不是雇佣的工人，但是在“八十灶”消失以后生活得十分悲惨。

“八十灶”改制以后建成了12个连营灶，全部由家中女性在经营。由于经营不善，盐灶亏本，亏欠下的钱政府却让“八十灶”自己还。还不起的，就只能把房子抵押出去，“厚生灶”就抵押给了乔后小学，成为乔后小学的一个分部。“土改”划分成分的时候，“厚生灶”的主人被划为工商业，不属于地主，但是和学校谈要求把原来的房子还给自己的时候，却被要求拿钱去赎回。1981年赎回的时候共花了1100元左右。房子抵押给学校期间被学生破坏了不少，但政府对这些破坏没有给出任何的补偿。“厚生灶”的阿姨和她的姐妹只能靠自己慢慢修复自家的房子。因此今天“厚生灶”里大部分的建筑都是重新修建的，老房子原有的只剩下地面上高起的灶台。

现在的“厚生灶”里主要有阿姨的丈夫，她本人还有她的母亲一起生活。房子在赎回修好以后基本就保持到现在，现代化的因素并没有影响到房子古朴的气息。乔后镇上的不少人由于种种因素，至今都保持着祖辈流传下来的生活方式，较少受现代社会的影响。

---

① 时间：2016年7月25日，地点：“厚生灶”旧址。

以上两图分别是“厚生灶”的大门和堂屋①

2. “八十灶”建筑变成商业建筑的代表

在“厚生灶”的对面有一个私立的幼儿园，也是在原来“八十灶”之一的旧址上建起来的。幼儿园原址的主人不是“八十灶”的人。暂且先把这个灶的原主人称为第一任主人。“土地改革”后这个灶被分配给了第二任主人，第二任主人又转手卖给了现在幼儿园的主人，即第三任主人。所以这个灶经过了三次的转手，现在是一所私立幼儿园。经参考杨老师的《解放前乔后井八十灶灶名及排列顺序图》得知，该幼儿园原是“八十灶”之一的“福星灶”旧址。

建成私人幼儿园的“八十灶”旧址②

① 两张照片均为2016年7月25日摄于乔后“厚生灶”。

② 2016年7月25日摄于乔后幼儿园。

3. “八十灶”建筑变成现代民居的代表

灶城中有一个灶的旧址正在修建新房子，这是“八十灶”变成现代民居的代表。房子的主人徐阿姨①说他们以前的旧房子是公房，在现在玉清园的旁边，后来被泥石流冲毁了，国家给了200元的补贴。现在灶城里的房子，是在十几年前买的。当时转手卖房子给徐阿姨的人已不是原来“八十灶”的人，而是这个房子的第二代主人。徐阿姨买了现在的房子之后就直接搬过来住。她说买的时候房子非常的破旧，今年才开始修，并且完全按照现代化房子的样式。阿姨还给我看了他们家拆旧房子之前拍的旧房子的照片。虽然很模糊，但是可以看得出来旧房子确实非常的破败。

灶城里的旧房子在不修缮的情况下都是旧的旧，破的破，徐阿姨买下灶城的这个房子然后进行装修，实际上是一种对灶城的强势更新换代。

徐阿姨与购买的“八十灶”旧房的留照②

徐阿姨购买的“八十灶”旧房在修建中③

四、结　语

乔后盐井的开发、发展，确实是乔后历史上值得铭记的一个篇章。虽然乔后井曾经煊赫一时，但是历史的车轮总会不断地前进，碾压道路上的一切：各路人马争夺乔后井的战绩将从石碑上消失，“八十灶”辉煌的光芒也会淡出乔后的历

① 时间：2016年7月25日，地点：徐阿姨家。

② 2016年7月25日摄于徐阿姨家。

③ 2016年7月25日摄于徐阿姨家。

史，马帮的头骡铃声会静寂在深山之中，连青石板上的马队痕迹也将被一一抹去。但一切都曾真实存在着，幸好一切都有文字和遗迹在证实。

现在的乔后井不仅不能像过去巅峰时期那样能够带领一方经济迅速发展，反而在受到来自各方的压力下开始走下坡。一个古老生产机构的发展趋势一般是人力无法左右的，而领导者也难以保证能够力挽狂澜。盐厂的副经理说，2017 年 1 月 1 日将要下达的新政策对乔后盐矿而言是机遇与挑战并存。机遇是即将面临公平竞争，挑战是包装规格将会发生变化以及工业盐的价格将会上下浮动，四川、湖南、湖北等地产盐企业对乔后盐矿的挑战加剧。2017 年的计划大概是与贵州、广西盐业进行交流，打算出口盐到缅甸。

作者简介：

杨露露，云南大学 2014 级民族学专业本科生。

豆沙古镇生计方式的多样性及其困境

王曼煜

（指导教师：李伟华）

大二暑假，在老师的带领下我们开始了为期 20 天的田野实习。我所去的田野点是云南省昭通市的豆沙古镇，选定的主题是“豆沙古镇生计方式”，具体包括该地当下生计方式的多样性和大致的历史变迁过程。之所以选择这个主题，是基于我对这个拥有悠久历史的小镇兴衰发展的好奇。

历史上，豆沙古镇地处南方丝绸之路之上，是马帮运输货物必经的驿站，现在仍然可见五尺道上马蹄留下的印记，这个小镇就是在如此重要的交通位置之上发展起来的。2006 年，这里发生了 5. 1 级地震，之后政府提出重建和旅游发展并重的方针。随着这一方针政策的启动和旅游业的兴起，当地人开始迎合发展旅游业的需要，转变原有的生计模式，这里的生计方式变得多样起来。那么现在这里有哪些生计方式呢?

带着这样的疑问，2016 年 7 月 14 号，在刘老师的带领下，我们坐着长途汽车从昆明出发，带着对未来 20 天田野生活的期待，来到了位于云南省东北部的豆沙古镇，开始了这次的暑假田野实习。在 20 天的田野实习结束后，我根据这期间了解到的内容，简要分析一下当地多种生计方式并存的原因和当地的发展困境。

初到豆沙古镇，第一印象是街上的店铺非常多，特别是客栈、饭店和百货商店，虽然达不到数不过来的地步，但也各有几十家了。这里给人的印象像极了丽江古镇。让人惊奇的是，这个只有四条街的小镇居然会有那么多各种各样类型的个体工商户，商铺林立。这里地方小，人口不多，旅游的人也很少，这么多的店铺到底如何做生意，商人是否能够维持家庭生活呢？这是我在田野调查中想要慢慢弄清楚的问题。

在田野访谈期间发现，2006 年的地震确实对当地人的生活产生了很大的影响。可以说，这次地震是当地生计方式发生变化的一个重要节点。地震后，当地政府为了重新打造这个古镇，对其进行了全面的规划，包括景区、街道、人员安置，尤其在如何转变农民为居民及商人上，做了大量的工作。在这一背景下，很多原先以种地为生的农民失去了赖以生存的土地，不得不寻找新的谋生方式。大批年轻人外出打工，基本上各家各户都有外出打工的人，稍微上了一些年纪的则留下来在主街上开个店铺来赚取基本的生活费。不过从另一个角度来看，以旅游产业为依托，促进第三产业发展的经济形势，也在一定程度上为本地人提供了商机。

下面以豆沙主街上开手工艺品商店的张阿姨为例来看当地生计方式的变化。张阿姨家一共有六口人，包括她本人和她丈夫，儿子儿媳和两个孙女。丈夫和儿子都到贵州打工去了，主要从事建筑工作；她自己和儿媳经营着一家手工艺品商店，并兼卖一些日常用品。

张阿姨原先是附近村子的村民，住在镇子后边的山上。2010 年以前主要是以种地为生，主要种植一些玉米和洋芋，所需的肥料和种子基本上都是从本地镇上买的；也会养殖一些牲畜如猪、牛、鸡等，主要是自己家吃，少部分会卖出去。种地和养殖要花费很多钱在饲料和化肥上，基本挣不到什么钱。再加上自己家的地不好，收成也就不好，难以维持家里的生活。所以在政府征收土地后，她家不再种地。但阿姨自己年纪大了，身体不好，身体又受过伤，无法外出打工，为增加经济收入，她便借着当地旅游开发的机会开了一家手工艺品商店，卖一些基本的日常生活用品和食品，如纸巾、矿泉水等。不过生意并不好。虽然手工艺品的进价不高，但卖价也不高，赚不到什么中间差价，而且手工艺品商店主要面向的是外来的游客，本地人是不会买的。再加上当地旅游行业整体发展不景气，游客又很少，也就导致她家店每月的收入很少；另外，因为她家的房子是贷款买的，每三个月还要还一次贷款，经济压力就更大了。她丈夫和儿子不得不外出打工以维持全家人的生活，手工艺品商店每月的收入加上丈夫和儿子的收入，每月一共四五千块钱，勉强能维持家用。

地震之前，虽然当地主街上做生意的与其他地方相比算是比较多的，但大多数还是以务农为主要生计方式。而在地震后，一些农民赖以为生的土地被征走，于是借着当地旅游开发的契机，许多人开始经商。但大批人开店的势头给最早一批经商的人带来了很大的冲击，同类型的商铺越来越多，竞争变强，市场饱和、供大于求，最早那批商户的生意直线下降，而后开店的一批其经营状况也同样不乐观。当地很多从农民转变为商人的家庭，因为上述原因，经商的收入也不能维持日常生活，所以各家各户都会有成员外出打工以增加经济收入。

在一定程度上可以说，豆沙很多人的生计方式的转变是比较被动的，这多少也反映了地方社会发展旅游经济的某种困境。虽说旅游发展的政策在一定程度上为人们提供了商机，但一方面旅游宣传不到位，豆沙古镇知名度不高，无法吸引大量游客，带动当地旅游发展；另一方面，大批年轻人外出打工，留下的老年人又很少花钱，只会买一些生活必需品，也在一定程度上导致了当地经济情况“表面金光闪闪，内心阴风惨惨”。

豆沙古镇居民生计方式的变迁和多样性的存在既展现了该地社会发展的活力，同时也揭示了当地经济体系背后存在的不稳定性和风险。

作者简介：

王曼煜，云南大学民族学专业 2014 级本科生。

石羊教育的百年变迁

杨　雪

（指导教师：朱映占）

一、背景介绍

石羊镇，位于云南省楚雄州大姚县西北部。古称白盐井，民国元年（1912年）设盐丰县，1958年盐丰县并入大姚县，改名石羊镇。石羊镇盛产井盐，民国时期约有56口盐井，早前盐井可能更多。虽然地处西南边陲，但得益于盐业的发展，石羊自古就在经济、政治方面占有重要的地位。

明清时期，中央直接派遣白盐提举管理白盐井盐业。盐业的发展，吸引大量外地人涌入白盐井，地方经济不断发展。在白盐井提举的倡导和地方财政的支持下，白盐井大兴教育，形成儒学盛行、重视教育的风气。民国时期，由于白盐井是县城，因此教育发展水平较高。后来随着盐业的衰落、政治动荡等各方面的原因，这里教育发展速度放慢。改革开放以来，当地人的受教育水平明显提高。

本文以石羊镇的教育发展情况为个案，探讨在盐业发展这一背景下，石羊教育从明清到现在的发展历程。

二、明清儒学盛行

明清时期石羊镇儒学的盛行，这一方面得益于盐业带动经济发展，另一方面得益于白盐提举和当地士绅阶层的引导。因为石羊镇（白盐井）地区有丰富的盐资源，故中央政府直接对其进行管理，直接向白盐井派白盐井提举。白盐井的行政事务属姚安府管理，白盐井提举只管理盐政。历代白盐井提举都有较高的文化造诣，当地士绅重视文化教育，形成重学习的文化氛围。当地的科举成果、学校、孔庙是该地重视教育的表现。

（一）推行教育的官员

清延曾派过八任白盐井提举。历代白盐井提举都重视教育，他们关于教育方面的举措，推动了白盐井形成重学之风。

影响较大的提举有以下几位：

夏宗尧，奉天广宁人，正红旗，荫生，康熙乙丑（1684 年）任白盐井提举，到任后见孔庙规制备具，然凡有学宫，皆必建尊经阁，而此处则无，乃于孔庙西偏与魁星阁遥相对望处，建成尊经阁，使宫殿制度臻于完善。其他如修桥补路，以利商贾、建立社学、以重教养，皆其善政。

郭存庄，山东汶上人，举人，乾隆十九年至二十七年（1754—1762 年）任白盐井提举。捐廉俸及绅士所捐银两兴修龙吟书院，拨入书院田产 20 亩作膏火助学资金，为培养井区人才奠定基础。

孔尚焜，山东曲阜人，荫生，乃孔子之后裔，康熙丁酉（1717 年）署白盐井提举。建立社学以重教养。①

（二）科举成果

从明弘治七年（1495 年）到清末，白盐井的读书人中有翰林 2 人、进士 7 人、举人 59 人。

（三）乡绅阶层的发展

明清时期，得益于盐业的发展，白盐井地区有大量外地人涌入。他们在此繁衍生息，他们的后人接受儒家教育，再加上有一定的经济实力，成为当地的士绅阶层，对当地教育的发展作出了贡献。

影响较大的乡绅有以下几位：

陈经，白盐井人，明万历年间庠生。万历三十七年（1608 年）提举汪承默到任后，以迁建孔庙的倡议进呈蒙准，首倡捐资捐地。同时有庠生李文中、王廷谏慷然迁居献地。在提举汪承默的主持下，积极参与实施迁建工程，于万历三十八年（1690 年）冬竣工，在象南麓建成一

① 材料来源：石羊镇文化站展示墙。

座颇具规模、宏伟壮观的孔庙群，即现存孔庙。

洪酌文，白盐井人，康熙间岁贡，精研理学，设馆授徒，治学严谨，循循善诱，弟子多有所成就。

甘岳，白盐井人，嘉庆戊辰（1808 年）科近士。卸任回家后，在灵源书院主讲。倡捐设立“桂香学馆”于锁水，阁以教贫寒子弟。

王逊，白盐井人，清康熙壬寅（1662 年）岁贡。告老还乡后，宁静自如，不慕名利，后举大宾，为乡里所敬重，白井科第多出其门下。[①]

（四）办学情况

明清时期白盐井的教育机构是书院，康熙二年至五十八年（1663—1718 年），白盐井地区先后建有绿萝书院、张公书院、龙吟书院、灵源书院，各书院均聘请学识渊博、德高望重的学者执掌。学子在书院学习后参加朝廷组织的科举考试，求取功名。

清雍正三年（1725 年），石羊盐井区有义学始创，主要有文昌宫义学、桂香馆义学、南关义学、西北关义学、乔井义学。义学兴起后，白盐井读书识字的人逐渐增多。义学多分为两个阶段：第一阶段从 8 到 15 岁，主要进行启蒙教育，学习传统识字课上用的《三字经》《百家姓》《千家诗》，取代私塾。第二阶段为 15 岁后的经馆阶段，读“四书五经”。

（五）文学发展

石羊古镇文化底蕴深厚，从古至今当地文人创作过大量的文学作品。由杨成彪主编的《楚雄彝族自治州旧方志全书》，收录了明清以来的诏令 4 篇、奏议 16 篇、杂记 45 篇、传志 17 篇、杂著 8 篇、赋 5 篇、诗 87 首、词 2 首。作者有当地提举、士绅。主题有白盐井制盐工艺、风景古胜、歌颂人物、抒发感情等。这些题材多样、内容丰富的文学作品，表现了明清时期白盐井文风盛行，教育发展。

现摘录两则有代表性的诗：

香河夜月

张如翼（举人）

天上银河水，人间香水河。四时风景好，一样月光多。

---

① 材料来源：石羊镇文化站展示墙。

浩荡涵金粟，团圞走玉波。曾经攀折处，回首夜如何。

封氏节井

罗庆崧（举人）

久以名节井，新成节井亭。规模一时焕，贞烈千载馨。

对此石栏白，同于汗简青。寒泉不忍汲，慨慕闺中型。①

三、现代教育的发展

教育包含着期待、训练、指教与陶冶。真正的教育促进人所有自然禀赋的发展，帮助形成有判断力的人。教育的目的在于教会人们思考。现代教育主要包括学校教育、家庭教育、社会教育三方面。

石羊镇的现代教育随着社会、家庭环境的改变而发生变化。

（一）学校教育

石羊镇学校教育的现代化始于清末，民国时期开始有所发展。学校教育与国家的相关政策、社会的发展情况息息相关。

国家的教育政策在很大程度上能够左右学校教育的发展。从民国到现在，政权的更替、国家大政方针的改变，都对教育产生过一定的影响。国家在塑造文化氛围方面起到了主导的作用。

此外学校教育也受到地方经济发展水平、学校管理等的影响。

1. 民国时期学校

民国元年（1912 年），白盐井改为盐丰县。民国政府对盐丰县的教育十分重视，加上有明清重视教育传统的沿袭，这一时期盐丰县的文化氛围比较浓郁，教育有一定的发展。民国时期盐丰县有 17 所学校，其中县立学校 1 所、公立学校 1 所、城立学校 5 所、乡立学校 10 所。

在众多学校中，公立女子国民学校是很值得一提的。公立女子国民学校建于 1913 年左右，一直延续到 1946 年。校址原本是在小洞天（小洞天遗址在石羊电

① 材料来源：杨成彪主编《楚雄彝族自治州旧方志全书》，云南人民出版社 2006 年版。

影院内，现残存三四间教室），后搬到明镇宫，再后来搬到老爷庙。①

2. 民国时期的石羊镇籍人才

随着民国学校教育的发展，石羊出现一批接受现代教育的人才。有11名学生毕业于云南省法政学校，3名学生毕业于广西省法政学校，10名学生毕业于云南省师范学校，3名学生毕业于京师大学，6名学生毕业于云南省高等警察学校，2名学生毕业于云南省测绘学校，2名学生毕业于云南省讲武学校，4名学生毕业于云南陆军学校，2名学生毕业于广东韶州滇军讲武学校，2名学生留学海外。他们之中18人在民国政府任文职，8人任武职，4人任考职。

3. 学校教育的变迁过程

20世纪40年代末至今，石羊镇的学校教育情况随着国家政策、经济收入的变化而变化。整体呈“U”字形改变，转折点在1978年左右。

（1）1949年之前出生人群的读书情况

20世纪50年代之前，石羊的教育情况有超越民国时期教育的趋势。1958年开始，石羊人的收入及市镇人口大规模减少。1966年到1976年，石羊的教育水平急速下降。

> 罗YG老师，今年77岁，退休教师。6岁（1947年）开始读石羊小学。当时的小学是六年制。罗老师经历过4年的民国政府教育。当时学校的老师进行新式教育，课程主要有公民课（政治课）、国文课、算数课、历史课、地理课。考试制度和现在差不多，也是闭卷考。1951年到1954年，罗老师在楚雄中学读高中，学习科目主要有政治、历史、地理、物理、化学、英语、体育。当时一个班大概有50个人。罗老师那时候是住校，学生星期六下午回家，星期天下午五点到校上课。国家每个月供应30市斤的粮食。1954年到1957年，他在大姚中学读书，这时候的高中是三年制，不分文理。有12～13门课程，课程内容比现在的高中课程丰富。数学分成好几科，有代数、三角、立体几何、平面几何。②

---

① 根据对王XW的访谈资料整理。日期：2016年7月16日，地点：石羊孔庙门口。王XW，77岁，退休西医。他的母亲和舅妈曾在公立女子国民学校读书。

② 根据对罗YG的访谈资料整理。时间：2016年7月17日，地点：罗YG家。

张QL今年77岁，是文化站退休的老站长。1948年开始在石羊小学读了5年书。小学课程内容包括语文、算数。当时一个班大概有40多个同学，女生将近一半。1955年到1958年在盐井中学（1957年改为大姚二中）读初中。住校，平常用家里的购粮本去学校买粮食，每个月约买30市斤。一星期吃一次肉，一般也要用粮票购买。学校的老师一般是高中或大学毕业。女老师少，男老师多。当时班里有42个同学，有一半是女生，辍学的人少。1958年他在大姚高中读高中，1962年毕业。高中课程一般有外语（俄语）、历史、地理、文学、植物、动物、化学、物理。30多个同学一个班，整个年级有甲乙丙丁四个班。老师一般是大学、高中毕业。外地来的老师较多。①

白NC，今年78岁，退休教师。7岁开始在石羊小学读书。初中在大姚二中读，初中毕业后在楚雄师范学院读了3年书。之后在桥头哨小学教了2年语文，在铁锁那边的学校教了十多年的语文。当时一般两个老师共同教一个班，一个班有30多位同学，男女对半。1978年退休。②

（2）1958年后出生人群的读书情况

1958年后出生的人，多因家中收入低、孩子多，上学的少，普遍学历不高。他们那时一边读书一边要苦工分。20世纪80年代改革开放开始，人民收入增加。1977年高考恢复，学校教师队伍壮大。国家出台相关政策使得知识分子获利，家长有动力供孩子读书。

布JN老师，今年44岁，现在在石羊镇开了一家雕刻墓碑、制造广告牌的工作室。1979年到1984年在石羊小学读书。当时要7岁才可以读小学，但没有证明身份的身份证、户口本，学校老师用右（左）手摸左（右）耳的方法来确认学生是否到了7岁。1984年到1987年在大姚二中（盐丰中学）读初中。布老师读高中的时候开始第一次全国会考（1989年）。1990年到1994年在云南艺术学院读美术专业。③

施FG，52岁，老家在郭家村委会，1992年开始到石羊卖蔬菜。6

① 根据对张QL的访谈资料整理。时间：2016年7月18日，地点：石羊孔庙门口。
② 根据对白NC的访谈资料整理。时间：2016年7月25日，地点：兵哥客栈门口。
③ 根据对布JN的访谈资料整理。时间：2016年7月24日，地点：布JN工作室。

岁开始在郭家村委会读了5年小学，当时班里大概有十几个同学，男女生对半。每天要走七八公里的路去上课，早去晚回。在大姚二中读初中的时候班里大概有四十几个同学，男女对半。①

甘ZX，56岁，是石羊汽车配件厂的退休职工。6岁开始读石羊小学，读了5年；在大姚二中读初中、高中。1977年恢复高考，自己因为成绩不好没有考起大学。②

（3）九年义务教育普及后的读书情况

1984年九年义务教育普及后，石羊教育水平有所提高。但近几年，因为教师资源缺乏、大姚二中高中撤并等原因，石羊镇教育的发展速度减缓。

石羊镇14个村委会都有村完小，学生在村完小读到四年级。西河片区（柳树潭、叭腊、杨家箐、坟箐、土枧槽、岔河、大中、黎武）的学生五年级开始在石羊镇中学小学部读书，后面一般升入石羊镇中学（清河中学）。东河片（白石谷、清河、郭家、永丰、拉乍么）五年级开始在石羊小学读书，后一般升入大姚二中。石羊镇上的学生从一年级开始，在石羊小学读书。少数成绩优异的小学毕业生可以到楚雄一中初中部、大姚一中初中部读书。

毕M，19岁，在昆明理工大学电子信息专业读大二。2003年，他在石羊幼儿园读了三年，后直接升一年级。小学在石羊小学读书。据他回忆，那时候小学是在孔庙前。初中在大姚二中读书，当时一个班有3个年级，40多个同学，女生将近一半。初中三年班里大概有两三个同学辍学。高中在大姚一中读书，高考成绩是509分。大学期间每年的学费是3000元，住宿费1200元，一个月的生活费是1200元。③

周AL，28岁，石羊镇政府工作人员。3岁入幼儿园。读了4年。小学在石羊小学读，初中、高中在大姚二中读。后在云南民族大学文秘专业读书，2012年毕业。访谈时，她在黎武村委会当了一年大学生村官。④

① 根据对施FG的访谈资料整理。时间：2016年7月23日，地点：风雨桥。
② 根据对甘ZX的访谈资料整理。时间：2016年7月26日，地点：农资店门口。
③ 根据对毕M的访谈资料整理。时间：2016年7月22日，地点：毕M家。
④ 根据对周AL的访谈资料整理。时间：2016年7月23日，地点：石羊镇政府。

何JH，12岁，石羊小学五年级学生。现在在学校住校，星期五下午4点放学后可回家。学校白天上课时间从8点5分到4点55分，晚自习从18点20分到21点。每学期要交24元的书费，100元的保险。父母一星期给15～20元的零花钱。学习科目有语文、数学、美术、音乐、体育、信息技术、科学。因为家里比较忙所以住校。40多个学生住一个大宿舍。上床睡3个人，下床睡4个人。班里大概有16个老师。自己学校成绩比较好，是班里第一名，全年级第一、二名。①

4. 教师情况

教师在学校教育中扮演着十分重要的角色。教师通过言传身教对学生产生一定的影响。每个学生在学习的过程中，都会遇到对自己影响比较大的老师。学生对老师的评价，比数据更能反映教学质量。

（1）对自己影响比较大的老师

杨ZH，70岁，石羊小学退休女教师。她说对自己影响比较大的人主要有以下几个。一位是小学时教过自己的老师齐保芬，她是来自东北的女教师，作为随军家属来到石羊。在她的影响下，杨老师认为教书是对自己的一种锻炼，自己很自豪能够当老师，自己后来从事教师职业也是受到她的影响。还有一位是小学时候的班主任金学顺老师。她说自己能够考上师范学校是直接受金老师的影响。金老师为人耿直，对自己的工作认真负责，对所有人一视同仁。在他的影响下，杨老师有重视教育的意识。②

郭老师，37岁，大姚二中的生物、体育老师。在他看来对自己影响比较大的都是那些对自己比较严格的老师。高三补习时候的化学老师陈老师对自己要求严格。郭老师认为，学生能对老师印象深刻，主要是因为与老师接触、交流比较多，以前和老师交流得多，现在的印象就深。③

李L，18岁，大姚一中高二学生。对自己影响最大的老师是他初中

① 根据对何JH的访谈资料整理。时间：2016年7月25日，地点：石羊孔庙门口。
② 根据对杨ZH的访谈资料整理。时间：2016年7月19日，地点：杨ZH家。
③ 根据对郭老师的访谈资料整理。时间：2016年7月22日，地点：郭家超市。

时的班主任郭老师。上课讲得好，高中生物学得好有一半原因是受其影响。郭老师关心学生生活，组织篮球校队并任队长。学生毕业时郭老师自己出钱为学生拍毕业照，平常自己放假回来会去找郭老师玩。[①]

（2）石羊镇教师的教学经历

教师的教学经历在一定程度上可以反映教师的教学水平。石羊镇有许多退休老师，他们中的绝大多数人都有比较丰富的教育经历。

罗 YG 老师，77 岁，大姚二中退休教师。1959 年罗老师毕业后下乡，先到三岔口乡的小学教书，当了 19 年的民办教师。1980 年到三岔口中学做数学教师。1984 年到 1989 年任三岔口中学校长。1989 年到 1994 年在姚安二中教书，做班主任。1994 年退休后，逢年过节，学校工会会前来看望。罗老师教书时主张尊重调皮的学生，鼓励听话的学生。他认为中学老师要注重对学生知识和解题技能的培训，注重对学生解题思路的引导，当学生出现有违道德的问题时，老师要冷静对待，不能在全班面前把事情说开，最好是私下沟通解决。[②]

杨 ZH，70 岁，石羊小学退休女教师。1973 年在石羊镇官庄完小任了 6 年校长。1978 年调回石羊小学任教导主任。她认为自己能做校长是因为自己思想单纯、认真工作。[③]

郭老师，37 岁，大姚二中的生物、体育老师。2004 年开始来石羊教书，在 2009 年高中部从大姚二中撤并出去前，教高中生物。自己的教育理念是除了知识教育以外，要关注学生的心理健康。自己在平常的工作中讲究精益求精，会花较多的时间和精力来关注学生的心理。比如在学校里面看到心情不好的学生，就会在下课、吃饭的时候来关心一下他。[④]

（二）家庭教育

孟禄的“教育的心理学起源论”提到，在原始部落中，儿童对成年人的模

① 根据对李 L 的访谈资料整理。时间：2016 年 7 月 26 日，地点：石羊孔庙门口。
② 根据对罗 YG 的访谈资料整理。时间：2016 年 7 月 30 日，地点：罗 YG 家。
③ 根据对杨 ZH 的访谈资料整理。时间：2016 年 7 月 19 日，地点：杨 ZH 家。
④ 根据对郭老师的访谈资料整理。时间：2016 年 7 月 22 日，地点：郭家超市。

仿是教育过程的基础。在现代社会这一说法也成立。家庭教育对人的行为习惯、价值观等方面的形成有基础性的作用。在家庭教育方面，长辈对晚辈的教育受到长辈自身情况、特定社会背景、家庭情况的影响。在教育晚辈时，长辈一般会结合自身的经验对晚辈进行一定指导。教育的内容受到自身情况、特定社会背景、家庭情况的影响。

在石羊镇，如果父母接受过一定的教育，其在家庭教育方面对孩子的要求也会比较具体、严格；而没有接受过一定教育的父母，一般会对孩子有一些要求，但是要求不具体、不严格。

罗 YG 老师，77 岁。大姚二中的退休教师。在家庭教育方面，罗老师说自己小的时候，父母重视孝道教育。家里的男孩一般用家规来约束，有违家规的要被鞭子抽。石羊罗家，从明朝中期来到石羊，到罗老师已经是第十一代。1949 年左右，罗家人口已近千人，有不同的支系，各个支系的家规不同。现在，罗老师用自己学习的现代知识来教育后代，但也注重对孩子的孝道教育。①

王大姐，45 岁，叉河村的村民。在家庭教育方面，她小时候因为父母平常忙着苦工分，所以没有多少时间对她进行教育。一般是家里哥哥姐姐领着。现在她自己有一儿一女，都比较懂事听话。她教育孩子的时候，经常和孩子讲要好好读书。熬过高中三年就会幸福一辈子。注重孩子的道德教育。儿子在八九岁的时候，偷了家里的 50 块钱去买东西，就让孩子跪了两三个小时。不打孩子，平常都是口头教育。②

季 XD，17 岁，大姚二中高一学生。他哥哥现在在昆明学院土木工程读大三。他说期末考试前回到家，哥哥会对自己进行辅导，哥哥起到了榜样的作用。父母经常对自己进行思想辅导，鼓励自己多和老师、父母沟通，开朗活泼一点。教育自己做人诚实。平常会让自己做一些家务。③

郭老师，37 岁，大姚二中的生物、体育老师，女儿今年 7 岁。在家庭教育方面，他注重孩子日常习惯的养成，自己和妻子要做孩子的榜

① 根据对罗 YG 的访谈资料整理。时间：2016 年 7 月 29 日，地点：石羊孔庙门口。
② 根据对王大姐的访谈资料整理。时间：2016 年 7 月 20 日，地点：超市门口。
③ 根据对季 XD 的访谈资料整理。时间：2016 年 7 月 22 日，地点：石羊孔庙门口。

样，从点滴生活中对孩子进行指导。最后因为自己对儒家文化比较熟悉，所以会用儒家的思想来教育孩子。他自己的父母对他要求严格，要他诚实守信。现在放假回老家的时候，晚上如果出去玩，父母会叮嘱不能多喝酒，差不多10点左右父母就会催自己回家。①

（三）社会教育

社会教育对个人有极大的影响。社会教育会形成一种社会风气，对家庭教育、学校教育的开展都会产生一定的影响。从社会教育的情况，可以看出一个地方整体上对教育的重视程度和当地文化氛围的好坏。

石羊自古就有重视教育的传统，形成重视教育的氛围。

1. 重视教育的程度

不同人群重视教育的程度，在极大程度上受到社会整体教育氛围的影响。

（1）社会氛围

从对下一代教育的重视程度，对不接受教育后果的认识中，可以看出石羊镇形成了重视教育的社会氛围。

甘ZX，56岁，石羊汽车配件厂的退休职工，有两个孩子。她从小就注重孩子习惯的养成，在孩子懂事之前就让他们养好习惯，注重诚信、道德教育。她认为家长要做好榜样。她希望孩子通过学习改变命运，两个孩子学习成绩都比较好，放假回来都会给父母帮忙。②

朴GH，76岁，康家冲农民。他大哥以前在供销社工作，曾推荐他去供销社卖东西，但是因为自己没有读过书所以去不了。当年文工团招花灯演员，也是因为不识字就没去成。③

杨HC，79岁，退休教师。女儿家经济比较困难，所以两个外孙从三年级开始就来石羊读书，都是老两口教育、供着读书。大外孙上大学时，生活费由爷爷负责。小外孙读大学时每年贷6000块的助学金，贷款由爷爷奶奶偿还。当时他每个月领到的4683元退休金，三分之二用来供两个外孙读书。现在，每个月除生活费之外，他能存下4000多块

① 根据对郭老师的访谈资料整理。时间：2016年7月22日，地点：郭家超市。

② 根据对甘ZX的访谈资料整理。时间：2016年7月26日，地点：超市门口。

③ 根据对朴GH的访谈资料整理。时间：2016年7月27日，地点：药店门口。

钱。他打算在其他孙子、孙女读大学时，用这笔钱支持他们读书。①

王 XW 认为，石羊盐业的发展使得当地的经济发展较好，经济的发展使得石羊教育得到发展，有了深厚的文化底蕴。在一代一代的传承中，形成重视教育的社会风气。以前石羊人因为有文化，可以到外乡镇做生意，日子都过得比较好。"有头有脸"的人家都会送子女读书。地主、灶户家娶儿媳妇都要看女方有没有文化。现在一个家庭里如果没有读书人，会被看不起。家里读书人出去外面工作，家里也有面子。家里孩子没有读过书，家长和别人聊天会没"面子"。当地妇女一般或多或少都识点字，在石羊信仰佛教、道教的妇女，一般都看得懂经文。他说："做什么工作都需要文化，农民配农药也需要文化，'劳心者治人，劳力者治于人'。"②

（2）学习态度

个人的学态度，可以反映其对教育的重视程度。学习并不局限于接受学校的教育。

张 RQ，42 岁，在石羊镇上经营着一家饲料店。他认为读书读得越多，以后工作越好找。读书不是唯一的出路，但是是最好的出路。现在打工也需要学历，不读书的人，自己的个人信息都写不好，也就不会被雇佣。③

张 YX，68 岁，在家养老。因为自己没读过书，连调料的名字都不会看，只能把调料按一定的顺序排序摆放，方便取用。后面慢慢学习，知道了一些类似味、醋的字。买东西的话，一般都要有人陪，因为自己看不懂标签。④

范 GP，45 岁，石羊镇文化站工作人员。他认为如果家里没有人接受过高等教育，那么这家就没有多少前途。他叮嘱儿子要好好读书，这样以后在社会上才会有一席之地，今后日子也会好过一点，希望儿子考上大学。⑤

---

① 根据对杨 HC 的访谈资料整理。时间：2016 年 7 月 30 日，地点：杨 HC 家。
② 根据对王 XW 的访谈资料整理。时间：2016 年 8 月 1 日，地点：石羊孔庙门口。
③ 根据对张 RQ 的访谈资料整理。时间：2016 年 7 月 31 日，地点：石羊孔庙门口。
④ 根据对张 YX 的访谈资料整理。时间：2016 年 7 月 31 日，地点：超市门口。
⑤ 根据对范 GP 的访谈资料整理。时间：2016 年 7 月 31 日，地点：石羊镇文化站。

郭JY，47岁，在石羊镇经营着一家光碟店。他认为一个人学历高的话以后好就业，对人生和社会的看法也会更成熟。学习不一定在学校里，社会里学的东西和在学校学的不一样。虽然现在忙着谋生，但自己也注重学习，经常会看书、练字。他觉得现在孩子的学习热情没有自己小时候高。①

2. 知识分子的地位

知识分子是一种知识权威的象征。一个重视教育的地区，必定是一个重视知识分子的地区。石羊镇的知识分子对自身社会地位的认识，体现在别人对自己的尊重、地区的话语权方面。

黄XY，66岁，石羊杨家箐小学的退休教师。他认为在石羊知识分子的地位还是比较高的。自己退休后，州教育局要在石羊选送到外乡镇、县里教书的教师时，会咨询他的意见。杨JP、张J就是他推荐去当校长的。石羊的教育抓得比较紧的，水平也比较高，出现了很多优秀的老师，比如大姚一中的前校长杨BJ被提拔到县政协工作，江ZM被提拔到实验中学当校长，苏QK被提拔到实验中学当副校长，刘HP被提拔到金碧小学当校长。他认为自己被当地官员、学生、邻居尊重。去年他被诊断出肺癌，要做手术。杨家箐的村干部、农民拿着鸡等补品来看他。从退休开始，自己每年都参加学校组织的退休教师的活动，大姚二中一般会在教师节的时候组织退休教师聚会，在儿童节的时候，石羊完小也组织退休教师聚会，一起吃饭，开座谈会。座谈会的内容主要是咨询退休教师对教学的意见、宣传党中央的新的教育政策，还会提到退休工资的情况。②

郭老师，37岁，大姚二中的生物、体育老师。对于知识分子在石羊的地位，他认为要一分为二地看待：在国家层面，对知识分子比较重视；在日常生活层面，对知识分子的重视不明显。他觉得学生走出学校后，在遇到自己的时候能主动和自己打招呼，就是自己最欣慰的了。他的妻子在孔庙门口经营着超市，生意忙的时候，会有学生来帮忙。在做

① 根据对郭JY的访谈资料整理。时间：2016年8月1日，地点：石羊孔庙门口。

② 根据对黄XY的访谈资料整理。时间：2016年7月22日，地点：黄XY家。

访谈的时候，有一个现在在赣南师范读大一的学生路过超市进来和郭老师打招呼。郭老师留了她的联系方式。①

王 XW，77 岁，退休西医。他认为石羊的知识分子地位还是比较高的，大家也比较尊重自己。各届镇长、书记对自己比较尊重，平常有问题会向自己请教。单位上的职工有问题也会向自己询问，希望自己帮忙想办法。农机厂有个认识的人，在买房子的时候，土地证没盖到章，就请自己帮忙想办法。后面自己也确实帮其解决了这个问题。②

3. 教育资源的可获得性

教育资源不仅仅来自学校，从家庭、社会也会获得一些相应的教育资源。书籍和相关人员的指导是可获取的教育资源的主要途径。石羊镇内可获得的教育资源比较丰富。

(1) 书　籍

书籍是获取教育资源的重要途径。在校学生除了在学校的阅读课上读书外，在课外大多数学生不怎么读课外书，一般自己也很少买书。在石羊，一般年纪较大、有一定文化基础的人群有阅读的习惯，平常也会买书读。

林 EP，64 岁，初中退休老师，2008 年 7 月份到孔庙工作。他父亲参加过扫盲班，有点文化。他说自己从小受父亲的影响，小学三年级就开始看小说，先看《雷锋的故事》等，后面看《西游记》等小说。当时每天晚上用墨水瓶弄成的煤油灯来照明。2010 年他写过一本有关石羊的传说的书，刚开始的时候写得不怎么多，以“龙女牧羊”开始为引子，后来当地文联给自己提了意见，就继续写。这本书 2014 年已经正式出版了。书里的内容遵循大的历史脉络，也参考了一些资料，比如看“封氏节井”碑后，就记录封氏的故事。因为自己不擅长写小说但擅长诗词写作。所以就用诗歌的形式来写。③

杞 ZY，75 岁，孔庙工作人员，初中学历。他小学的时候，成绩比较好，学校会奖励小人书，经常和其他同学换着看，养成了读书的习

① 根据对郭老师的访谈资料整理。时间：2016 年 7 月 22 日，地点：郭家超市门口。
② 根据对王 XW 的访谈资料整理。时间：2016 年 8 月 3 日，地点：石羊孔庙门口。
③ 根据对林 EP 的访谈资料整理。时间：2016 年 7 月 23 日，地点：石羊孔庙内。

惯。现在藏书有50多本，自己会买或者跟别人借着看，以前会跟公社或是中学的老师借。借书给别人的时候希望别人能好好爱护书。一般一两个月会读一本书，遇到不懂的字会查字典或者向别人请教。自己最喜欢的书是《青春之歌》，讲的是林道静从出生到参加革命的一生。访谈时，他正在看《初刻拍案惊奇》。①

王XW，77岁。他说从小就爱读书，初一自己的成绩在中下等，就是因为花了太多的时间看四大名著。对医学、政治、历史、经济方面的书比较感兴趣。他读过几遍《盐丰县志》。通过读这本书他了解了石羊当地的历史、文化。他也对侦探小说比较感兴趣，看过全套的《福尔摩斯探案集》。他觉得看侦探小说可以提高人的思维能力。自己会买书也会跟别人借书看。②

（2）家人的教导

家人是除学校外获取教育资源的另一重要途径。在学习的过程中，人们或多或少会受到家人的教导。家人的教导会在潜移默化中发生作用。

范DH，15岁，大姚二中初二学生。他的成绩在班里排在二十多名，数学比较好。他爸爸初中毕业，所以有时候会给他辅导功课。一年前放假的时候，他爸还教他练了几个星期的书法，但是后面因为自己不喜欢，所以没有再练下去。因为英语不好，周末回家的时候姐姐会给自己听写单词。③

王XW，77岁，退休西医。他觉得自己家里文化氛围比较好，他母亲甘SF是公立女子国民中学毕业。母亲经常对自己说“万般皆下品，唯有读书高”。父亲王济昌是黄埔军校毕业，也经常教育自己好好读书。三舅甘F是黄埔军校教官，对自己影响比较大。④

（3）其他人对自己的指导

在学习某项技艺时，人们也会接触到与这项技艺相关的一些人。这些人在学

① 根据对杞ZY的访谈资料整理。时间：2016年7月30日，地点：石羊孔庙门口。
② 根据对王XW的访谈资料整理。时间：2016年8月1日，地点：石羊孔庙门口。
③ 根据对范DH的访谈资料整理。时间：2016年7月24日，地点：范DH家。
④ 根据对王XW的访谈资料整理。时间：2016年8月3日，地点：石羊镇孔庙门口。

习过程中会对自己有一定的指导，对学习相关技艺起到积极作用。

布JN，诗书画协会会员。他认为在诗书画协会，对自己影响比较大的老师主要有两位，一位是李光明老师，大学毕业，原镇雄一中校长，有比较深厚的文学功底，注重对古代文明的研究，对汉字的研究也比较深入；另一位是罗如衡老师，以前在镇干办公室工作，是诗书画协会创始人之一，为人比较正直。①

范GP，45岁，1992年加入诗书画协会。协会本着以文会友的宗旨，大家在会里相互交流，在交流之中，各自的书画水平也慢慢地有所提高。他在协会里比较喜欢罗如衡老先生的字，认为他的书法潇洒飘逸，自己在行书、草书上有受罗老先生的影响。也比较喜欢张宪民老先生的楷书作品，张老师是楚雄十大书法家之一，作品大气磅礴。②

四、小　结

从明朝到民国时期，在盐业的带动下，石羊镇的教育水平是极高的。明清时期，在历代白盐井提举的引导和当地士绅阶层的重视下。白盐井形成了重学的文化氛围。在此氛围下，白盐井有充足的人才和学校资源，促进了当地教育的不断发展。民国时期，明清重学的文化氛围在当地沿袭，士绅阶层重视教育的发展，在盐丰县办新式学校。在新式教育的体系下，大量新时代的人才涌现。这些人对盐丰县乃至云南省的发展做出了杰出的贡献。

20世纪40年代末到现在，石羊镇的教育发展情况与国内大多数地方基本一致。教育水平的发展与国家政策、经济发展息息相关。在学校教育方面石羊镇没有多少的亮点，但在石羊重视教育发展的文化氛围传统的影响下，石羊镇整体的社会文化氛围浓郁，有重视教育的社会风气。

作者简介：

杨雪，云南大学民族学专业2014级本科生。

① 根据对布JN的访谈资料整理。时间：2016年7月20日，地点：布JN工作室。
② 根据对范GP的访谈资料整理。时间：2016年7月31日，地点：石羊镇文化站。

“田野”这件事儿

一个本不应该称之为家的地方

苏香月

（指导教师：朱映占）

2016 年 2 月某天，在院子里送别到田野点[①]探望我们并为我们提供物资支援的梁老师。

出来送梁老师的时候，梅老师忽然问我们想不想去难民营看看。

我忽然就感觉自己充满了激情，快速冲进房间把相机、充电宝、钱包、护照、学生证扔进书包里就冲到外面等着，田野点的姐姐说汽车坐不下，让我们三个少去一个人，我们三个都默默地不说话，因为大家都想去。她又问了一遍。最后梅老师说没事吧，一起去，他们都没去过呢。

梁老师开着驾驶室的门准备坐进去，说："不查到没事，查到就麻烦了，不过今天周末应该没事的。那我们不走高速了。"在他说话的间隙，我已经毫不犹豫地钻上了车，一点都不像是要去难民营，激动得像是要去赶集一样。等大家都上了车，我们便驱车前往那个目前我还没有搞清楚在哪里的难民营。

顺着走过很多次，每一次走都很期待的去赶户拉街的路一路过去。

梅老师问："是不是走高速公路会快半个小时？"梁老师回答："是，但要是在高速路上被拦到我们就真的跑都跑不掉了。"

车窗玻璃是黑色的，且坐得过于拥挤，我没有看到路牌，只是感觉朝一个方向一路开去。一路上都是比较典型的德宏地区常见的路边风貌，还看到一个蓝色的大瑞铁路的指示牌，也不知道什么时候这条铁路能够通行。

下了几个坡之后能看到路的右边有几个南传上座部佛教形制的笋塔，比较小巧，可能比人高不多一点，看不出来是做什么用的，大概有六个，转过去一看，

---

① 田野点位于云南省德宏州芒市西山乡 Y 村。

有一块石板上面写着“德宏山泉”……原来是这样啊，还挺可爱呢。

下完坡，我们来到一个比较有人烟的地方，附近有一些老树，有裴房，有绘制着大象的描金的傣族风格的村门，我们来到了芒棒。对，不是洗贡澡的那个芒棒，是畹町的芒棒。路边的路牌上开始出现像拐棍糖一样弯弯扭扭的长傣文。两边的店铺也出现一些诸如“傣族风味园”之类的招牌。再朝里开，路过一个边检站，还以为会被拦车检察，但我们居然顺利开过去了。路两边的店铺招牌开始发生变化，由傣味园变成了“阿嫂景颇菜”之类的，看起来房子修得还不错，都是砖房，好一点的盖起了色彩鲜艳的两层或三层小楼，其中边检站旁边的那幢彩色小别墅尤为夺目。不过一路都不怎么见得到人。

车子缓缓驶过左边的一个小广场，原来这么一个小村子还有一个乡镇小学那么大的小广场，广场上安装着一些全民健身设施，广场的中央还有一个小型目瑙示栋。这些让小广场有了一种世界之窗的色彩。

离开广场再朝前开，就开阔起来，左边是荒坡或者田地，右边是一大片田地。车开到一个拐弯的地方，梁老师便停下车来叫我们走上去，因为再朝前开就会被边防安装的摄像头发现，会有麻烦。

终于可以下车脱衣服了，穿得太多，我又比较胖，在车上施展不开，尝试脱了几次都没脱下来。现在，我知道了小红刚同学为什么一上车第一个动作就是把衣服给脱了，我热得都快晕车了。

我们下车的地方是一条公路的路边，隔着旁边一条浅浅的沟，可以看到对面有一家棚户。梁老师说，这就是难民营，上下二十多公里都有分布。梅老师问：“这里是缅甸吗?”梁老师回答：“过了水沟就是缅甸，以公路为界，你没看到我们刚刚停车的地方有一个界桩吗?”

走了两三分钟，我们看到在路的右边，即所谓的缅甸那边，有一家的房屋虽然简易但已经围起了大院子。我心想应该不是难民了吧。

在一个放干了水的鱼塘边挂着一个蓝色的告示牌，上面用汉语和缅语写着“很危险、禁止靠近”之类的话。看到了缅语，我们的缅甸之行也就正式开始了。原本以为我们只能隔着水沟遥望一下邻国的土地，感慨一下时事，心痛一下身世飘零的难民就打道回府，毕竟国法森严，国界不可侵犯。

结果在梁老师和孔老师的带领下我还没有想好要偷渡还是要办证就已经和他们一起跳过了水沟，走在了田埂上。我怀疑六个人在毫无遮挡的坝子里可能突兀得像一支部队；但如果不是能够想象得到边防在监视器里看到我们出境的画面，我想大概可以哼唱一首“走在乡间的小路上，牧童的短笛是我的同伴……”顺便像小时候上山一样顺手摘点野花。

目之所及的田园风光过于美妙，毫无难民营在想象中该有的那种凄楚的气氛。这个时候还是不敢相信自己已置身缅甸，拿出手机定位一看，显示在中国某某国道南，但没有显示缅甸。

走了大概一两百米，我们就安全进入了远远看过去在阳光下蓝得刺眼的棚户。先是有人和我们握手，给我们搬了凳子坐在一个最为高大宽敞的棚子下面。塑料棚子竟然意外的凉爽，凳子是有靠背的塑料椅子，有粉色和蓝色，温馨干净。一个像舞台一样的地方，放着两个支架话筒，还有深蓝色喷绘的幕布，上面有景颇文和缅文，左边画着红色灯笼，右边是一只小鹿，还挂着一个挂钟，梅老师说那是缅甸时间。舞台的前面还放着两个主席台，都装饰着天蓝色的台布和白色的镂空桌布，甚至还有新鲜百合和玫瑰做的精美的花饰。一个穿黑色T恤的壮年男子介绍自己是这里的负责人——村长，他和我们握手；有一个阿姨递给我们一瓶矿泉水用汉语的“你好”和我们打了招呼。村长邀请大家一起坐下聊天，梁老师他们开始用景颇语交谈。我学艺不精听也听不懂，只在他们用汉语的间隙听出他们可能是11月20号左右来的，大概有三百多户，两千多人，不只是一个寨子的人，民族的话傈僳族、汉族都有。

我在难民营里看到了可能是庆祝新年时留下的盛装的会场，一时激动没有按捺住掏出相机开始拍照。这时有几个孩子跳着过来看我们。天生喜欢孩子我便追着去拍，用方言问他们会不会说汉语，叫他们过来。几个孩子虽不怕我，却也不过来，互相商量着想摆姿势又有点害羞躲闪。推来推去还是看着我傻笑，最后他们全部都快速散去，似乎是回了各自的家里。

没了拍摄对象我只好鼓起勇气朝房屋里看一看，好像有个老人坐在阴影里嚼槟榔，我尝试借用竹制的门搭个画框拍摄，但拍了几次都没拍清楚。忽然，孔老师出现在了镜头里，和我们说“来，来……”然后带着我们绕到了会场的背面去看看，跟我们说不怕，这些你们都可以拍，想拍的、你们需要的都可以拍，然后他就钻进了一户人家，留下我和学弟一脸茫然，恰好小红刚来了，三个人就站在两排房子的中间空地朝四处张望，顺便拍照。

到哪都不能放弃信仰（高松 摄）

两排长长的竹竿上晒着许多衣服，排成行的衣服前面搭着一个接收卫星电视的“小锅盖”。朝小红刚的镜头方向看去，可以看到一个裹着笼基的女人正在洗澡，我便叫小红刚别拍了，小心待会我们连同我们最宝贵的财产——索尼相机一起被扔出去。

朝着孔老师“消失”的方向走去，有一个灰色衣服的大哥和小红刚打招呼之后问这个照片是要发到哪里。我们都以为他是要照片，小红刚就问他有没有微信，我还纠正小红刚刚缅甸好像是用 facebook（脸书）之类。大哥开始支支吾吾，好像他想表达的意思是想问我们为何拍照吧，但是汉语不好，表达不清楚，我们自然也就理解错了。这件事情便不了了之。

小红刚同学搭讪了一个大妈，大妈一边说着汉话不好一边邀请我们在门口的塑料凳上坐下。小红刚问大妈：“是不是大山？”大妈说：“不是，是载瓦。”再聊一些深入的话题双方沟通便不通畅了。大妈问我们从哪里来，小红刚回答：“我们是云南大学的学生。”大妈似乎听懂了，和旁边坐着玩手机的一个挑染短发微胖女生和一个年轻的姐姐在讨论着，玩手机的女生抬头看了我们一眼，原以为年轻人汉语应该挺好，结果她又低下头不说话，也不理我们了。

气氛陷入尴尬中，恰巧过道对面刚刚问我们拍照干嘛的那个大哥发动了一辆原本有好多个小孩在上面玩的红色三轮摩托车，车上像柿子一样结满了小孩，孩子们开心地笑着坐在车斗里扬尘而去，风里还飘荡着他们的笑声。

我问那个大妈：“他们要去干什么，看起来太开心了。”大妈说：“他们去洗澡。”我又问：“去哪里洗，澡堂还是河里？”大妈说：“不是不是……”她看着两个年轻人，年轻人也不知该怎么说，大妈用手在脚前面比了一下，我问她是不是沟里，她说嗯嗯。我猜她其实没懂我说的。我又问大妈她家在缅甸哪里，她朝着身后有一座漂亮的乡村楼房的地方一指，我说：“那很远是吧。”她也只是笑着回应，嗯。不再说其他的。

大妈忽然进了屋里，我和小红刚商量着喝完杯里的白开水就折回去，大妈忽然回来用很标准的汉语叫我们进去身后的棚子里，她说着：“进来坐吧，我家啊，这点是，进来坐……”进去之后，我们在床旁边坐下，看到整洁的床铺的另一头坐着一位包着头巾穿着笼基的老奶奶在看着我们微笑。她手里还捧着一本精致的景颇文圣经。

大妈出去了，进来接力的是一个穿着白色汗衫的大爷。他给我们倒了浓得比瑞丽江还好喝的芒果汁，并和我们闲聊。他用一种不太像中年大叔该有的坐姿坐在我们的对面，英俊帅气的样子。他旁边放着一瓶开了瓶盖、用不锈钢口缸罩起来的芬达，他的汉语说得也不是很好。大家简单聊了一下从哪里来，之前有没有来过等。

然后，又来了一个穿着白色 T 恤胸前印着看不清内容的彩色图片的大爷。他坐下就像之前的每一个人一样问我们从哪里来，我回答：“遮放，芒市那边。”他微笑着说来这里马上两个月了，偏过头问了一下汗衫大爷一声“是吧”，又看着我们自问自答一样说：“对，明天就两个月。”他脸上表情淡然，不像是在述说着沉痛的现实。

他开始讲起一些难民营的情况：来了三百多户两千多人，从澡堂河到傣族寨子都有，沿岸二十多公里。

“当时我们是打战的第二天搬出来的，第一天枪响的时候来不及了。搬来的时候走得匆忙只带了一些自己家打的米之类的生活必需品。没有棚子，这些塑料布和竹子都是人家给的。”

我问：“那有说什么时候让你们回去吗？”

“不让啊，老缅兵守在那里不准我们回去。”

“你是全家都来了吗？”

“恩，都来了。”汗衫大叔插话：“喏，都来了，你看那是我老母亲。”

“孩子呢？在上学的孩子呢？”

“也来了，在傣族寨子里上学，温泉那边。”

“想回去吗?”

“想，每天都想。”

短暂地沉默之后他接着说：“现在天干我们还好在，雨季之后我们就不好在了。”

一位戴着眼镜穿着衬衣的大叔抱着圣经进入我们所在的人家，并和我们打招呼说他是这里的牧师。大家坐下聊天，我们又自我介绍了一次。大爷对我们的到访表达了感谢，他以为我们和之前芒市来的探望者是一路人，我们只好再解释一次，不是，我们是云南大学的学生。

闲聊中，梅老师恰巧找来，要寻我们回去。老师坐下后和他们开始用景颇语互相交流，谈笑风生。平时不学无术没学好民族语的我只好进入“景颇语空耳听力十级模式”。他们的聊天我并不能听懂，只勉强猜到牧师大叔退休前似乎是一个极为厉害的人物，他在梅老师表达赞叹时谦虚却又自信地回应：“我现在只为天主服务。”

奶奶家的厨房（苏香月　摄）

我约着小红刚一起四处拍照，半开放的厨房里露出大片澄澈的蓝天，阳光斜射到奶奶的红头巾上，熠熠生辉。我们抬着相机对着奶奶一顿狂拍，奶奶羞涩地捂住脸连用方言说：“难看，别拍别拍，难看，老了。”我们一边拍照一边宽慰她“好看呢！好看着呢！”当看到我们拍的照片时，奶奶抿着嘴笑了起来，面容灿烂一如少女。

梅老师仍在和老人们谈天说地。孔老师来提醒时间差不多了。梅老师很会说话，暖得老人们都开心地笑着。我们再次回到了教堂帐篷。

教堂帐篷下的空地比刚到的时候多了一些人，梁老师似乎正在和村长商议正事，挑染短发的姐姐也一脸严肃。她刚刚那么“高冷”可能是因为她和我们一样也是还在上学的大学生，大家同龄有点不好意思吧！

妇女们用盘子装了点 tippo 面包干、缅甸萨其马和缅袋绿袋子皇家奶茶招待我们。嗜甜如命又爱零食的我没能忍住一气吃了四个 tippo 面包干，喝了两杯奶茶，我害羞地攥住空袋子不好意思松开，悔恨着自己的贪吃。开着“脑洞”担心我多吃一块，他们会不会就少了。虽然我一个人不至于吃垮整个难民营，可对他们来说这不是我休闲娱乐来一个的零食，是随时需要的生活物资，在我纠结的时候，其他人已准备好要告别了。梅老师掏空了钱包。我苦于钱包里只带着一百块现金，觉得实在寒酸终究没有拿出来，十分惭愧连绵薄之力都未能尽到。

太阳就要落下，我抬起头透过纱网看着天空，不知缅甸的天空和中国的天空有何分别？天空相连，山水相连，田地相连，我们河清海晏，而他们饱受战乱之苦，背井离乡来到边境求得一线生机。

中国距离曾经动荡的历史也不过数十年，我未曾忘却但从未亲身感受，年幼时对于真实战争的认识多来源于新闻联播最后那三四分钟的世界新闻，一直以为水生火热的生活在世界的另一头，事实上，战争并不遥远。

太阳换了个方向照射，没有建筑物遮挡的难民营终于收获一片阴凉。我们驱车离开，车子在田间留下长长的拖影，意料之外的没被边检拦下。来时心急如焚，归去心沉似铅……路过了某战役纪念遗址之后我不知想着什么，听着老师们的聊天声，落下了眼皮。醒来时已是坐在户拉街的傣味馆里。一桌仅需百元的美食，我喝了一碗热烈浓郁的牛扒乎汤，和着一根蘸满了酸茄的鲜嫩清爽的秋葵。这顿饭我尽力吃光每一道菜，确证我是从难民营回来的。

离开难民营之后的日子里，我不断想起大妈大爷邀请我们做客时不断重复出现的词语，那是他们掌握的为数不多的汉语单词——“我家，我家，这里是我家……”难民营已然被称为家，但难民营是家吗？我想坚决拒绝肯定的答案，但我也不能说它不是，可它与我们所认同的家园的定义一定是大相径庭的。这并不是一处应该被称为“家”的地方，但他们在这里生存、生活，求得一隅安宁。

难民营的人们（苏香月 摄）

我终于忍不住问了梅老师，我觉得他们看起来似乎比较……至少没有那种有家不可归的苍凉？梅老师说："是啊，你看人家流离失所，也担心明天但还能安稳地过着今天，不去多想。这种战争中的平和，还有微笑，人生又有什么大不了，你说是吧！"梁老师接着说："下次带你们到盈江去，那里就比这边要更像难民营了。""像"这个词，不禁让我想象并不遥远的另一个县还有边民们也正在承受着苦难。

愿世界和平，百姓无患。

遥望故土（高松 摄）

作者简介：

苏香月，云南大学民族学专业2014级本科生。

老去的国道 213 线

杨　元

2016 年 7 月，笔者有幸去磨黑镇做田野调查。

磨黑镇位于云南省普洱市宁洱县东北，当地自汉代起就有盐矿开采活动，也是茶马古道上的重要驿站。现有国道 213 线、昆曼国际大通道等交通要道穿过，地理交通条件十分优越。因此，笔者以“道路变迁对人们生产生活的影响”为主题对国道 213 线展开田野调查。

位于磨黑镇路口的标语建筑

在田野调查的前几天，笔者都在磨黑镇的老街上“闲逛”，因为这条街是茶马古道的一段。老街上的老人告诉了笔者很多关于磨黑镇的老故事，其中就有关于马帮和马帮小道的。他们说四堂庙还有保存较好的马帮小道。于是，笔者打算去四堂庙看看。

在磨黑镇集贸市场门口，我们一行 5 人搭了一辆电动三轮车去四堂庙。被当地人称为“电毛驴”的电动三轮车，是磨黑镇常见的交通工具。

连接磨黑镇和四堂庙的是国道 213 线，而新建的磨思高速公路（昆曼国际大通道的一段）就是沿着这条国道线修的。在“电毛驴”发动机震耳的响声里，隐约能够听到磨思高速路上车辆呼啸而过的声音。

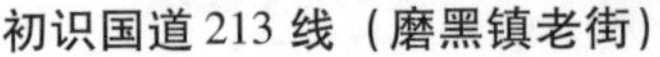

初识国道 213 线（磨黑镇老街）

四堂庙村口的休闲广场

早上下着蒙蒙细雨，飞驰的电动三轮车加上不断飘进车厢的雨滴，让这次出行别有一番凉意。“电毛驴”小心地绕开路面上坑洼的地方，带着我们一路摇摆到了四堂庙。

沿着休闲广场旁边的小径，穿过木桥，沿坡而上，一座风雨亭跃然眼前。这是以前赶马人休息避雨的地方。走过风雨亭，就是马帮小道了。大大小小的石头铺成的小道，和风雨亭一样都是 2013 年重修的。和老街的马帮小道不同，这里更安静。虽然这条路是在政府支持下重修的，但小道上新鲜的牛粪、绿绿的青苔，加上路旁的老房子，还是让笔者能够感受到马帮小道的历史气息。马掌踏过青石的清脆响声，仿佛就在耳畔。

四堂庙风雨亭

四堂庙马帮小道

“原汁原味”的马帮小道约 200 米长，尽头是一条 2 米左右宽的水泥路。当地人说，一直沿着这条路走，就可以走到孔雀屏，那里是茶马古道上距离磨黑镇最近的一个休息点。一路虽是上坡，但因为路况很好，也不觉得费力。从这里看过去，对面有山、有村落、有磨思高速。各式汽车在高速路上飞驰，平时那些大大的机械组件，从此看去，都变得像蚂蚁一般微小。

磨思高速公路远景

四堂庙通往平寨的路

沿着四堂庙的水泥路往下走就是平寨。顺坡而下，路旁长得高高的玉米秆让笔者有种走在郊游路上的错觉。但是走到底，笔者就被眼前的景象惊呆了。这……真的是国道吗?

原来的水泥硬化路面被一层泥浆覆盖，不像大家平日见到的道路那般平整，而是坑坑洼洼，十分泥泞。我们走得十分费劲，不仅得让自己的“小白鞋”小心地避开路上的水坑，还要注意避让来往的大车小车。

雨后的国道 213 线平寨段

路面大泥坑

路中间的一个大坑颇为显眼。坑里的轮胎印还很清晰，不知道这里“坑”了多少车。在笔者给大坑拍照时，后面缓缓驶来两辆重型卡车。前面车的司机使尽浑身解数避让路上的大坑，而估计后面那辆重型卡车司机实在是受不了前车的龟速，等到路况稍微好一点，他就一踩油门，飞驰而去，留下我们一行人目瞪口呆。

行驶得很艰难的重型卡车

213 线路牌

据当地人回忆，国道 213 线磨黑段于 1953 年开始修建，至 1956 年竣工。当时修的是土路。1971—1972 年，实现了道路硬化。当时经过这条路的车不多，一天也就十几辆车，大部分都是解放牌大卡车，为磨黑盐矿运煤。1972 年后，这条路的车流量才开始变大。

访谈村民

现在，有 60 多年历史的 213 国道，除了作为磨黑镇与外部的主要交通要道外，还承担了为磨思高速公路和玉磨铁路的修建运送建材的任务。

在路边遇到的村民开玩笑地说，这是磨黑镇最“好”的路。

平寨村民都在向笔者抱怨到这条路的糟糕。他们说，修磨思高速公路的时候，运输建材的车也是从这里经过的，但是那个时候的路况没有现在这样糟。在开始修玉磨铁路之后，为修铁路运输建材的卡车每天不断地从这里经过，压得这条老路越发破碎，状况频出。

下雨让路况变得更糟。不管是开车、骑车，还是走路都很不方便。车在坑洼不平的路面上行驶，很容易把车上运输的东西摇掉下来，伤到过往的行人。

因为摩托车在泥路上行驶更加方便，既容易躲过坑坑洼洼的道路，也可以在大货车翻车、陷落造成的堵车之后，轻松通过。所以附近村民一般都是骑摩托车出行，但骑摩托车也不安全。因为路不好走，有好几个村民骑车时在这条路上摔过。由于路况不好，交通不便，乘坐电动三轮车的车费也从 3 块涨到了 10 块钱。

而天晴时，路面扬尘。路旁的人家几乎都不敢打开窗户。

国道 213 线平寨段路况

由于路况糟糕，车陷进坑里和翻车的事情时常发生。堵车现象几乎每天都会出现，极大地影响了平寨居民的出行。

国道 213 线平寨段路上的坑陷

我们沿着老 213 国道回磨黑镇，在路上遇到一辆电动三轮车陷在泥坑里，无法动弹。在带我们回去的司机的指点下，才勉强从泥坑里退出来。但车倒到一半，这个的“电毛驴”就没电了，横在路中间。我们所乘坐的面包车也没法过。只能绕回去，从磨思高速路绕到上寨，再回到镇上。或许是怕误了饭点，司机油门一踩，跑得很快。在这段老路上，笔者都没能在座位上坐稳过，一直颠簸到黄庄这段，才能安稳地在座位上待着。

村民的抱怨不断由小组向村上，再由村上向镇上这样逐级地向上反映。

在 7 月 20 号，这段老路旁边的两个村小组皮坡、平寨就召开了村民代表大会说这个事。村民都希望政府能够出钱修补这条路，让这条路能真正发挥它便利大家生活的作用，而不再成为大家头疼的事情。

在笔者第三次去平寨的时候，就遇上了镇政府来测量征地的一名工作人员。他告诉笔者，他是为“213 国道改建工程磨黑段”项目过来测量的。该项目预计

2016 年 9 月份开始改建镇政府门口的那段，到今年（2017 年）年底才会改建皮坡、平寨这段。他认为，这条路变成现在这样，磨思高速路的施工方以及玉磨铁路的施工方中铁十局都有不可推卸的责任。他们应该出资对这段路进行维护。

谁来照看老去的 213 国道？

敢问路在何方？

老国道晴天灰尘满天、雨天泥泞不堪，让生活在附近的人的出行和生活都受到极大影响。道路本应该方便人们的出行，但这条“年过花甲”的路却成为沿线村民的安全隐患和生活担忧。

213 国道上人车混行

为什么相近的四堂庙和皮坡、平寨的道路状况会有如此大的差异？

四堂庙能有完备的基础设施很大程度上是因为有“马帮小道”。磨黑镇以“茶马古道第一镇”作为自己的名片之一进行打造，这里的路自然不可马虎。另外这样的村道建设所需的资金远远低于老国道的维护。像国道的改建这样轻轻一动就涉及好几个县的大工程，往往需要报市、省再到国家逐级审批，再由上往下逐级细化。整一个流程下来，需要耗费大量时间。且地方政府财力有限，所以在这类事件上无法发挥主动性。

村民说，这是政府第二次来测量了。但是这一次除了涉及征地的农户和小组长外，大部分村民都不知道这个是属于“213 国道改建工程磨黑段”项目的前期的测量征地。这也反映出了政府与百姓之间仍然存在信息不对等的情况。不少村民也希望来调查的我们能够帮忙向政府反映，希望这条老路能够得到足够的重视。大家都在等待着政府的回复。没人愿意待在晴天灰、雨天泥的环境里，过着提心吊胆的生活。

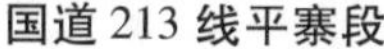

国道 213 线平寨段

四堂庙的进寨路

相关工作人员告诉笔者，213 国道本是由县交通局的地方公路管理队负责管理的，他们拨出经费给路通公司去维护。所以，镇政府没有这方面的财政预算，也就拿不出资金去修缮。当修路的工程队撤走后，这条曾经肩负磨思高速公路和玉磨铁路的筑路材料运输重任的老国道就无人问津了。管理主体不明确，也就没人出面去追究施工方的责任。镇政府财政经费不足，也只能做到保道而不能保养。

镇政府表示他们知道国道 213 线平寨段现在的路况。他们正在和中铁 21 局协商，打算向中铁 21 局收取保证金，以确保在中铁方面的工期结束之后，即使他们不对这条路进行整修，镇政府也有资金修路。

路边的标牌

最近镇政府在做的工作是在为“213 国道改建工程磨黑段”所要占用的土地进行测量。改建工程预计在 2016 年 8 月份开始。

脚下的路，确实能够反映出很多问题。可惜笔者在田野调查结束之前都没能看到这条老路改建工程动工，只能默默祝愿这条老国道的改建工程一切顺利。待有缘再见时，希望老去的国道能够重新焕发生机和活力。

作者简介：

杨元，云南大学民族学专业 2014 级本科生。

火与祝福

——一次白族火把节的经历

刘　莉

2016 年暑假的时候，云南大学民族学与社会学学院组织 2013 级和 2014 级民族学专业的学生分小组去做田野调查，我被分去大理乔后镇。在乔后镇调查期间正好遇到当地过火把节，于是我们小组的同学就一起去参加白族的火把节。

火把节的第一个仪式是“树火把”，也就是把火把栽在地上，立起来。当地人告诉我们，以前他们过火把节时，家里面新添了男孩的就去树火把，新添了女孩的就去挖洞（栽火把的洞），后来就没有分得那么清楚了，现在，只要是家里添了小孩的家庭都会在自己村子的固定地点一起树火把。我和小伙伴在村子里转了一圈，发现大概有五六个地方在树火把。我们在营头村的村口小卖部的桥边，看了一个完整的树火把仪式。营头村的村民砍回一棵近 10 米长的松树。然后把前一年树的火把砍掉，把原来固定火把的木桩挖出来，将栽火把的洞清理干净，那个洞大概有 1 米深。他们会把之前树的火把砍开，劈成柴。有一个村民告诉我们，前一年的火把应该劈了绑在新的火把上烧掉。然后家里生了孩子的家里会抱柴出来一起绑火把。一共要绑 12 台（层），闰年要绑 13 台。我猜这样的安排可能寓意代代相传，新生儿一年接一年地增加，也预示着香火将得到延续，村庄的人口

10 米长的火把

会增长。村民们把洞挖好了，一个云南大学经济学院的师兄告诉我们吃过午饭以后才会开始绑火把。他家去年新添了孩子，只是去年太忙就攒到今年才回乡树火把。听了他的话，我们就打算回去吃个饭再回来接着看。

中午一点，我和赵春荣学长又回到了老地方，发现他们已经在绑火把了，而且已经绑到第四台了。前面最小的两台绑的是“明子”。之后我们就一直在旁边看他们绑火把。

绑火把

在绑最后一台的时候，村民们将之前做好（我们在之前逛街的时候看过升斗的制作）的彩色升斗绑在火把的最上面。彩色升斗有3层，最下面一层写着“五谷丰登”，中间一层写着“风调雨顺”。放这个升斗是用来祈祷整个村子能五谷丰登，风调雨顺。然后村民把用花红果和糖果串成的挂饰挂在彩色升斗上。彩色升斗绑好以后，还要在火把上绑上一圈火把花。火把花的学名是紫薇花，因为在火把节期间盛开，所以当地人称其为火把花。绑上火把花，火把的第十二台也绑好了。生了小孩的人家要把之前做好的彩旗插到火把上面，彩旗上面还插着花红果、面团、馒头等供品。听说烧火把时，这些供品会掉下来，捡到供品吃了的人会身体健康、平平安安。等到旗子全部都插好了，就到了树火把的时候。

在树火把之前要放鞭炮，表示要开始树火把了。村民们用4根绳子绑住火把，之后顺着4个方向拉绳子，大家齐心协力将火把立起来。整个场面人声鼎沸，热火朝天。很多人都集中到这个地方观看树火把的过程。大家都拿起自己的手机拍照，纪念树火把。火把节那天是我在村子里转了那么多天中见到的人最多的一天。

彩色升斗

插彩旗

供品

烧香

火把立起来后，还要用木桩将它的底部固定好，防止它倒下伤到人。这个火把立起来以后，生了孩子的人家要将之前准备的供品全部抬到火把下面，贡品包括一只猪头、一只整鸡、馒头、水果等等。摆好供品后，生了小孩的人家要烧香，跪拜火把树，祈祷一是保佑孩子健康平安，二是保佑村子风调雨顺、五谷丰登。村民还告诉我，树火把的只能是家里添了孩子的人家，而且这个孩子要满了100 天才能够树火把。整个仪式结束后，大家就回家吃晚饭了。今天帮忙树火把的亲戚朋友被生了孩子的人家请到家里吃晚饭。

我和赵春荣学长在前一天参加庙会的时候，被段奶奶邀请和他们家一起吃晚饭，他们家亲戚家里也新添了一个孩子。于是我们就跟着段奶奶到她亲戚家里吃晚饭。晚餐很丰盛，他们家的人都很热情地让我们夹菜，叫我们不要拘谨，不要客气，随便夹菜吃。吃过晚饭，段奶奶告诉我们，前年她的丈夫去世了，按照乔后的风俗，家里亲人去世的三年内都要到坟前树一棵小火把，寓意去世的亲人也要一起过节。我们就跟着段奶奶一家去看他们怎么在火把节祭祀亲人。段奶奶把晚饭的菜每样准备了一份，加上一把香、点火把用的明子和其他一些祭祀用品，由她的孙子扛着小火把，我们一行 9 个人就一起去了爷爷的坟地。步行大概 10 分钟以后，我们就到达了坟地。段奶奶将之前准备的“爷爷的晚饭”摆在爷爷的墓碑前。另外还有两份供品，一份供给山神，一份供给火把。还要在太爷爷的墓前摆放一杯茶和一杯酒。段奶奶的儿子将火把树好并放了鞭炮，他们一家人就在爷爷的墓前磕头。之后就将火把点燃。在点火把的过程中，叔叔点了一把小火把，让两个小孩子在太爷爷和爷爷的墓前“撒火把”（撒火把就是把松香面朝火把撒去。松香面能使火把燃的火突然变大）。在乔后，小孩子向长者撒火把，意思是小孩子祝福长者健康长寿，火势越大代表祝福越多。这两个孩子还对爷爷和太爷爷（的墓碑）说节日快乐。

坟前树火把

坟前撒火把

等到火把燃到第四台的时候，段奶奶告诉我们可以回家了。最后叔叔走的时候又放了鞭炮。我们回到村子里，和段奶奶一家道谢、告别。之后，我和赵春荣学长就去罗漶广场找鲁静学姐和杨露露。因为他们说那里的火把已经在烧了。一路走过去，我们给所有大火把拍了照片。这时候，云渐渐散开了，天气放晴，看来晚上可以好好撒火把玩了。我们到达罗漶广场的时候，那棵火把确实已经在燃烧了，但是人并不多。之后就有鼓乐队、合唱团和舞蹈队的爷爷奶奶、大叔大妈们敲锣打鼓地来到了广场，人群逐渐地聚集过来，大家兴高采烈地观看表演。过了一个小时，天色渐渐黑了下来，罗漶广场烧起了一堆篝火，舞蹈队的阿姨们围着篝火跳起舞来，我们也加入跳了一会儿。

后来有村里的成年人带着小朋友来广场撒火把。老人们被撒了火把都很开心。我们几个外来的也被询问是否想被撒一下。刚开始，我们都不敢尝试，觉得火烧起来好可怕。吴鑫璐学姐壮着胆尝试了一下。虽然她忍不住大声尖叫，但是她也说这是很“爽”的体验，于是我们也都大胆地试了一下。我们爱上了这种感觉。我们 4 个人决定组成“玩火小分队”，去和别人一起撒火把玩。在买火把和松香面的过程中，我们被很多人撒火把，一大把火突然烧过来，我们都被吓得哇哇大叫。我猜想是不是我们的叫声把人们都吸引过来朝我们撒火把。因为他们年年过火把节，从小就在撒火把，对突然增大的火势没有感觉，也就不会被吓得大叫。后来我们实在撒不过他们，就举手投降了，并把我们的火把和松香面都送给了他们。整个玩火的过程惊心动魄，我们被撒了很多次，火也烧得很大，但是玩得很开心，也收到了很多祝福。

树好的大火把

火把节结束了，我们虽然很累但是也很快乐。同时，我也感受到了白族火把节与彝族火把节的不同。我以前过的火把节只有狂欢，并没有白族那么强烈的仪式感和行为背后深刻的文化含义。他们树火把是祈祷孩子健康，也含有祈求村庄人丁兴旺，来年五谷丰登、风调雨顺的含义。在墓地前给逝者树火把则有追思逝者，与逝者同乐的意思。撒火把也代表着一种祝福和对老人健康长寿的祈祷。总之，这是一次很棒的白族火把节经历。

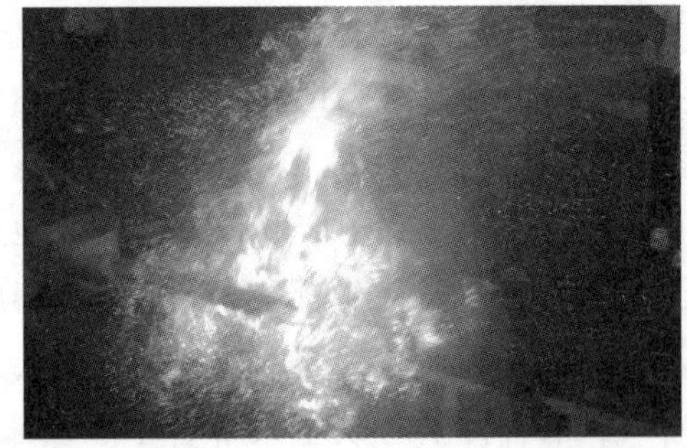
撒火把

作者简介：

刘莉，云南大学民族学专业 2014 级本科生。

从麻将馆“突围”

吴若雨

暑期实习，大家带着各自的选题，来到了这个空气中带着宁静悠闲味道的小镇——豆沙镇①，我要做的主题是“豆沙人群休闲行为与日常生活研究”。豆沙这个古老的小镇，表面上是浪漫与宁静的，但经过长时间的观察与体验，我发现这里宁静的背后有着一股暗流在涌动，这股暗流来自麻将桌。作为一种休闲娱乐方式，麻将已成为当地人日常生活和社会交往中的一部分。于是，我不得不循着麻将走，记录、分析与麻将纠缠不清的豆沙人及他们的休闲与生活。

作为一名大二学生，初次做田野调查，我自信笔记本是记录当地人点点滴滴的最好方式，也是保留记录资料最安全的方式。所以从开始做田野，我就背着书包，手里拿着笔记本，四处问有关麻将的所有事情，然后规矩地记录下来。当地人对我的记录方式很不适应——我记下他们所说的每句话，他们不能理解，甚至充满敌意。多次碰壁后我开始反思：这种做田野的方法或许是有些不恰当吧。于是，我试着直接去麻将馆观察这些“麻将人”。但是，每每到麻将馆门口我都会被里面光着膀子打牌的大哥、叔叔们吓到，有些害怕，只好放弃了去麻将馆找报道人的想法，只能心事重重地在闲散的街道上守株待兔。

连续几天在街上访谈，但获得的有关“休闲”的信息越来越少，答案也都差不多相同，处在访谈瓶颈的我开始考虑要如何突破。人类学田野调查要的是参与观察，我发现单纯的访谈得到的信息不够全面。思虑再三，我决定还是去麻将馆里看看、聊聊。我第一次去二街上的麻将馆，在表明我是来实习的大学生想来了解一些情况后，老板不耐烦地让我去问别人，我只能尴尬地离开了。这次的拒

① 云南省盐津县城西南的豆沙古镇，古称豆沙关。

绝并没有让我灰心，反而激起了我的好胜心。然而，在第二家麻将馆，我还没来得及表明来意就被赶出门外；我又去了第三家、第四家，到了第五家终于没有被拒绝，但是聊着聊着我发现，这家麻将馆是不营业的，并且和我聊天的是一位政府工作人员，很显然我访错了地方。

之后，我再一次鼓起勇气，怀着可能被拒绝的忐忑，走进了一家从外面看有些脏乱但是场地比较大的麻将馆。吸取前几次被拒绝的经验教训，我没有背我的大背包和笔记本，进去后也没有亮明大学生的身份，我自然地走到正在打牌的大哥背后，站在牌桌旁静静地观察。我觉得我和麻将馆格格不入，站在那里特别显眼。看了一会儿，麻将馆的老板过来问我是做什么的，大家的目光也迅速集中到我身上，看来大家都很好奇我这个外地人来干什么。为了不被怀疑，我回答说："我来看看怎么打牌，想学下打牌。"这次，老板并没有让我出去。

我静静地观察麻将馆里大家的动作与神情，努力降低我的存在感。我站着看了一会儿，麻将馆的老板见我站着，就让我过去坐着看。我坐了过去，开始和老板搭话，说自己不怎么会打牌，想过来看看大家怎么打牌，学习一下。然后问起了老板对麻将的看法和对麻将历史的了解。聊到最后，我表明了自己的学生身份，并且说明自己是来研究麻将文化的，很想从老板的个人经历来知道麻将在豆沙的发展历程。听了我的解释，这位老板没有像其他几家老板一样拒绝我，而是给我讲了一些麻将的打法和麻将的历史，并且问我能否看懂。我很庆幸过年的时候和家人学过打麻将，虽然打得不好，但还是明白一些。为了进一步得到信任，我把看不明白的地方说了出来，这时候一个阿姨也搭进话来，聊天氛围一下子起来了。我和麻将馆的老板已经达成"友好协议"，表示这两天我都想过来看看，学习一下怎么玩牌，老板很热情地同意了，并且指了几个大哥告诉我不会的可以向他们学学，他们打牌打得很好。我感激地应下了。

第二天，我又跑去麻将馆继续"刷熟脸"。我到的时候只有一桌人在打麻将。我和老板打了招呼，然后站在打牌人的背后观察他们的动作与神情。老板忙完后坐在另一个麻将桌旁，问我学会了没有。我表示自己太笨了，有的地方看不懂，于是老板开始和我讲当地麻将的打法。这个时候，麻将馆里开始来人了。他们有的坐在一边看别人打麻将，有的玩手机。我清楚，只要他们开始打牌，就很烦别人在背后问问题，所以一定要在他们休息的时候搭上话。正当我考虑找哪个人搭话时，来了一位穿深粉色半袖短裤套装的女士，看我坐在空麻将桌旁，便过来和我聊天，期间还加了我的微信。我感觉到自己和“麻将人”的距离在一点点拉近。

下午我继续去麻将馆，照例先看别人打牌，在看牌的同时四处打量着寻找能和自己聊天的人。当我在观察别人的时候，别人也在观察我，于是我大大方方地坐在板凳上，玩着大家玩的游戏，聊着大家聊的话题。我注意到那天和我聊得开的阿姨坐在旁边，于是我走了过去，打了招呼。她显然是记得我这个看牌的小姑娘。我说她的牌打得好，想和她学习怎么打牌，问了问她打牌的牌龄，慢慢地我了解了她的家庭情况以及关于麻将的很多信息。

接下来的一天我没有去麻将馆，后一天再去的时候，我一进麻将馆，老板和老板娘对我表示很欢迎。老板娘问我：“你昨天怎么没来啊，我们等你一天呐!”我听了之后很惊讶，原本以为只有这短短两天的接触，对于他们来说，我仅仅只是一个融入不进去的旁人，但是今天看大家的反应，我的存在竟然意想不到地被接受了。

当我坐在靠门口的麻将桌旁和老板闲聊时，一位叔叔走了过来，问我学没学会，我说自己就会看，但是不太会玩。叔叔很热情地打开了麻将桌，说不打钱的，就咱们俩玩，我教你怎么玩。我被突如其来的热情搞得有些不知所措，茫然地看向坐在一旁的老板。老板看见我“求助”的目光，言行上有一些阻止的意思，告诉他我是来了解麻将历史的，但是我最后还是上了桌。一开始叔叔教我怎么看色子，然后让我摸牌往外出，我只在家里打过几次麻将，并不知道怎么和牌，这时候老板在后面提醒我怎么出牌，出哪张牌。结果，没出几张我成功地点了炮，叔叔和牌了。之后，我竟然被允许“上桌”了。于是我和这位叔叔一起坐下，开始看大家打牌，叔叔很是照顾我，码完牌把牌推到我这一侧，让我看牌，和了牌还告诉我怎么算钱，麻将桌上的四个人对我在这学打牌都没有什么意见，其中一位眼熟的阿姨还对我笑了笑。从一开始的漠然，到现在的和善，我借着“学打牌”成功和麻将馆的熟客混了脸熟，并且被接受，被当作一个“后辈”，被教怎么打牌。这瞬间我觉得自己已经成为麻将馆的“一分子”，与刚进麻将馆时浑然不同了。

经过近距离的观察和亲身体验，我与麻将馆里的人建立了一种互信关系。他们不排斥我问东问西，反而很有耐心地解答我的一些问题。在麻将馆蹲点的这几天，我经历了从排斥麻将馆到主动走进麻将馆，从被排斥到被接受的历程。

我想我被接受的原因是我以一个“学牌者”的身份进入，而不是以一个拿着小本子的访谈者的身份进入，或许只有放下笔记本，才是我们田野的真正开始。并且我也清楚地认识到自己思想的误区，不应该先入为主地认为自己做不到一些事情，因为自己心里有抵触而不去做，从而失去了认识事情真实的样子的机会。自己没有亲身实践过，仅仅靠其他途径去认识一件事，会产生有误差的认识。

作者简介：
吴若雨，云南大学民族学专业 2014 级本科生。

大东行记

杨丹青

2017 年 8 月 5 日下午，我们一行 5 人乘坐村民和积华的面包车，到丽江市古城区大东乡建新村委会妹彪古自然村调查纳西族民间文学的传承情况。大东被喻为“热美蹉”之乡，妹彪古热美磋传承队不仅在丽江的歌舞比赛中获得过较好名次，带队的和积华老师还多次到昆明、香港等地演出。

从丽江市区到大东妹彪古约有一个小时的车程，经过团山水库，转入大东岔路口，闯入眼中的是连绵的山脉，层层山岭重叠在一起，再往远处望去，是云和落日了。同行的小伙伴一路惊呼“哇！好美!”，强烈要求停下车来拍完照再走。再没走多久，就看见大东的“阿罗居”——爷爷山，这是与丽江坝子另一座“阿奶居”（文笔峰）成对的山峰。阿罗居整体呈一个三角形，侧看像一个老爷爷的脸庞，所以被称为“爷爷山”。我们要去的妹彪古村就在阿罗居的半山坡上。车子转向妹彪古方向，路开始变窄，顺着路盘旋而上就是阿罗居。路的一边是田地和野花，另一边却是山崖，狭窄的路只容一辆车通过，连续的急转弯和陡坡让人心生震颤，好在和老师对路非常熟悉，黄昏时分对面也没有其他车辆，我们在提心吊胆中到达了和老师的家。

和老师家在山坡上，周围几户都是他家的亲戚。海拔升高，温度也低了下来。刚一到达，我们就被和老师家的火塘所吸引。火塘上方挂着被熏黑的肉块，墙面也因年代久远而染上了岁月的陈色，老人的床榻就设在火塘旁边。大家在火塘边与和老师一家拍照留念后，就开始了对和老师及其家人的采访。和老师向同学们介绍了他的个人经历，他从小就跟着母亲学唱纳西民歌，“谷泣”“时授”“哦蒙达”等纳西调子他都唱得很好。和老师的叔叔和学强则向大家讲述了“热美磋”的由来。和大叔说要讲清楚热美蹉的由来，可能要花几天几夜的时间，大概给我们讲讲也要两三个小时，因为热美蹉的来历要从开天辟地说起，从纳西族的先祖崇忍利恩说起。在和大叔的讲述中，纳西族的创世神话于我而言不再是印在书本上的方块汉字，而是从指尖升起的缕缕烟雾中，变幻出的一个个故事场景，是藏在层层皱纹和阵阵笑声中的娓娓道来，是带着酒香味，长者用纯正地道的纳西语演绎出的我们的“根谱”，是无法用汉语翻译出来的美。讲的虽是上千年以前的故事，可是讲述的人就在眼前，用生动的语言和丰富的表情动作把我们带到洪水滔天的远古世界，与纳西族先祖崇忍利恩一起想办法通过天父的重重考验。

讲完热美蹉的来历，我们又向在场的长者请教热美蹉的内容。以前有人去世时都要彻夜唱跳热美蹉，表达对逝者的敬意。在平时的劳动生活中，特别是栽秧时也会唱热美蹉。现在热美蹉主要是在节日时展演，展演时能够担任领唱的人很多，这和办丧事时唱的热美蹉有所不同。现在办丧事时唱跳热美蹉的村子已经很少了，能够在葬礼上领唱的也只有和积华与和华强等寥寥几人。领唱的唱词有一定的固定性，都是口传心授，没有文字记载。葬礼上唱的内容大概是这家有人去世了，他家的子女请我们来唱热美蹉，死者口中要放米粒、茶叶、金银，这些东西是从哪里来的，死者身上穿着的衣服是从哪里来的，棺材里要放几件衣服等。说到这里，和积华老师说有些内容是不能在家里说的，他的父母都还健在，在家里说这些内容是对父母的不敬。结束采访时已经过了午夜十二点，山上的夜是深沉的寂静的黑，风吹过，带来一丝凉意，树影婆娑，空气里有些清冽，说话时仿佛也要小心翼翼，生怕打破这沉寂的宁静。

第二天我们又到和学强大叔家采访。和大叔是村里的东巴，村里有喜事或丧事都会请他去做仪式。他幼时曾先后跟着村里的两位大东巴学习东巴文化，这为他后来成为东巴打下了基础。2012 年，他到丽江市玉龙县鲁甸乡新主村参加了为期一个月的东巴文化培训，学习了东巴舞、东巴画、东巴唱腔等。他先后主持过 4 次规模较大的丧葬仪式，附近九河乡的普米族也会请他去做丧葬仪式。我们采访当天是 8 月 6 日，刚好是农历七月十五，和大叔在家里烧了天香，做了简单的除秽仪式。和大叔 11 岁小学毕业后，就开始参加大队的劳动，当时知道纳西族传统文化和规矩的老人还很多，但是由于白天劳作太辛苦，晚上已经没有精力去讲、去学这些东西。和大叔还向我们展示了他使用的东巴法器和东巴经书，他的经书一部分是鲁甸的东巴写的，一部分是大东的另一位东巴和智生写的。他展示的有介绍东巴舞的经书、献饭经书、祭天经书等。

采访完和大叔，我们又坐上了开往大东另一个行政村的车。从阿罗居山下来，海拔逐渐降低，气温也渐渐高起来。来接我们的小哥虽然也是大东人，但他从未到过妹彪古村，见到这样的山路也有些紧张，好在小哥经验丰富，顺利开到山下，大家都松了一口气。我们到大东白水片丁村一户人家中做客，他家刚好在办纳西族的传统聚会——“化琮”。这种聚会通常由几家人组成一个团体，轮流做东，大家凑钱出来一起吃饭、游玩。这次办的化琮规模较大，来的客人大多是主人家的亲戚。为了招待这些客人，主人家在上午就杀了一头猪，中午大概有 4 桌人吃饭，晚上有接近 8 桌人。吃完午饭，我们就开始请到家里的客人帮我们填写调查问卷，家里的问卷做得差不多了，又到村里做了一部分。片丁村大概有 42 户人家，大部分是从四川、云南宁蒗搬过来的汉族，但他们在这里生活，与当地的纳西族交流、通婚，所以这里的汉族不仅会说纳西语，对纳西族的文化也有一定了解。主人家附近有很多野生花椒，绿绿的，散发出幽幽的麻味，摘几株下来，指尖就带上了花椒的香味，这香味久久不会散去，气味比上好的香水还要持久醇香。

从片丁村回到我们住的妹彪古村时，天已经完全黑了。和积华老师请来了村里热美蹉传承队的队员，为我们展示了一段热美蹉。和老师不仅是传承队的组织者，也是丽江多个传承队的老师，在村里很有号召力。和老师请来了 12 位表演者，包括 7 位女性，5 位男性，他们都穿上了传统的民族服装，让我们拍摄留念。第二天我们也向她们借来了传统的纳西服装，穿着与和老师一家合照，和老师的母亲为了与我们合影，特意围上了崭新的围裙，和老师的父亲戴上了毛呢帽子，和老师则披上了羊皮褂。

三天的调查结束，我们不仅有满满的收获，还感受到纳西族人的热情和淳朴。他们有着对传统文化的热爱和坚守，他们在自己的文化家园里不断传承着纳西族文化。我会记得从山谷中吹来的风，山间流下的潺潺溪水，缓缓落下的树叶，橘红色的夕阳，还有香甜的五味子酒，烤肉时腾起的火焰，夜晚在山间回荡的热美蹉歌声。田野调查有着无穷的魅力，希望以后能去更多的地方，以更专业的学术眼光和更真切的人文关怀去感受田野的美。

作者简介：

杨丹青，云南大学民俗学专业 2016 级研究生。

那一年，我们一起下过的田野

崔 颖

2016 年 7—10 月，从酷暑到严寒，第一次用手铲，第一次刮面，第一次找边，第一次绘图，还有第一次喝白酒，第一次离家那么远，第一次和大家在一起……短短三个月，包含了我献给工地的无数“第一次”，谨以此文纪念第一次的田野实习。

——题记

学考古的人都知道，实习是一个分水岭。实习过后还愿意留下来的人，以后就应该是要做一辈子的“考古人”了。

在考古现场

距离那次实习，已经过去了半年多，然而一闭上眼，还是会觉得那些日子清晰可见。我还记得来这里的第一天，我们带着小激动，拎着行李下了车。不大的庭院，两排活动样板房，男生住靠外的一排，女生靠内。最顶头是食堂，也是后来的教室、自习室、临时电影院、棋牌室、约会圣地……8人一间的宿舍，两台电风扇，两张狭长的桌子放在中间，地上偶尔会有不知名的虫子爬过。浴室在男生那排的尽头，没有热水，卫生间在院子外面，典型的农村旱厕。没有wifi，没有4G。参照之前师兄师姐的描述，我们觉得条件已经很好了，如果不是知道文物与博物馆专业的同学们住的是有独立卫浴的宾馆四人间的话……

刚开始的时候，是每天早上6：00起床，6：30吃早饭，7：00上工。有一段时间为了躲避中午的骄阳，上工的时间提早到了6：00。为了避免洗漱台的拥挤，女生大多会在4：00多的时候就起床。可即使这样，也躲避不了早上9：00就炙热的太阳。女生大多会穿防晒衣，带很大的遮阳帽把自己包裹住，男生就随意地晒，一个月后来比谁更黑。三十几度的高温，我们在方里一蹲就是半小时，有时为了刮个面甚至蹲更久，站起来总是头晕眼花要缓好一会儿。每天想得最多的就是什么时候可以休息，太阳什么时候下山，还有什么时候会下雨。后来气温降低，随之而来的狂风暴雨，又冻得我瑟瑟发抖，直后悔衣服带少了。白天上工就看到木木老师过一会儿就去帮大爷铲土，帮同学刮个面、提个桶，在整个发掘区四处乱窜，一直自我催眠说着“我不冷我不冷”。有一天晚上被冻醒，只好起来把短袖套长袖，长袖套毛衣，然后又把大衣盖在被子上，然后靠自我催眠取暖。第二天学聪明了，睡觉前就把衣服都套上，然后就这么睡，结果我们宿舍的窗户是坏的，晚上刮大风，风顺着窗户坏的地方吹进来，于是我又醒了……

那时候上工，一开始不适应总蹲着，两天以后膝盖就开始疼，中午睡觉的时候腿都伸不直，上厕所就恨不得自己是个男的能站着；拿手铲的手也开始无法自由握拳，总会有一根手指弯曲不了。吃饭是一天当中最幸福的事情，尤其是每逢有同学过生日，不仅有蛋糕，还会加荤菜！加肉啊！每天中午吃饭，我们桌的菜总是吃得很快，吃完后大家就会分散开来挤到别的桌继续吃；有时候把别桌的吃完了就会被轰走，然后再端着碗蹭到老师那桌，后来大厨就总单独给我们加菜。有一阵子，班上一男生为了追求隔壁宿舍的妹子，天天求大厨把厨房借给他，好给妹子加菜，可是做好了又不好意思直接端给妹子，于是就先在班里假装问一圈，然后再端到妹子面前。吃完后又马上去给妹子切水果。因此，同学们曾有两个多星期的时间在大厨还没喊开饭时就跑到食堂里坐好，和妹子同桌的更甚，吃完了都不走，乖乖在座位上等……那时候我以在学校时两倍的食量疯狂摄入，然而两个月后称体重我还是瘦了8斤。可是后来就慢慢习惯了，适应了，每天再累都会坚持把当天的事情做完。因为在你痛的时候，别的人也在痛，这是一个整体，每个人都在认真努力地完成着自己的工作，你没有理由说自己撑不下去，更不会说放弃。

这次的发掘，我主要负责了一条沟和一座墓。回想那条延伸出发掘区的沟，我满是心酸，东西没多少，沟的深度和长度可真是够了，最后画图的时候我就剩下满满的绝望。

每天晚上都在拿着透图灯一遍遍地修改、透图。直到现在，我依然能够清晰地记得它整体的走势、层位关系，甚至在每一个方里每一层堆积单位的分布，每一个小件的出土，包括每一个方的平面图和剖面图。我记得第一天见它的样子，下雨时候的样子，充满泥泞的样子，还有住了青蛙癞蛤蟆的时候，边被踩塌了的时候，包括最后由于坑底太深，同学只能用小桶装土一桶桶往上运的时候……

画图

感谢这条长长的G007，让我对沟不再充满幻想和期待，但依然期待着遇见能够一起并肩作战到最后的小伙伴。

实习的时候真的没有想到自己会那么幸运地挖到一个墓，并且挖到的还是一个“土豪”。人骨保存状况很差，但是东西真的不少，从一开始的发掘到最后的结尾甚至过两天刮个面清理一下都有随葬品发现。只是遗憾随着时间的流逝，除了年龄、性别，我们对其一无所知。对其的推测倒是足够写上一本小说。第一天方友严肃地对我说：“我怀疑这个人年轻的时候比较胖，你看这墓框比其他人的都大”；第二天又对我说：“我觉得这个人应该比较有钱，东西这么多”；第三天：“这个人可能没结婚，不然就可以合葬了”；第四天“这个人可能长得比较好看，你看颅骨很漂亮”……但实际上挖墓是一件非常辛苦的事，不断地被骂，不断地修改，从前期发现到后期的画图整理，没有一处不出问题。每天的心愿就是今天没有问题。就是这样的一条沟和一座墓，让我在室内整理阶段成为最后一个完成的人。工地上10月初的时候就已经有人写完了发掘简报。而那时我还在画图，后来担心做不完，每天中午和晚上吃完饭就抱着电脑去食堂画图，做器物卡片。中午食堂里一般只有片哥和任老师，一个在学习，一个和我一样赶进度；后来他们都开始玩游戏和看电影，我还在赶进度……做到后面是有点小绝望的，一直打持久战做器物卡片，我的PS、illustrate、SAI什么的用得都很糟糕，一张图往往要重画好多遍，老师开始检查作业的时候，我还没有完成，然后就各种加班加点。好几次加到晚上10：00多的时候就我一个人，所以深夜画图还治好了我的胆小怕黑症，晚上一个人去厕所也ok，觉得自己强大了不少。

蓝天白云下的“工地”

做完卡片的时候，我觉得整个人都轻松了许多，正好赶上了男生寝把投影仪搬到宿舍里，每天晚上放一部哈利·波特系列电影，从第一部开始。很多人都看过，所以大家一边看一边吐槽，又看了遍艾玛从邻家小萝莉变成女神，而丹尼尔从萌萌小正太长成废柴大叔，而且身高尴尬地永远停在了一米七。真的没有想到，同学两年都没怎么说过话的我们，最后会坐在一起，看同一部电影，回忆书里的情节，吐槽同一个片段，而且还是在男生宿舍里，我还坐在了男神的下铺床上，哈哈哈……这也算是工地上最后的happy memories了吧！

我还记得每周六狂欢夜的“开火车”，还有井嬷嬷的深夜鸡汤，记得在不眠不休画图的时候自己没有带鼠标却不好意思借，然后就硬着头皮画，被任老师看到直接把鼠标拿给我用；记得深夜在食堂画图的时候恰逢下大雨，室友专门过来接我；记得跟方友冷战生闷气，最后一个晚上却把酒言欢，哭着道歉然后哭着哭着又笑了。3 个月，我重新认识了班上的许多人，也重新认识了考古。最初学这个专业，是阴差阳错，现在觉得是因缘、机遇，我见识了很多大咖级的前辈、认真严肃但可爱的老师们，还有各有所长的小伙伴们。我曾经问过一个师兄为什么选择读这位老师的研究生，师兄回答说一半是因为兴趣，一半是因为老师，因为喜欢这个老师的为人以及他对考古的热爱与痴迷，对研究的专注。经历过实习后，我才敢说我愿意继续在这条路上走很远，因为喜欢，也因为我也想成为老师那样的人。

遥望“工地”

最后的最后，谢谢所有帮助我，照顾我，无限包容我的人，你们每一个人都是那么的帅气和温暖，每一个小片段都是我现在最幸福的回忆，“感激涕零，不知所言”。实习结束，意味着大学生活也将要过去，一年后的夏天，我们都会有一个新的起点，新的开始，祝我们都能够去想要去的方向，活得随心，活得顺意。

写于吉林大学

2017 年 5 月 26 日

作者简介：

崔颖，吉林大学考古学专业 2014 级本科生。

文内图片为吉林大学文学院 2014 级考古学专业邓鑫、丁伯涛所摄。

走上营盘

跑阳千翁

这次走上营盘，历时两天一夜。先“偷”一小段《初进西山》的开头：“……走完了遮放坝子，开始爬山。山峰全部被浓雾罩住，不知有多高。道路泥泞，弯弯曲曲，伸进云雾里……”我们这次来上营盘的经历，与这里描述的完全一致。

上营盘是我们计划里早就有的，是必去的点之一。许多人在与我们聊天时都提醒我们，这次田野里若少了上营盘，绝对会失色很多，于是，田野刚开始时，我们就在筹备和期待着这次上营盘之行。清晨，起床前依稀听到屋外有雨点敲落的声音，心里一惊，再翻翻微博，瑞丽的朋友传图说刚刚下过了一场大雨……但我们没有改变计划，而是更抓紧时间准备，想着一定要在大雨来临前走到上营盘。可大雨比我们还急。我们才刚出发半小时左右，连傈僳寨都还没走到，冷风一吹，雨点就密密麻麻地落了下来。原本以为雨不会下太久，想着在路边树下躲一会儿就可以继续上路，但没想到雨越落越急，我们只好逃到路边的破败窝棚里避一避这场冬日里极少见的暴雨——这个决定绝对是英明无比的，因为我们才刚跑入窝棚，便有雨水挟裹着冰雹从天而降！

我平时不带烟不带打火机，但这天居然都带了，于是大家扯一些地上破烂的竹板就开始七手八脚地张罗着生火。火很快就燃起来了，大家心里都有了点底，开始凑在一起烤火，脱下湿衣服在火上烘……可没一会儿，大家就又不满意了，开始幻想着能来一场野外烧烤该有多好……

雨还在继续下，李老师大手一挥，指示我们应该趁着“大好时机”把前一天练过的景颇歌再练习巩固一下。于是，在下着雨的野外，一个破败到已经被人丢弃的窝棚里，各种南腔北调、怪腔怪调的载瓦语歌声就突兀地传了出来……我估计周围的鬼怪野兽都能被这歌声吓破了胆。

等我们唱够了、唱累了，把带来的炒饭也吃光了以后，已经中午十二点多了。到了选择的时候，下山还太早，继续上山则将面临晚上赶不回来，可能得露宿山野的窘境。这时李老师大手一挥，上山！实在不行咱们还可以借宿上营盘的公房！李老师说得非常豪迈和雄壮，可我却直在心里犯嘀咕……毕竟不是每个人都有在缅甸做田野将近一年的经历啊！

我们开始动身上山，这时“山峰”全部被浓雾罩住，不知有多高。道路泥泞，弯弯曲曲，伸进云雾里……每次拐弯，我都以为上营盘就在眼前了，结果等待我们的又是一重翠绿清新的山峰，丝毫看不到一点人烟。

我们在上营盘接触到的第一个人是梅普干双。交谈之后，我们得知干双是上营盘背寨董萨的孙子，原本我们准备与他多套套近乎，顺带跟着他去家里看看，多了解了解背寨董萨家的情况。可干双说他家里只有他一个人，而且他比较羞涩，不是很愿意与我们接触。行走在上营盘的村间小道上，我有一种梦回瑞丽勐秀山的感觉，两地的风物景色有太多的相似之处。我们在上营盘的首要任务并不是找人聊天做调查，而是找小卖铺。因为炒饭带得少，加上又连续爬了几个小时的山，大家的肚子都比较空，因此，找到小卖铺就成了重中之重。在寻找小卖铺的过程中，我们路遇一位老人。我和他简单交谈了几句，当时也没对他太上心，可没想到之后会与老人再次接触，且让我们收获良多。

要说找小卖铺这个行为就是好。当你行至某处，突然间失去方向的时候，你应当做的第一件事，就是寻找小卖铺。因为它总是能给你带来意想不到的收获！

我们找了半天，终于在山中寻着一个极其简陋的小卖铺。守铺子的老妈妈很热情，当我们说明此行的来意后，她极其热情、真诚地邀请我们去她家里做客，并告诉我们她家里的老汉知道很多典故和传说。我们当时一方面是因为要找地方烧开水泡面，另一方面也是抱着试试看的态度，想与他们聊聊看能有多大收获，也就答应了。

我们走入老妈妈家的厨房时发现里面坐了一个老头，再一细看——嘿！这不正是我们在路上偶遇的那大爷嘛！开始我喊他俩爷爷奶奶，但大家一论亲戚，老头就让我改口叫他三舅；但我们后来盘家谱的时候又发现他奶奶是和我一个姓氏的，叫阳坤，所以我应该喊他三姑父而不是三舅。我这三姑父叫帕加腊，祖上是汉族。由他往上七代时从腾冲小铺窝迁来，七代祖叫彭四，其妻名姓已不可考。

再往下两代祖族谱上有记载，但三姑父一时没想起来。到三姑父的曾祖时，起的已经是景颇名字勒生（二保龙诺）了。到他的祖父时，参与了龙江西岸孟约寨的铲草立寨，因此被称为孟约桑都。也就是这个孟约桑都娶了我们跑阳家族的阳坤，这就是我称呼他为三姑父的来由。到他的父亲勒约时，又娶了营盘的浪速女保龙诺为妻（与三姑父的曾祖母同名），之后迁入保龙诺家所在的上营盘居住。我这位三姑父在族谱上的汉名叫彭三，景颇名字是帕加腊。他自我介绍他们这辈是“朝”字辈。我三姑母叫排木卷，是拱引末代山官二哥早光异的女儿。介绍到这儿时，我说我有一个叫帕家旺的朋友，是从芒市迁来瑞丽的。我接着问他帕加这个姓氏的来历。老人说这个说法是彭家人刚迁入景颇族聚居区时，大家“彭家”“彭家”的称呼他们，结果后来就慢慢叫成了“帕加”。

因为帕加家的祖先迁徙时曾经过陇川，有一位祖先甚至埋在了陇川雷状。因此帕加家人今天送魂时都要先送到雷状这位老人的坟上，再请祖先将魂灵带到“木送空（阴间）”去。说到这里时，老人来了兴致，以己身为例，念了一段送魂咒。在旁边烧火的三姑妈看到后责骂老头也不知道避讳，居然拿自己送魂。我看了直乐，一边夸姑父是纯粹的唯物主义者，一边夸姑母爱姑父、关心姑父。

前面说过，我三姑母排木卷是拱引官家的姑娘。

排木卷的父亲叫早光弄，这名字由她祖父早光的名字引申而来。景颇取名法中有一条叫“借用父名法”，即当有多个同名的人存在时，会在他们的名字前冠上父名以示区别。早光和早光弄的寿命都不太长，很年轻时就去世了，早光的遗孀南保领着早光的小儿子早腊，还有排木卷，祖孙三代相依为命。

排木卷的母亲叫阳瑞，早光异去世后经由工作队介绍，与同她一样出身孤儿的勒祁汤结合，共同生活。关于勒祁汤——我们可以再次把《初进西山》拿出来，摘抄上一段：“驻在广远的第三大组……杜定泉的枪走火，打死了他交的朋友——一个景颇族青年。”

勒祁汤当时是广远的民兵连长，当时他们设卡堵住了一伙来历不明的盐贩子。在讯问的过程中，杜定泉用枪托去打盐贩子时枪不慎走火，把勒祁汤打死了。事件发生后，副县长蔡雪松亲自处理，召开了群众大会。大会上蔡副县长解释了事件的经过，表示杜定泉虽是无意，但给工作队的威信和民族团结带来了不应有的损失，应把肇事者交给群众处理。后来景颇群众和山官都表示人命天注定，死者已经去了，就让他好好去吧，并请求政府不要再处罚老杜了。蔡县长称赞群众和山官头人深明大义；接着他又说，杜定泉还是要处理的。

勒祁汤没了的时候，阳瑞已经有了身孕。遗腹子生下来后，组织上表示排木卷和遗腹子都由国家来养，并给了阳瑞母子三人一头牛。但“大跃进”的时候，有一次阳瑞外出去开会，外逃的群众把排木卷姐弟俩带走了，阳瑞也只好跟着外逃，在棒赛附近一个叫依枯的寨子借居到了1964年。后来，在政府的号召下又回到了家乡，1965年排木卷嫁到了上营盘。

“大跃进”时整个营盘八十多户人家逃得只剩下了四户。这四户里有两家藏保，一家木图，还有我三姑父这家帕加。这四家人看守这整个上营盘的物品，接管了大家的牛马。现在，三姑父能吹得一手好笛子，就是当年放牛时练的。1963年，县文艺队把我三姑父接走进行系统的培养，这时他的音乐天赋才真正显露了出来，竹笛、吐良，勒绒、口弦、三弦等样样精通，成了原州文工团副团长春雷的强劲对手。可一年后，家里二哥去世，原本只是回家奔丧的他被母亲哭着硬留下来，做了家里的顶梁柱。

聊到太阳西斜时，我们决定去看看上营盘的农尚。三姑父不顾腿脚不便，硬要当向导。农尚在寨尾西侧的西山梁子龙头上，古木参天，老藤错节，幽静高远，空气清新。老人指着一棵笔直的，直径近一米、高四十多米的大树告诉我们，这是当年农尚刚由寨头迁至寨尾时竖的剽牛桩，年深日远，不但成活了，而且长到了这么大。上营盘因为是浪速藏保家立的寨子，因此除了正常的农尚祭祀外还祭浪速老鬼“瀑炯”。

上营盘的立寨人是藏保和春雷两家。立寨藏保家的老人曾告诉三姑父，他们的祖先从龙江源头的桑比昆吴噶迁来。原本他们和春雷家是约好一起去缅甸的森历山（木姐至南坎一带的山岭）定居落户。行至营盘时停留下来稍作休整，把牛棚建在了今天的寨址。休整时，大家看到这里草木丰美，物产丰富，猎物极多，于是萌生了在此“扫虎粪鹰屎，铲草立寨”的念头。

当时春雷家的当家人叫春雷当展，他在上营盘有些水土不服，想迁回旧寨子去。他收拾好家什，赶着牲畜，已经走到了邦过一带。藏保家的家主又赶过去，把春雷家的人劝了回来。立寨的藏保祖先和春雷祖先关系很好。原先他们两家之间是“孟/莫（丈人种/姑爷种）”亲戚，后来两个立寨祖先同娶了一个家族的姐妹俩，成了兄弟。两兄弟约好谁先去世的话另一个人就要去抚养先走之人留下的孤儿寡母，两家后人之间世代以家人相称，不许通婚。这些约定一直延续到了今天。

后来，先去世的是藏保家的祖先，春雷家祖先就把他的妻儿接入自家，两家世代互不通婚，但不禁止后人与别处的春雷家或藏保家互相嫁娶。

上营盘的农尚由藏保家来背，水鬼则由春雷家来背。上营盘的末代山官叫保代则，他没有取过自己的官娘，只是将嫂嫂转房转了过来；也没有自己的后代。现在背农尚的是炯刀、炯况两兄弟，年纪都在三十上下。保代则与原德宏电台的藏包干同属一脉。原本农尚不是由他们这一脉来背的。但因为一些历史原因，农尚落到了他们这一脉身上。

以前，上营盘藏包家有刀况、刀龙两兄弟。刀况生性凶猛剽悍，常出门干杀人越货的事；有一次出门有五六年未归，大家都以为他“报销”（死）在外面了，刀龙便将嫂子转房了过来，谁知一段时间后刀况出现了。因为刀况凶名在外，原本背龙尚的刀龙担心兄长来寻夺妻之仇，就举家逃到了邦宏。此后，上营盘的农尚就由刀况来背了。

上营盘所在的位置是整个西山梁子的龙头。傍晚时分，我们几个人停了话头，逛逛寨子缓缓神。当逛到公房附近时，向西一眺，发现有一条比西山梁子矮不少的山梁一路陪伴着西山梁子由东北迤逦而来，我指着那条梁子问寨里人，他们回答那是“bum qam”，也就是地图上的“崩强”。以前看图、看资料总不明白“崩强”是什么意思，总觉得这名字有些怪异。现在这么实地一看，我的心就透亮了。“bum qam”在载瓦语里正是山墙的意思，也就是说这条梁子是西山的围墙、护卫。

逛完寨子后，我们买鸡、买鱼、买罐头在三姑父家里做晚饭吃，当晚借宿在三姑父家。

我和李伟华是准备在睡前再和三姑父聊一下的，可又觉得突兀地闯到人家的卧铺前显得太过唐突。当我们鼓起勇气去找他时，发现三姑父已经生好火在等我们了。

第二天我们的主要访谈对象是王湘保老人。这是我们之前就确立好的采访对象，因为他就是部西山活字典。他给我们说了很多很多，但因为与他聊天用的是汉语，大家都能听懂，我想许多内容其他同学都会细述，所以在这里就不讲太多了，我主要讲讲自己印象比较深刻的以及有一些想法的部分。

王家的族谱上记载说他们祖籍山西，是山阴太原郡人氏，生意人出身，后迁居南京应天府，属贵族阶层。后因罪充军来到了南方。先驻扎在龙陵孟柳一带，到王湘宝曾祖父时迁至五岔路湾丹，到祖父时迁至西山“路 kum（载瓦语老虎圈)”，后再迁至崩强河头寨，至父辈时到丁家寨丁氏人家上门，但不改名不换姓不顶支，与丁家互称家人，后辈不许再结亲。后因丁家寨火灾，迁至现址（上营盘张家寨）定居。

云南西部有不少民族内都有人自称是由南京迁来的，但我个人认为不管是汉族还是景颇族抑或傈僳族，真正衍自南京的应是极少数。很多人不过是遗失了自己的根、遗失了自己祖宗的故事，人云亦云。如果去细盘，许多人连类似王湘保家存的族谱都拿不出来，而且就是大家稍一聊天，“先祖自南京来”的说法也都会土崩瓦解。但不可否认，也确有南京来的汉人落籍本地或融入少数民族族群的真实情况，但这个话题这里我们先不做深究。

王老师在基层工作了近四十年，西山的历史，事无巨细都装在他的脑子里。在他介绍的情况里，我比较感兴趣的是共产党进入西山初期建立基层政权时的称呼问题。

1953 年，西山开始筹建文化站。文化站是县委县政府的派出机构。当时西山文化站下设了五个乡人民政府：“曼种 piu 欧丛”弄丙乡人民政府（白龙窝政府)；“乌过丛”石板乡人民政府（孔雀政府)；“阿袍丛”湾丹乡人民政府（大象政府)；“曼种欧龙崩丛”营盘乡人民政府（龙头山政府)；“崩补丛”拱洞乡人民政府。

这种景颇语与汉语相结合的命名形式，按大家的说法就是“顺乎民心，合乎民意，稳定为重，利于直权”。

王老师曾受邀组织编写了《西山乡志》，他 2008 年就交了稿，但到现在也没成书。王老师在给我们介绍情况时，也把乡志的底稿给我们展示了一遍。在景颇历史文化部分他有一段大概是这么写的：西山的山官更替史大致如下，先是木日瓦贡扎家承袭了几代；又被木然瓦当然家推翻；但木然家承袭了几代后又被勒佗瓦诺乱家取代；几代后勒佗家又被勒排腊仁家取代；勒排家承袭了几代后新中国成立了，山官制度就此终结。

我觉得，如果《西山乡志》成书时仍这么写的话，这本乡志会被全体景颇人骂的！

我们先来看一小段《目脑斋瓦》的内容：远古，蚌拥瓦景颇和占玛诗伊，生下了瓦权瓦松贡木干，瓦权瓦松贡木干长大后，娶了木贡各旁木占，生下了老大，名字叫木日瓦贡扎木干……生下了老二，名字叫勒佗瓦诺乱……生下了老三，名字叫勒排瓦腊庄……生下了老四，名字叫净瓦都昆……生下了老五，名字叫木然瓦能尚……这几兄弟，就是景颇社会五大官种家的始祖。不用我来证明，无论问哪儿的景颇人，大家都这么说。这是常识。整个德宏景颇地区，山官的主体一直是排家。而且多为龙准排。而勒佗家和老四恩孔家的主要势力范围多在缅甸密支那周边和江心坡下部：木日家多在缅甸掸邦克钦专区勐拱一带；国内最出名的山官则是出身石婆坡，如曾任副州长的雷春国；木然家在国内多分布于王字树一带。这几姓山官在德宏虽有零星的势力范围，但大区域还是属于勒排官家的势力范围。我虽不了解西山这边的详情，但我知道一开始就是排姓山官带领部众开拓的家园，与其他官种间没发生乡志里说的互相交替的情况。

乡志讲到历史部分时有这样的内容：西山地区以前是腊人的地盘，至今留有腊人的故地、寨址等生活遗迹；后来德昂人势大，赶走了腊人；等景颇族进入西山时又和德昂发生战争，赶走了德昂人。

景颇与德昂间的历史，传得隐秘而久远。大家为了民族团结，很少在公开场合讨论这件事，但这件事给两个民族留下的印迹很深很远，无法轻易遗忘。有传说西山、勐养一带的景颇族若去到掸邦的吕也山吕道山，白天会被从前述两地逃去的德昂人好酒好肉招待，到夜晚则会被偷偷割走头颅。我曾向关系亲密的德昂朋友印证这个说法。他说德昂人兵败后，曾在瑞丽江尾磨刀霍霍三年，日夜提防景颇人的扑杀。

瑞丽和芒市地区都传说当时率部攻打德昂的景颇山官是由瑞丽班岭迁来的排氏山官贡代利。我们家迁入班岭的首代祖先叫跑阳究盖。他有三个儿子，老大的后代沿陇川河下段两岸繁衍发展；老二随贡代利迁入芒市、畹町，成为后人过得最好，分布地域最广的一脉；我们则是小儿子跑阳腊庄这一支，人口最少。

西山的传说里有四大景颇民间英雄：梅普镇道腊乖，增统瓦岭归都，木图坎胆（米依哦）尖，勒阳腊天。

其中增通瓦岭归都的传说传得最广。在瑞丽的景颇传说里，增通瓦岭归都也是景颇人由缅甸迁入瑞丽的八姓之一，因此我推测他也是因跟随贡代利东进而迁入西山的。

从三姑父家里领我们去王湘保家的是木图当，三姑父的大女婿，“一根葱”

的汉子，坚毅，话不多，为人朴实厚道。他虽然是我三姑父的女婿，但我们论亲戚时却不从这条线来论，而是从我奶奶这条线走，我奶奶也姓木图，所以我按照他的年纪喊他舅舅。

我知道木图家的“毛兰”鬼很厉害。“毛兰”是天鬼中的游子，凶恶，到处晃荡，有时候会不请自来。舅舅告诉我这一带祭“毛兰”的只有木图家和从木图家娶亲连带着把“毛兰”当嫁妆娶过来的跑阳家。

祭“毛兰”的人家前庭会竖一支顶上插着茅草的竹竿。你若在景颇地区见到前庭竖茅草竹竿的人家，就是到了木图家或跑阳家——是木图家的可能更大一些。

我这位舅舅移风易俗，家里已经不竖竹竿了，但“仍然在祭毛兰”。我们下山前，舅舅强留我们在他家吃了一顿饭，他们夫妇俩的热情把我们几个人的心都融化了。

我们傍晚下山的时候走了一条小路。路上风景极佳。面对绝佳的美景和迎面吹来的微风，我却总是无法畅快地享受眼前的一切，心想：景颇人有无高不可攀的信念，艰苦卓绝的万里迁徙之路都挺了过来。多少比景颇强大、先进的民族都消逝在了历史的长河之中，而景颇人却生存了下来，所以，今后无论面对多么艰难的局面，我们一定都能破出一条路来，勇敢地、辉煌地走下去！

作者简介：

跑阳干翁，云南大学西南边疆少数民族研究中心景颇族田野调查基地村民日志记录员。

温暖的“田野”

唐艳霞

2016 年 1 月 20 日，我第一次跟随导师走进“田野”，我们去的田野点是澜沧县酒井乡勐根村老达保拉祜族村寨。2006 年拉祜族创世史诗《牡帕密帕》被列入国家级非物质文化遗产名录，2007 年老达保的李扎戈、李扎倮两位史诗演述人被评为国家级非物质文化遗产代表性传承人，老达保因此成为国家级非物质文化遗产拉祜族史诗《牡帕密帕》和芦笙舞的保护传承基地。现在还有省级和市级非物质文化遗产传承人李扎莫和李娜努也住在该村。老达保保存较为完整的拉祜族史诗《牡帕密帕》吸引了众多人前来调查研究，我也跻身于此行列之中。

对于没有接触过非遗传承人的人来说，非遗传承人常常被理解为整天为保存和传承本民族民间文化忙碌的人，这就容易造成“局外人”对非遗传承人有个刻板印象。在未接触非遗传承人前，我也有这样的想法，可当我真正接触到这些非遗传承人并与他们熟悉起来的时候，我觉得他们是可爱的，是和我们一样纠缠于日常生活中的鸡毛蒜皮之事的普普通通的人，甚至，他们比我们都要纯真。

我们邀请四位传承人为我们演唱《牡帕密帕》，李扎戈老人特意回家换上了民族服装，扎戈老人因为年纪大，嗓子和体力都不济，没有为我们演唱《牡帕密帕》，只是在弟弟扎莫演唱出错的时候提醒他，但他依然穿着单薄的衣服在冷风里坐了两个小时，他的行为让我十分感动。因为时间有限，我们在老达保只待了一天就离开了，没有机会更多地了解扎戈老人。

2017 年 1 月 17 日，我再次跟着导师来到老达保。1 月 21 日导师带着其他同学回昆明，只剩下我住在扎戈老人家。那段时间对我来说是最难过的，一方面是交流沟通问题，老达保村民平时都讲拉祜语，汉语说得好的人不多，同时我作为非云南人，理解澜沧方言也有一定的困难，这就造成了当我和扎戈老人在的时候，他会跟我说很多话，而我却听不懂他在讲什么，我们无法交流；另一方面我来到一个陌生的环境，需要一定的时间适应，在和扎戈老人一家人一起吃饭的时候，看着他们说说笑笑，我感到孤独和无助；再加上我的家人几次三番询问我什么时候回家过春节，我最终决定放弃在老达保过春节，于 25 日早上离开了老达保。我为自己没有能完整记录老达保过春节的过程而遗憾，但我也认识到对于这次田野，我没有做好知识上和心理上的充分准备，以至于调查无法顺利进行。这是一次孤独、窘迫的“田野”，但在这次田野中，我也感受到了温暖，这“温暖”既来自作为“他者”身份的我的眼睛，也来自我的亲身感受。

扎戈老人有一个好朋友，这个好朋友是班犁人，每年都会来扎戈老人家住一段时间。两个老人无话不谈，经常吃过饭就围着火塘一直聊天，晚上一般要聊到快十二点才睡觉。1 月 18 日晚上做完礼拜，扎戈老人回家换上民族服装，和好朋友一起去广场看演出（当天结婚的小黑家请村里的演艺公司来演出），扎戈老人的朋友在舞台上唱歌，也讲了很多话（讲的是拉祜语，我听不懂），扎戈老人坐在台下看，还一直在笑。

23 日中午，扎戈老人的朋友回班犁了，扎戈老人晚上十点左右就睡觉了。从第二天开始，他早上坐在阳台（房子外晒东西、放杂物的一个平台）晒晒太阳，或者跟我说说话，但我又听不懂他说了些什么。吃过中午饭，他就用塑料袋包一袋米饭装在背包里，拿着砍刀去山上砍竹子了。自从他的好朋友走了之后，扎戈爷爷说的话明显少了。

23 日晚上，扎莫（扎戈的弟弟）来家里叫我去他家吃杀猪饭，我本想着和扎戈老人说一下再出去，扎莫说不用和他讲了，很快就能吃完回来。但让我没想到的是扎戈老人拿着手电筒出来找我了，当他走到吃杀猪饭这家门口时，坐在路旁的村民叫住了他，他们用拉祜语对话后，扎戈老人来到屋里，看到了我。扎莫告诉我，扎戈老人以为我去娜拉家了（娜拉和她哥哥都在昆明读书，我去过她家一次），准备去娜拉家找我。吃完饭我回去就开始洗漱，等我再回到房间的时候，扎戈老人坐在门口的一张凳子上等我，他看到我就说：“雅米，我在这儿睡。”边说边走向他住的房间。我突然想起昨晚老人问我：“雅米睡哪儿?”我指了指我睡的位置，问了一句：“爷爷睡在哪里?”当时扎戈老人好像没听懂我问的什么，没有说话。今天晚上他应该是想到了昨晚我问他的话，给我介绍他的房间。

1 月 25 日，扎戈老人的小女儿家杀猪，他叫我一起去吃饭。我俩走到楼梯左边的一张破桌子处，他拿起上面放着的两把扎好的笤帚告诉我这是他做的，外边的人来这里旅游会找他买，一把笤帚能卖50元，他还说等我走的时候让我带走一把，不要我的钱。

这天下午，家里人都在忙。晚上七点多的时候，扎戈老人叫我去厨房。他煮好的一碗腊肉汤放在桌子上，锅里正热着菜，他走到电饭锅旁看到指示灯是绿色的，就说道：“热了，雅米，哦扎哦扎（吃饭吃饭）。”虽然这顿饭很简单，但我觉得很温暖。看着昏暗灯光下忙着热菜的扎戈老人，我想起了自己的爷爷，在这个陌生的地方，我感受到了这份来自老人的关爱，它慰藉了我那颗在“田野”里漂泊不定的心。

我正要盛饭的时候，扎丕（扎戈的小孙子）来到厨房，叫我去他舅舅家吃杀猪饭。看着扎戈老人已经做好的饭，我推辞说不去了，在家里吃，老人坚持让我和扎丕去吃，他吃这个。最后我跟着扎丕去吃了杀猪饭，但我心中却始终放不下他做的那顿饭。我只是他们生活中的过客，扎戈老人对我却非常好，他的很多行为让我意外，但更多的是让我感到爱的温暖。

晚上和扎戈爷爷聊天的时候，爷爷讲了很多他小时候的故事，讲到他小时候去傣寨放牛，边放牛边练习唱《牡帕密帕》的事；讲到他和奶奶如何相识，当时家里穷，一套衣服娶了三个老婆的事；讲到土改时候他作为民兵队长平定一次土地纠纷的事；讲到“文化大革命”时有人说《牡帕密帕》不能唱，举报他并想要批判他，他去找李国华县长理论的事，等等。扎丕说爷爷的经历很复杂，我想也许正是这样复杂的经历，才成就了一位《牡帕密帕》国家级非物质文化遗产传承人。

作者简介：

唐艳霞，云南大学中国少数民族语言文学专业2015级硕士研究生。

我与田野

李文丽

时光荏苒，转眼之间，我们已经是大三的学生。作为一名民族学专业的学生，田野调查是我们的必修课，没做过两次田野都不好意思说自己是学民族学的。

总的说来，目前为止，我做过四次田野调查。第一次是大一的时候，全班懵懵懂懂地一起去石林大糯黑进行了为期两天的田野调查。在那里，我们感受到了别具一格的彝族风情。第二次是班主任带我们去通海纳古的回族社区进行田野调查。这是我第一次近距离与穆斯林文化接触。在这里，我们被穆斯林的虔诚所折服，也了解到了一些关于穆斯林、古兰经、伊斯兰教的知识。第三次是在大二的暑假（2016 年的夏天），我与班上的 6 名同学和 2 位 2013 级的学长学姐以及带队老师——陈浩老师，一起在楚雄大姚石羊镇进行了为期 20 天的田野调查。这一次我才开始真正懂得什么是田野调查，也开始将课本上以及老师所教授的知识运用于实践，这是一次难忘的田野。而第四次就是课程田野调查的实习，白老师带我们到官渡古镇进行田野调查。在这里，我们将暑假田野调查所获的经验加以运用。虽然还是有所欠缺，但是比起大一的时候，我们已不再是田野新手，都有各自的经验了，所以做起来相对较为轻松。

说到田野调查，通常首先映到脑子里的词有：参与观察、半结构式访谈、民族志、同吃同住同劳动……但在我的脑子里，田野调查就是一个与人沟通交往的过程，同时也是一个收获的过程，当然也是一个有趣的过程。

沟通交往

其实我要感谢民族学这个专业。以前的我，性格特别内向，话很少，跟人讲两句话就会脸红。但是因为我的专业，因为民族学，我发现自己开始渐渐变了。因为做田野时，你必须去寻找合适的访谈对象，然后从访谈对象那里了解有关你主题的东西。

我还记得在大姚县石羊镇，也就是我第一次真正做田野调查时的事。当我们第一天开始各自外出去做田野时，我的心里是很忐忑的。我的主题是“了解从民国时期到1949年新中国成立前当地盐业生产的情况”，包括那一时期的制盐工艺、灶户与灶工的关系以及盐的行销等，所以我的报道人主要锁定爷爷奶奶们。有一天，我看到一个奶奶坐在路边，我犹豫了好几分钟，纠结究竟要不要上去和奶奶聊天，进行访谈。这时，奶奶正好看到了我，对我笑了笑。正是因为这一笑，我走上前和奶奶聊起天来。可能这也算一种冥冥之中的缘分吧，因为这位奶奶，从第二天开始，我就不再犹豫，只要遇到老人我都会跑上去和他们聊天，寻找合适的访谈对象。

虽然在此期间，也有一些爷爷奶奶没有接受我的访问，这也可以理解。在访谈的时候，好多爷爷奶奶都以为我们是记者，还问在哪个电视台上可以看到他们。我哭笑不得，一边跟他们解释我们的田野调查是什么，一边笑。可以说，在那20天里，通过和这些和蔼的爷爷奶奶交流，我开始放下自己的害羞，开始可以和爷爷奶奶侃家常、聊天。也有爷爷奶奶留我吃饭，但是我没好意思吃。

与访谈人的沟通交流是一方面，而每天晚上的汇报则是与带队老师和同学的交流沟通。我和带队老师以及同学相互交流，今天访问到了些什么，明天又该问些什么，该探索些什么。这种沟通和交流是很有必要的，因为某个同学的某个点会突然触动你，给你新的思路。老师的指点也很重要，因为老师可以告诉你，你的材料哪些不够、哪些应该重点去弄。但有时候也会有意见不一致的情况，有一次我就因为和老师的意见不太一致，起了争执。后来我意识到顶撞老师是不对的，给老师道了歉。然而老师根本没怪我，一直都在耐心地指导我。

我们现在的田野是以同学结伴、老师指导为主，在这一阶段，我觉得更多的是在适应田野。我们要开始习惯成为一个田野人，习惯活在田野中，用当地人的思维去理解和思考当地的文化事项以及其他事项。我认为学会沟通交流是这一阶段最为重要的事情。在沟通与交流中，你会发现自己与当地人越来越近，也可以更好地从他们的角度理解他们。

像马林诺夫斯基、费孝通这样的人类学大家、翘楚，是我们这些田野新手的学习目标，也是我们前进的指南针。

收　获

倾听。在田野中，我觉得很多时候我更像是一个倾听者。我只是简单地问一个问题，那些爷爷奶奶就会讲很多。他们会和我讲家里的事，讲自己的子女，讲年轻时候的事。很多时候，他们会说，他们老了，没人愿意听他们说话，而跟我讲一讲他们觉得轻松了好多。回忆起以前的事情，爷爷奶奶都觉得以前的岁月很艰辛。很多时候，听他们讲到以前所经历的苦，然后感恩现在幸福的生活，很令我感慨。所以，我觉得倾听也是一门很重要的课程，也是需要学习的。

多样生活体验。回忆起田野来，真的是很有趣呢。有一天我找了一个在菜市场卖菜的奶奶，想找她做访谈，可是奶奶在卖菜，有点忙，我就帮奶奶卖菜。有人来买菜我就装作是奶奶的孙女，然后帮奶奶卖菜。后来，奶奶和我聊了好多，也很感谢我帮她卖菜。有一天有个奶奶在路边卖鸡，她暂时没时间搭理我，我就在一边默默帮奶奶推销鸡，后来奶奶也和我聊了好多。很感谢这两位奶奶，让我的田野很不一样。

多样的思考方式。我一直觉得，读了大学自己并没有很多的改变。但其实民族学和田野调查对我的影响是潜移默化的，在不知不觉中，我发现自己看待问题的角度已经很不一样了。衡量和判断一件事情时，不是只从一个角度。当然很多时候，我们都不应该用自己的想法、价值观去判断别人。毕竟生在不同的环境及文化背景中，每个人的思考方式都不同，试着去站在别人的角度去理解别人的生活与想法，才能更好地理解别人。这也就是所谓的主位与客位相结合。

总的来说，我觉得做田野是一件十分愉快的事情，我们乐在其中，愿意与田野相守，成为一个真正的田野人。

作者简介：

李文丽，云南大学民族学专业2014级本科生。

你曾否意识到你也是一名边界人

马　巍

人类学民族学对边界的关注或许可从拉比诺谈起。在《摩洛哥田野作业反思》一书中，“边界人”是拉比诺的报道人所具备的一个共性，这也是人类学家下田野所寻找的、理想的访谈对象。我对于“边界”的关注和思考源自两个机缘。

一则，我硕士论文的田野点位于磨憨—磨丁口岸，处于中国—老挝两个国家的边界。“边界（boundary）伴随人们的社会生活，既有物理空间边界，更存在着群体及个人的心理边界。”① 就像王建民教授所讲述的那样，边界即是一种物理空间的区域，它们处于一定的范围。以我的田野点磨憨—磨丁为例，两个口岸都是处在中老两国的交汇地带。在这个特殊的地带，二者既是一个相对隔绝的空间，又是一个贯通的整体空间。隔绝或许在于政治意识形态的塑造，因为一个国家的口岸，被看作是国家的大门，也是意识形态和国家权力的渗入地的终点；而贯通也许还是意识形态的产物，或作为跨境族群共同族员心理的认同以及个体的互动的结果。在政府层面上就多次进行过有关磨憨—磨丁口岸的洽谈会晤。如2015年8月31日，在中国国家主席习近平和老挝国家主席朱马里·赛雅颂见证下，中国商务部部长高虎城与老挝副总理宋沙瓦·凌沙瓦在京分别代表两国政府正式签署《中国老挝磨憨—磨丁经济合作区建设共同总体方案》。“中国老挝磨憨—磨丁经济合作区”是继与哈萨克斯坦建立中哈霍尔果斯国际边境合作中心之后，中国与毗邻国家建立的第二个跨国境的经济合作区，是中老两国创新合作模

---

① 王建民教授于2015年9月29日在“2015年云南省第九届社会科学学术会议年会主题会场暨中国人类学民族学研究会边疆学专业委员会成立大会”上讲述。

式、加快开放步伐的重要举措。①

在族群和个人层面上，边界又是充满了孔道和缝隙的。有时这种起限制作用的边界反而成为一种资源，“既有从事竞争的场合，也有成为企业家的机会。”②我在老挝访谈到的阳光大哥就是一个很好的案例。正是基于边界的这种特性，使得处于边境地区的跨境民族的事业做得越来越大，他们能很好地利用两国的政策及边境经济贸易的优势，边界对于他们来说成为一种资源。

“明确边界，才能够辨识自我、建立认同、做出行动、寻求安全与建立合作。社会、文化、种族、民族等都是具有边界（尽管各种边界可能都是人们建构出来的）的人类群体。”③ 而在边界中的认同也是具有情境性和选择性的，我在田野点认识的王大叔就是这样一个鲜活的例子。我之所以选择他作为我的翻译，便是因为这位翻译谙熟中老边境磨憨、磨丁的社会结构以及村落文化，加之其波折的人生经历，堪称是位“边界人”。在此我用边界人是指代的是生活在边界区域的人，更多强调他们是跨境生活在边界的特殊人群。与边界人相对应的是边缘人，罗伯特·帕克曾提出“边缘人”这一概念，认为边缘群体是悲剧人物，是被边缘化的群体。笔者认为边界人与边缘人存在一定的共同处和差异。边缘人更多是与中心相关联，而边界人则不然，边界人有可能摆脱边界成为中心，跳跃于各个社会文化体系之中。王大叔这位翻译的这一特性为我从事田野工作带来了很大便利。

二则，作为一个回族人的我，深深地感受着并实践着一个边界人的角色。对于那些严格遵守《古兰经》以及一些伊斯兰条例的人来说，我是一个局外人，也是一个边界人。从饮食层面和风俗习惯上来说，我抽了烟、喝了酒，下田野还吃了非“清真”的食品。而对于穆斯林这个群体，从心理层面上，我是又亲近又远离。亲近缘于我是这个群体的一分子，有着一种骨子里带来的对这个族群和宗教的亲切。来到昆明这个散杂居穆斯林社区，我两次在周五到清真寺礼“主麻”时，莫名地被布道者吟诵的《古兰经》唱哭了。而远离来自个体心理对自

---

① 参见中老签署磨憨—磨丁经济合作区建设共同总体方案［N］. 人民日报，2015－09－1（3）.

② 参见［瑞典］乌尔夫·汉内斯，肖孝毛译. 边界［J］. 国际社会科学杂志：中文版，1998（4）：97.

③ 王建民教授于2015年9月29日在“2015年云南省第九届社会科学学术会议年会主题会场暨中国人类学民族学研究会边疆学专业委员会成立大会”上讲述。

我认同的判断以及渴望成为一个不被“圈子”所束缚的边缘人、边界人的理想。或许是因为性格，也可能是别的缘故，不喜欢被束缚、被牵绊。所以，成为一个游离于“体系”的人是我一直所追寻的价值准则。

边界人的身份给我带来游离的快感的同时，也带来了内心的恐慌。这种恐慌是一种无法言明的感受，有时候就促使我去想一些“乱七八糟”的事情，我在想这也是为何人类要建立规则、建立秩序的原因——寻求一种安全感。① 当然，我依然很享受作为一个边界人体会到的各种感受和经历，无论是恐慌还是愉悦。因为它可以帮助我更好地认知自我，思考自我。我不想简简单单地来到这个世界，就稀里糊涂地像父辈们那样，结婚、生子，剩下的时间都是为了孩子的将来而奋斗，然后走向尘土；后来的人接着前人的步伐，继续着同样的工作。也许，我最终还是会重蹈父母的老路——结婚、生子，等等，但我也想活得明白些。同时，也能够进入更大的范围、更大的领域，而不是被自己的圈子所限制。我能去不断地看看他们的生活是什么样的，他们是怎么看待生活的，这也是我喜欢这个专业的缘故，也是我喜爱到处旅游或东奔西跑的缘由。就像拉比诺在文中所说：“通过对他者的理解，绕道来理解自我。”②

作者简介：

马巍，云南大学民族学专业 2014 级硕士生。

① 房屋设立厚厚的石头墙，墙壁越厚，越有安全感，一切都在自己能够掌控的范畴，才能使得恐慌被“剥离”。

② 参见［瑞典］乌尔夫·汉内斯，肖孝毛译．边界［J］．国际社会科学杂志：中文版，1998（4）：17.

田野漫谈

张　凤

“生活不止眼前的苟且，还有诗和远方的田野。”

许是听了太多次许巍的“生活不止眼前的苟且”，所以每次谈起田野，这句话就会不自觉地浮现在脑海。民族学人类学亦如此，不止有教室里高深而精辟的理论，还有远方无尽的田野。在我看来，田野是一场集浪漫与现实的修行，同时它也是一条路，一条让我们通往内心最深处的路。这条路上所遇到的每一个人、每一场仪式会让你看到教室外面的世界和人情世故。田野中总会有不期而遇的惊喜和美好，这些惊喜和美好往往能够给我的调查增添不少的色彩。然而，修行之路岂是容易的，想要获得智慧，需要我们艰辛的付出。

从大一至今，前前后后去过几次田野。认识不同的人、体验不同的生活、享受异文化带来的震撼，与此同时思考“我是谁、我能做什么”。每一次田野都给我不一样的震撼和思考，但让我记忆犹新且难忘的是于 2016 年 7 月至 8 月在楚雄州大姚县石羊古镇做的田野调查。或许这次田野才是我真正意义上的田野，因此至今念念不忘。

像往届毕业实习前一样，进入田野之前我们进行了几天的培训。老师在培训时传授给我们如何确定主题、访谈技巧、田野伦理、田野日志、田野笔记以及最后 2 万字的报告如何规范完成等，同时也给我们灌输一些精神食粮。

即便有了规范的培训，在田野中我仍旧遇到很多难题。整个田野过程我的状态大概是这样的：好奇——迷茫——担心（不知问什么问题）——步入正轨——担心（时间不够）——田野结束。和自己理想中的状态相差太远，本以为自己能够做得更好一点的。下面我想分享一些关于田野中的思考。

一、进入田野前的预备工作——查阅相关资料

在这里我想分享的是田野前相关资料的准备。在确定主题“生态与灾害”之后，我查阅了前人对石羊古镇生态与灾害方面的研究。本以为石羊作为曾经的产盐重镇，自古就受到中央政府的高度重视，儒家文化浓厚，即使今天已经不再煮盐，也应该会有不少人做过有关当地生态与灾害方面的研究，因为盐业的发展对石羊镇的生态确实产生了很大的影响，然而当我去查阅资料时，却只有寥寥几篇。关于石羊的研究，更多的是教育方面的。我从有限的资料中大致了解了石羊的历史脉络，但有关其生态与灾害方面的信息却很少。

即便如此，我依旧怀着好奇与激动的心情进入田野。总想着田野会非常顺利，但没过几天就到了瓶颈期，不知道问什么，每天出去访谈收获不大。现在想来，如果当初查资料时不局限于对石羊的研究，而再查阅前人对相关主题的研究，学习他们的研究方法和视角，或许那次田野会更成功。

二、访谈必知

好的访谈是田野成功的关键。访谈之前，应该结合之前访谈笔记以及老师给的建议拟出每日的提纲，这样不至于访谈时找不到问题问。提纲固然重要，但访谈也不能只是按部就班。很多时候，受访人的一句题外话可能会给我们带来新的线索，因此在访谈过程中要注意每一个细节，认真记录。

三、今日事今日毕——每日3000字

田野笔记和田野日志是调查报告内容的直接来源，因此要做好每日的田野笔记和日志。田野不是旅游，需要我们辛勤耕耘。刚进入田野时，每日写3000字简直是不能忍受的。尤其是带病进入田野的我，对此还有点小情绪。每天晚上向老师汇报完当天的访谈情况和内容后，一般都是11点多了。同学们都会利用每次开会的时间把3000字完成，然而我却不能。说实话，田野20天，我几乎每天晚上都是凌晨两点才休息。原本就生病，加上长期熬夜，身体越来越吃不消。但如果不完成3000字，就会影响整个田野调查的进度，因此再累也坚持下来了。在写3000字的过程中，我发觉自己在一些能力上有欠缺，比如打字速度、语言组织能力等，但经过20天的磨炼，这些欠缺都有所改善。

四、需具备的能力和技巧

田野中需要具备的能力和技巧非常多，比如访谈技巧、语言沟通能力等。田野地（农村）的许多受访者使用最多的语言是当地的方言或者民族语，不习惯说普通话。因此在田野中，学会当地的语言对访谈有极大的帮助；即使学不会当地的语言，在访谈时也尽可能说方言。说普通话可能会导致受访者不能正确理解所问的问题，而且他们会觉得有压力。语言交流方面，要礼貌谦逊。不要说一些学术术语，要会用通俗易懂的言语表达问题。再比如绘图能力，绘图是基本的要求。田野时我们通常需要绘制村落分布图、资源分布图、地形图、交通要道图等，因此必须要有一定的绘图能力。对于画一个细胞结构图都需要花一节课的我来说，绘图真是我的短板。在此次田野中，我花了很多时间绘制石羊镇的基本地形图，而且结果不太可观。

五、田野伦理

遵循田野伦理是每个田野工作者的本职。进入田野应尽量做到“入乡随俗”，尊重当地的文化、风俗习惯，用当地人的眼光去理解举行的仪式或发生的事件，最后再做出民族学人类学的解释。任何成功的访谈都是建立在信任的基础上的，因此取得当地人的信任尤为重要。田野工作者不应只是向当地人索取所需的资料，欺骗他们的感情，而是应该真正融入他们、理解他们。学会珍惜田野中的每个人、每件事。

修行之路本就坎坷，需要我们“走心”，田野修行更需要我们全身心投入。田野是一个理解他人、理解异文化、反观自己的一个过程。田野是每个民族学人类学学者的必修之路，在这条路上不仅需要专业知识，更需要我们的真心。这场修行是一个理解他人、理解自己的过程。

作者简介：

张凤，云南大学民族学专业 2014 级本科生。

幕前幕后

我们的大学宿舍

刘莉 张唱

恍恍惚惚，我们三人（刘莉、张唱、冯多多）开始了《我们的大学宿舍》纪录片的拍摄工作，之前看了那么多别人拍摄的纪录片，心想终于到自己露一手的时候了。但自己切身体会了之后才发现，无论是在纪录片拍摄过程中还是在后期的剪辑过程中，困难与启发都是齐头并进的。我们三人都是拍摄纪录片的小白，初来乍到，在拍摄过程中跌跌撞撞，一边摸索一边拍摄。

拍摄的过程是辛苦的。我们首先在纪录片主题的选取上遇到了困难。最开始，我们拍摄的主题是陈学礼老师给的《离开微信的一个星期》。带着初拿起摄影机的新鲜劲，我们三人欢欢喜喜地进入了拍摄工作。一周之后，陈老师进行了第一轮审片。我们激动地将一周的成果呈现在他面前，却没有让他满意。他皱着眉头，杵着腮帮子对我们说："你们的拍摄主题，就现在手里有的素材来说根本没有突出出来，离题很严重。"一阵沉默之后，陈老师接着说："如果实在觉得困难，就只能考虑换一个主题了。"他的这两句话对我们来说如"五雷轰顶"，一个星期的辛苦工作就这样白费了，不但浪费了一周的时间，而且还要考虑重新换主题，顿时我们三人像霜打的茄子蔫了，除了叹气还是叹气。但是陈老师随后又说："看了你们目前拍摄的素材让我想起不少有关于我们大学舍友的趣事，而且你们拍摄的主题也已经在往这方面靠了，不然你们就考虑把主题换成有关大学宿舍生活的吧。"听了这些话之后，我们三人又燃起了希望，那是经历了绝望之后的希望，瞬间觉得自己真是幸运！主题重新确立以后，我们又开始忙碌起来。有了之前无头绪的拍摄经历之后，接下来的工作顺利得多。我们三人简单地制订了拍摄计划，确定了相关的拍摄内容，又朝着美好的明天大步迈进。多亏之前那一周无头绪的拍摄，让我们有了之后相对清晰的拍摄思路。

但随后新的问题出现了。拍摄是在学期末，伴随着紧张的期末考试。我们不但要准备期末考试，而且还要花费大量的时间进行纪录片的拍摄。在准备期末考试与拍摄纪录片中两头忙乱，颇感疲惫和吃不消。记得纪录片里需要一个早晨的镜头，呈现黎明前宿舍亮灯的这一场景。那时正值冬天，天亮得晚，寒风刺骨的清晨就得抬着摄影机往外跑。合作拍摄纪录片，我们之间的默契也慢慢地培养出来，大家懂得只有相互合作、体谅，我们的拍摄工作才能顺利进行。

因为是纪录片，所以内容必须是我们真实的大学生活。作为影片里的主角之一，冯多多要承担的压力是相当大的，不但有素颜面对观众的镜头，而且还会时不时地将她一些不好看的样子展示出来，让别人知道她真实的生活状况。每天她都要和其他舍友感叹一句："完了，这下嫁不出去了。"随着冯多多的曝光，整个宿舍一群人的日常生活也都被曝光出来。在摄影机面前，起初舍友们多少会有一点"收敛"，但也只是一时，等到大家都已经习惯了镜头的存在时，就又开始"放飞自我"了。每个女生其实都不太愿意将自己丑的一面暴露在观众眼前，所以大家有时候也会排斥被拍摄到自己不完美的一面。记得有一次摄影机跟在冯多多身后进了宿舍，刚好舍友晓敏正在化妆，于是她对着摄像机大叫："你快走开，真是有你就有摄影机！"我们顿时哭笑不得。

随着时间的推移，克服重重困难，我们终于将纪录片拍摄完成了。虽说拍摄过程很艰辛，但同时也夹杂着欢声与笑语。从起初的毫无头绪，到后来的井然有序；从没有拍摄过纪录片的小白，到能熟练操控摄影器材的学员。这期间我们经历了很多，也克服了很多，老师的提点，自己的摸索都是不可或缺的。我认为这些经历弥足珍贵，它会伴随着我们的成长，学习一时，受用终身。

作者简介：

刘莉，云南大学民族学专业 2014 级本科生；张唱，云南大学民族学专业 2014 级本科生。

屋里屋外

普　煜

五个没有梦想和追求的人，带着一颗平凡的心，只是一直做着我们认为对的事情，不担心会有什么困难，也不在意最后结果怎样。一台摄像机，一个脚架，一只话筒，只具备了开机关机、换景别机位的基本拍摄水平的我们，抱着一种为了完成大三上学期必修课——“影视人类学”期末作业的态度，开始了一段平淡却又坎坷的拍摄历程。

一、性格鲜明的五人

组员不多，就五个，但是已经把各方面的“人才”都占全了。

杨丽花同学具备天生的交际能力和灵活的头脑，在大街上随便拉一个人就能和人家谈笑风生，于是杨同学主要负责“外交”方面。第一次与拍摄对象沟通本来是件十分困难的事情，谁都害怕与陌生人说话。而杨同学性格开朗温和，便担任起了这一艰巨任务。此外，杨同学的伶牙俐齿也在访谈过程中起了很大作用。

李琴同学则有一颗放荡不羁的心，思想也十分活跃，总是能在拍摄期间提出许多奇特的想法，算是拯救了我们这一群没有思想、没有抱负的青年。在后期剪辑中，由于李琴同学思维太活跃，我们组剪辑出了很多版本。

陈红梅同学相对比较稳重，对于李琴同学提出的奇思妙想，她能做出较为冷静、成熟的分析和判断。陈同学也擅长聊天，有时候讲得滔滔不绝，还耽误了拍摄对象做饭的时间。另外，不管是在访谈或是在剪辑中，陈同学清晰的思路总是能起到引领的作用。

黄星铭同学是我们组唯一的男士，当然绅士风度是必备的。独自一人扛机器、脚架，拎包。黄同学的粤语口音比较浓重，一般人听不懂他的普通话，所以他只能充当摄影机背后默默无闻的角色。冬天总是让人变得懒惰，因此所有的体力活都落在了黄同学的肩上，对于我们的“压榨”，他也毫无怨言。黄同学每天在外面遭受着风吹日晒，还干着苦力活，回到剪辑室，也还需要他“精细的手工”来完成每一个镜头的拼接。

而我呢，沉默寡语，矫情又高冷，不擅长言谈，更别提让我去和陌生人交流，对纪录片也没有太多的深刻见解。所以只能和黄同学一起躲在摄像机后面，听从其他组员的调遣。不过组员们说我虽然冷漠但还是有优点、有价值的，比如有事没事假装自己是文艺女青年，拿着相机到处乱拍，所以在取景构图方面，组员们还是挺信任我的。虽说自己太讲究细节并且过于追求完美的性格有时让他们受不了，但在后期剪辑过程中，这种性格还是帮助团队发现并处理了很多细节上的小问题。

这就是我们五名成员，性格迥异却不张扬的五人。

二、第一次波折——翠湖环卫工人

或许因为我们没有酷炫的想法和精湛的拍摄技术，所以我们也不敢挑战特别高难度、高水平、高立意的拍摄题材。于是我们五个人，锁定了我们身边最平凡的一群人——环卫工人，他们只是偶尔会闯入我们的视线，但是当他们出现在我们面前时，我们却总是想逃离，不愿与他们有任何接触。他们一直在我们身边，可我们却从未留意过。于是，我们想把这群被忽视却任何人都离不开的群体，记录在镜头下，展现在银幕上，让我们这些自以为是、高傲无知的人，知道他们的艰辛与不易。

环卫工人在城市的发展中充当着不可替代的角色，特别是昆明在创建全国文明城市，更是需要环卫工人对这座城市精心呵护。环卫工人遍布大街小巷，但是出于就近原则，我们选择了翠湖片区的环卫工人作为拍摄对象。

在翠湖周围一次次的寻找，我们最后选中了一位面善的阿姨作为我们的主要拍摄对象。当我们说明自己的意图时，阿姨虽有些不情愿但还是答应了配合我们的拍摄。我们喜出望外，以为答应得如此“爽快”，那接下来的拍摄过程应该是能顺利推进的。

在一开始的拍摄、采访中，这位阿姨和她的丈夫都非常热情地配合我们。尽管一开始有些拘束，但一两天之后就渐渐适应了，在摄像机下也能自然地工作。我们开始构想需要的镜头画面和要访谈叔叔阿姨的内容。由于每天都要在他们二位繁忙的工作时间里拍摄，并且是在翠湖周围，车辆、人群来来往往，本来就不是很宽敞的街道再多了五个举着摄像机，为了追求各种画面的完美而“霸占”了街道从而造成更加严重的拥堵的人，并且我们五个的安全也可能受到威胁，对此我们深感愧疚。杨丽花同学建议买一些水果表表我们的心意，同时也是为了能给叔叔阿姨带来一些好感和亲近感，方便接下来的拍摄。一切都看似很顺利，但是后来困难渐渐显露出来。由于拍摄地点在一条比较热闹的街道，公交车、汽车、摩托和行人让这条街道显得格外嘈杂。我们回来整理素材时才发现采访中说话的声音都被淹没在了车辆和人群中。后来我们得知叔叔阿姨在文林街开了一家推拿店，并且生意还不错，我们就觉得应该能从这个环卫工人家庭挖掘到更多的故事，毕竟他们不仅仅有着环卫工人这一角色。我们以为，如果能深入到他们的家庭内部拍摄，工作的繁忙和家庭的温馨交织在一起，也许能剪出一部较为完整和丰富的纪录片。同时推拿店里也能给我们的访谈提供了一个较为安静的拍摄环境。在和叔叔阿姨商量好之后，我们前往推拿店，开始我们的深入访谈。可刚一进门，我们的拍摄就遭到了叔叔阿姨的儿子和儿媳的反对。并且在接下来的几天拍摄中，叔叔阿姨也表现得警惕起来，不再像之前一样放松。如果照这样的状态下去，我们不仅拍摄不到想要的结果，也严重干扰了叔叔阿姨的工作、生活和心情。于是，在其他组已经进入后期剪辑的时候，我们不得不忍痛放弃了这个已经进行了大半的拍摄题材，重新思考拍摄题材。

三、痛下决心换题材

看着其他组已经进入剪辑阶段，我们却需要重新考虑拍摄题材、内容和对象，我们五颗原本只打算把这次的纪录片当作一次期末作业完成的平凡心，更是受到了打击，对拍摄已经不抱任何希望和热情。可惜作业还是得完成，不然修不够学分我们的大学就白念了。于是我们带着一丝伤感和绝望，与陈学礼老师进行了几天的商量和讨论。最终，我们彻底与翠湖环卫工人说再见，转向了我们的东陆校园，一个不经意的角落里，一家普通的外来打工者，他们每天做着同样的事情，悄悄改变着我们这个在外人看来花园式的校园环境。

根据陈老师对地点的描述，我们来到云南大学东陆校区北门，发现真的有一个垃圾站隐藏在深处。在垃圾站旁边，有一个小小的屋子，用石棉瓦盖的，里面住着负责这个垃圾站的夫妻二人。如果不是陈老师提醒，就算每天从它身边路过千百次，我们也不会注意到它的存在。因为它确实太隐蔽了，需要你转身才能注意到它。

值得庆幸的是，这里的叔叔阿姨很理解、配合我们的拍摄，并且他们二人在镜头面前一点也不羞涩，毫不躲闪，像往常一样生活工作着。我们能有如今的这部片子，和叔叔阿姨的配合是分不开的。在这个狭小的空间里，充满着满满的爱和温暖。这部片子没有太多绚烂、壮美、惊心动魄的镜头，从头到尾，如水流一般，缓缓地，淡淡的，静静的。

四、小屋里的人和事

初次来到这个不起眼的小屋，我不由得震惊了。十多平米的地方，容纳了床、桌子、凳子、碗柜、锅碗瓢盆等所有家居用品。家虽然很小、很昏暗，两个人在屋子里同时走路都很困难，但或许因为狭小的空间，让这家人的心贴得更近、更有爱、更温暖。

片子的二位主人公是罗平人，在哥哥嫂子的介绍下来昆明打工，现在负责云南大学及云大宾馆的日常垃圾的处理工作。他们有三个孩子，大儿子在老家打工，大女儿在昆明开餐馆，小女儿还在上学。吸引我们拍摄这部纪录片的因素有很多，其中除了最初的我们想记录下在现在这种高科技的现代城市中不可缺少的平凡劳动者的日常生活外，这一家人，尽管生活条件艰苦，但是他们那种对生活一直持有的乐观态度和家人之间的互相信任及关怀，是让这部纪录片能继续下去的最重要的原因。

说实话，刚开始我是很难融入这个环境中的。因为小屋建在垃圾站旁边，环境本来就不是太好，再加上狭小的空间要容纳一家人的生活用品，已经不能对干净整洁再做过多的要求。而且空气中总是飘着一股垃圾味，剩饭剩菜、废瓶废纸的味道杂糅在一起。幸好是在冬天拍摄，垃圾味已经不算太过浓烈，不然这股刺鼻的味道会成为阻碍我们拍摄这部纪录片的罪魁祸首。

排斥抵触的心理还是不敢表现出来，我只是默默地跟在队友们的后面，听着他们与叔叔阿姨交谈，让他们知道我们的来意，取得他们的信任之后解除戒备心。由于上次拍摄就是因为得不到拍摄对象的信任而不得不终止，所以这次我们最重要的就是要取得两位拍摄对象的相对信任，不然又前功尽弃了。不太擅长表达和不太能接受这样脏乱环境的我和黄星铭同学，总是躲在摄像机后面，而李琴、杨丽花和陈红梅同学算是我们组的“交际花”，不怕脏、不怕累、不怕说错话，不到半个小时的时间就与男女主人公侃侃而谈。但要融入他们的家庭，还是差一段距离。因此，三位同学负责对男女主人公进行访谈，而我和黄星铭同学就担任起了画面的取景设计和拍摄任务。

一开始，所有人都正襟危坐，宛如新闻采访，抛出一个问题，主人公回答；几分钟的尴尬后，又憋出一个问题，叔叔阿姨再配合回答，然后再次陷入尴尬中。随着时间的推移，我们与叔叔阿姨的关系逐渐融洽，在二老的日常生活中，他们做着事情，我们举着摄像机，像家人之间聊天一样，不会有人在意对方是谁，摄像机是否开机，像拉家常一样，一句话抛出之后我们都有很多话要说。叔叔阿姨把我们当成了家里的五个孩子，而我们也从最初的不能接受这样脏乱的环境，变成在小屋里随便坐、随便吃，或帮叔叔阿姨做一些小事，把自己当作了家里的一员。

总体来说，我们组的分工也不是太明确，谁有新的想法和构思，就举起摄像机。谁有问题需要询问叔叔阿姨，就会在谈话中问起，不会在意是否有摄像机的存在，不会担心我们的身影是否会闯入镜头。三天两头地往小屋跑，让叔叔和阿姨对我们慢慢有了亲近感，也慢慢接受了我们，卸下了戒备。而我和黄星铭同学，在三朵“交际花”不在的时候，也需要学会自己去和叔叔阿姨沟通交流。

生活就是柴米油盐酱醋茶。叔叔阿姨每天早上六点就得起床打扫卫生，下午五点半才能下班，晚上还得卖分类出来的剩饭剩菜给养猪场。白天要负责用他们的双手对垃圾站的垃圾进行分类，有时戴着手套，有时徒手进行。谈论婚丧嫁娶，亲戚朋友之间的请客喝酒，以及与养猪场、废纸厂的交易等，都在这个简陋的小屋里进行着。

吃饭喝酒最能拉近人与人之间的距离。或许一顿饭，一杯茶，一碗酒，就能使相互排斥的双方靠得更近。在一座陌生的城市，老乡是彼此最好的慰藉。隔三岔五地相互请吃饭喝酒，搬新家摆酒席，过年吃杀猪饭，甚至是叔叔阿姨家拿出挂了一年都没舍得吃完的腊肉，都要叫上老乡和亲戚过来一起分享，哪怕只是那么一小碗，都吃得很开心，这或许就是所谓的吃的不是肉而是一种情义吧。

由于需要跟拍一整天才能更好地看到叔叔阿姨一天的生活工作，所以每当吃饭的时候我们都处于一种纠结的状态。虽然叔叔阿姨热情招呼，我们还是婉拒了。原因主要是羞涩，和叔叔阿姨还存在一定的隔阂。到了最后一天晚上拍摄时，在叔叔阿姨一如既往的招待下，我们不再拒绝，端起碗筷，像一家人一样，和叔叔喝酒，听二老讲述他们在云南大学工作的这段时间内听到的或经历的奇闻逸事。那天晚上很冷，外面还下着小雨。但是叔叔阿姨和他们的朋友，以及我们五人，挤在这间平日里看似只能容纳三个人的小屋，随意地聊天、喝酒、吃肉。屋外，冬雨一直下着，屋里柴火烧得正旺，火堆里还埋着几个洋芋……

我们没有刻意地想过要拍什么，我们组的成员们都是极其“没有想法”的人，只是为了完成期末作业而去拍那些我们认为取材方便、可操作性强、平凡的人和事。我们从未考虑过我们要怎么去拍摄这部纪录片。每天拍摄的时候，我们五人把脑子放空，不敢想得太多太清晰，毕竟拍摄纪录片每时每刻都存在着惊喜和意外，所以对于我们这种本来就没有太多奇思妙想的人来说，只要发生的事情不会让我们措手不及我们就谢天谢地了。我们只顾得上尽量记录下我们所拍摄的主人公的日常点滴，完全没有更多的时间去思考我们到底要什么画面，最后需要呈现出什么效果。而或许正是这种漫无目的的拍摄，在无意间让我们得到更多意想不到的收获。

五、五颗紧挨的心直击后期剪辑

把眼光投到其他组，别人已经剪辑出了纪录片的雏形，而我们组才着手剪辑。但是我们撑着强大的内心告诉自己不要理会别人，埋头做自己的就行。我们每天就这样自我麻痹、自我安慰。为了赶在截止时间之前完成我们的纪录片，剪辑室里经常只剩我们组的身影，有时候冰冷的空气让我们很想逃离这个剪辑室，特别是到了晚上，阴森的氛围更加浓重，背后总有寒气袭来，剪辑时候完全不敢回头看。起初的剪辑我们算是小心翼翼，比如一个人抬手之后我们一定要等到他的手放下去才算一个动作的完成，才敢剪。特别对于我这个强迫症患者来说，随便剪断动作是一件十分难受的事情。但后来我们受不了这种折磨，开始了“乱剪”模式。不过这种天马行空的剪辑反倒让画面更流畅，有时候真的需要不拘小节，也让自己得到解脱。但该细致的地方还是得细致，每个画面，我们所有成员都是反复商量才决定怎样去剪辑。不过好在我们组最大的优点就是每个人都没有想法，而且也不懂什么。只要一个人说出想法，如果没有太大的问题，都能全票通过。在我们组，“我觉得这个想法不是太好”已经算是对最大分歧的表述了，但是这种情况是比较少的。我们组不会大吵大闹、摔桌子板凳、打“冷战”，每次存在意见分歧时，大家都真的做到了心平气和地商量。

看着别人的片子一天天成形，时间也一天天流逝，距离截止日期也一天天更近。我们看似平静的脸庞掩饰了崩溃的内心。在这段瓶颈期，陈学礼老师的鼓励给了我们坚持下去的决心。临近期末，别人在准备其他科目的考试，而我们组还在马不停蹄地剪辑。发现缺少素材，我们又和老师申请给我们摄像机去补拍素材，甚至是到了元旦放假，以至于寒假已经开始，我们组都还在不断剪辑、不断拍摄新的东西。好在我们组的成员没有一个抱怨的，大家最可贵的精神，在于团结。最后我们在短时间内也居然剪辑出了四个版本。

从 2015 年 11 月份到 2016 年 4 月份，从冬天走到夏天。我们组经历了放弃之前选题的痛苦，也经受着不断落后于其他组的压力，而且我们的拍摄环境其实不太好，垃圾站，很少有人愿意接触。特别是在冬天，没有暖气的云贵高原，下着小雨有时还任性地飘一点雪花，持摄像机的手会冻得发痛，会冻得我们在剪辑室里都快抱在一起了……但不管是拍摄还是剪辑，这一路走来，我们组的五位成员一直都在一起。

存在意见分歧是正常的，但是只要大家都说出自己的想法，总是会有一个最折中的办法来解决。到了后来的剪辑疲惫期，我们分成两个组来轮流剪辑。但这样就会存在一个问题，这一个小分组的剪辑想法不一定被另外一组同意。所以我们开始返工，把辛辛苦苦剪辑出来的东西全部放弃，所有人又都坐在一起，商量着来剪辑。多少个寒冷、可怕的日夜，我们把剪辑室当成了家，在里面睡觉、吃饭、唱歌，只要一下课，五个人就奔向剪辑室，开始视觉上的强迫、思想上的碰撞以及身心上的折磨。

我们组的镜头大多都是倒垃圾、整理垃圾、给垃圾分类、卖垃圾等，感觉看久了都会闻到一股垃圾味，审美也疲劳了。突然有的镜头涉及生火、煮饭、炒菜，特别是看到叔叔阿姨家珍藏了一年的腊肉，这时，我们五个人的目光都呆滞了，喉结抽动，咽口水的声音在安静的剪辑室里显得格外清晰，我们同时开怀大笑，大喊一声“好香，好想吃啊”。我们就是这样苦中作乐，缓解紧绷的神经。每天剪辑完之后，大家都已经恶心到吃不下任何东西，眼睛已经接近失明，手脚也冻得麻木，甚至有时觉得神智都有些不清醒了。

六、生活本身如此

我们从来没有想过这部纪录片最后会获得多少人的肯定与赞美，抑或是否定和评判。我们只是把我们所记录下的镜头整理剪辑，给大家展现出垃圾站工作里一对普通夫妻的日常生活；让大家看到在我们干净的城市、校园环境背后，环保人员是如何度过他们的一天的。这些外来务工者，住着最简陋的屋子，做着别人最不愿意做的事情，却改变着这座城市的容貌。尽管他们每天的工作非常艰辛，但是他们也有自己的生活乐趣。下班之后能吃到一碗热腾腾的饭菜，能抽十分钟的水烟，能为儿女洗净脏衣服，能与亲朋好友用“珍藏”的肉来下酒，聊聊今天工作时候发生的事情，谈谈过年回老家的打算。这一切，尽管平淡无奇，但这就是生活，平凡中传递着真正的快乐。

不管你的工作是什么，生活无非就是这样，平平淡淡才是真。太多的惊心动魄，只能给人一时的心理刺激和满足。而在这个小屋里面，从来不会孤独。小屋不大，但总是有做饭的热气让这间冰冷、拥挤、黑暗的小屋变得温暖；人不多，但是来来往往的亲友总是能让这间小屋充满欢笑。而我们，从旁观者、拍摄者，最终走进这个小屋，走入这家人的生活，体会着家的温暖。我们在寒冷的冬天，抛开所有顾虑和担心，一心一意地用我们的摄像机，记录着我们参与这家人生活的每一天。

作者简介：

普煜，云南大学民族学专业 2013 级本科生。

我们的《学徒的一天》

李文丽

自从上学期看了学长学姐的纪录片后，我就一直期待着这门课，希望自己也能拍出满意的片子。从刚开始上课，我们组（杨雪、李文丽、张凤）就在想最终要拍的主题。最后我们选择阿雪（杨雪）的表弟作为拍摄对象，他是呈贡一家修车厂的学徒。表弟今年十七岁，已当了三年的学徒，在以往和他的交流中，他说过自己喜欢现在这样的生活。我们希望通过拍摄他的一天，来在一定程度上表现这种他喜欢的生活。

因为表弟和修车厂的人都是第一次面对摄像头，所以在开始正式拍摄前，阿雪先自己带着机器来做一个前期观察，让被拍摄者逐渐习惯镜头的存在。前期的观察有三天。刚开始的时候，表弟不习惯机器的存在，所以阿雪就把机器架着，边看表弟干活边和他聊天。大概到第一天下午，表弟就习惯了机器的存在。修车厂的其他人刚开始也不习惯，在机器面前放不开，到了后面也就习惯了。在观察之后我们发现，除了休息天，表弟每天的生活有一个固定的模式，工作、休闲。工作之中最重要的是自己修车、和师傅交流，休闲就是和朋友交流、打游戏。我们以这个模式为基础，来组织影片的结构。在确定大体的框架之后，我们开始拍摄素材，同时也期待有更多的发现。总的拍摄时间大概有两个星期，我们利用周末和没课的时候去修车厂拍摄。因为那几天的天气阴晴不定，所以画面中有灰蒙蒙的时候，也有晴空万里。有一天我们拍摄时，表弟刚好要洗两辆挖机，所以我们拍了他洗车的这个过程。我们很喜欢天气好的时候拍到的表弟修车的镜头：天是湛蓝的，车子是橘黄的，表弟认真地干着活，感觉很舒服。我们爱拍表弟在阳光下的侧脸，画面很美。通过我们的片子，表弟应该能收获不少迷妹。此外，修车厂里有很多噪音，各种机器的声音总响着。有时候表弟讲话的声音都听不清，但是我们如实地反映了这样的环境。毕竟，身边环境虽然嘈杂，表弟还是显得乐在其中。镜头里，表弟、师傅还有修车厂的其他人表现都挺自然的，毕竟真实生活的场景是最好的剧情，真实生活中的人是最好的演员。

在开始我们的纪录片制作之前，老师就给我们讲了许多剪辑的理念，在学的时候，我们都感觉还是比较容易掌握的，而且剪辑的技术，感觉也不怎么难。在几个星期的拍摄后，我们开始了剪辑。

刚开始剪，我们就晕了，那些学过的剪辑理念，在满满的素材面前都使不上，这就是理论与现实的差距。冷静以后，我们开始整理思绪，先根据主题——阿雪表弟一天的学徒生活，我们开始了接下来的剪辑安排。首先，我们根据时间线选择了素材，进行初剪。虽说是初剪，但要从一堆素材里面挑出合适的也是很难的，每个素材感觉都像是自己的孩子，舍不得不要。初剪的时候，我们从 200 多个视频里剪出了一小时左右的片子。在初剪之后，我们的思路开始清晰。老师看过初剪的片子之后，说有些片段可以删减一些，重要的是不同的景别和场景的搭配，要多样一点，我们的总体思路和叙事方式基本可行。于是我们按照老师的指点，开始了第二次的剪辑。在这次剪辑中，有时候我们的意见会稍微不同。不过也不奇怪，三个人三种思维，出现思想火花的碰撞是很正常的，偶尔的碰撞还可以激起更多的火花。第二次剪辑之后，我们的片子算是稍稍成型。这一次片长在 45 分钟左右。老师在看过我们的第二次剪辑之后，开始提醒我们要注重叙事的逻辑、方式，非常重要的一点是要掌握片子中阿雪表弟工作时动作的出点和入点。在找完出点和入点之后，感觉来了，我们也开始有点明白该如何运用老师所讲的剪辑理念与方法了，果然“纸上得来终觉浅，得知此事要躬行”。第三次剪辑之后，我们的片子大约有 30 分钟。听起来三次剪辑不算什么，可是算下来工作量挺大，三次剪辑就差不多花去了我们三周的时间。在后期的剪辑里，有好多镜头我们都是细化到帧，我们努力用片子讲故事，努力用阿雪表弟的视角来展现他所热爱的生活。配字幕的时候，较为辛苦的是阿雪。因为她和她表弟是白族，在片中他们用白族话交流。我和阿凤都听不懂白族话，所以阿雪一边听，一边用普通话告诉我们，我们再把字幕配上。

“非学无以广才，非志无以成学。”这句话一直鞭策着我们完成本次纪录片的制作。每一个做事看起来毫不费力的人，背后都曾付出过艰辛的努力；每一部真正有内涵且受人认可的片子，同样也需要花费很多的时间和精力。拍摄纪录片真的很难，拍出一部好的纪录片更难。在拍摄的过程中，需要考虑的东西太多。

首先是主题构思及取材；其次是拍摄的技术，比如机位的设置、使用何种镜头等；最后是剪辑时对素材的取舍。主题的确定是拍摄的关键，但更换主题也是拍摄中常有的事。我们组之前的选题是关于一个约60岁的卖水果的爷爷的生活，但是由于多种原因，最终没能拍成。但我们很幸运，找到阿雪的表弟向他说明情况后，他很乐意帮助我们，让我们的拍摄得以进行。

本次拍摄中，我们结合了“主位视角”和“客位视角”。“主位视角”是以阿雪表弟为主人公，从他的立场出发，保持真实性；“客位视角”则体现在拍摄过程中，我们不干预拍摄对象以及拍摄现场发生的事情，保持客观性。“主位视角”和“客位视角”都有各自的优点，其实质区别是“主位视角”可以获得被拍摄对象文化内涵的原真性，而从“客位视角”拍摄，则能够进行跨文化研究，两者实际是站在不同的立场或角度研究文化的方法。①

在拍摄过程中始终要注意的是伦理问题，即拍摄者与研究对象之间的关系定位以及后期制作过程的人类学文化立场。② 田野工作者必须处理好与被拍摄对象之间的关系，尊重被拍摄者意愿以及他们的文化。人类学纪录片的拍摄不应该是狗仔式的偷拍，应该是在取得研究对象信任的基础上进行的拍摄。在本次拍摄过程中，我们取得了阿雪表弟及师傅等人的信任与支持，顺利完成摄制。在拍摄的过程中，我们遵从真实性原则，反映了阿雪表弟真实的日常生活。

自从学习拍摄纪录片以后，看其他影片时我都会不自觉地思考镜头与镜头之间的衔接以及拍摄场景的意义。虽然摄制已经结束，但我们追求知识的脚步以及学习的热情依旧。纪录片不同于文本的民族志，它给观者以视觉上直接的文化冲击，它能将抽象的文化事项具体化或者直观化，引导我们从不同的维度思考问题。

感悟万千，三言两语道不尽我们的感受。最后要感谢阿雪表弟、修车厂的各位师傅以及在片中出现的所有人，还有一直默默为我们付出的陈学礼老师以及Barbara老师、毛荣富老师、潘朝成老师！

作者简介：

李文丽，云南大学民族学专业2014级本科生。

---

① 毛卫宁．影视人类学纪录片拍摄的思考［J］．大众文艺，2010.

② 李中昕，马静．影视人类学影片拍摄中的伦理问题［J］．绵阳师范学院学报，2012.

读、观、思

明清女性[①]自杀“新”解

——《男权阴影与节妇烈女》[②] 读书笔记

吴佳琪

一、作者及书籍简介

田汝康（1916—2006），云南昆明人，我国著名的民族学家、历史学家、社会学家。1940 年获西南联合大学哲学心理学学士学位，后赴英国剑桥大学研究心理学，后转入伦敦政治经济学院研究人类学，获博士学位。1950 年回国任浙江大学人类学系教授，后调入复旦大学任历史系教授、社会学系主任。晚年往来于世界各洲著名高校访问教学。其主要著作有《芒市边民的摆》《中国帆船贸易与对外关系史论集》《现代西方史学流派文选》《男性的焦虑与女性的贞节：明清时期中国伦理观比较研究》《砂拉越华人社会结构研究》 等。[③]

《男性的焦虑与女性的贞节：明清时期中国伦理观比较研究》（*Male Anxiety and Female Chastity*：*A Comparative Study of Chinese Ethical Values in Ming-Ch'ing Times*）一书最初用英文写成。该书是田先生翻阅、整理 166 种明代和千余种清代方志资料完成的专著，书中主要讨论中国明清社会父系制度下女性（尤其是寡妇、烈女）自杀数量骤增的特殊现象。

---

① 此处尤指寡妇和已订婚女性。

② 因版本不同，该书译本的书名略有差异。本文所用的译本来自复旦大学出版社于 2015 年发行的“复旦百年经典文库”系列中的《田汝康学术著作集》。

③ 张梓轩．田汝康学术史研究［D］．西安：陕西师范大学，2014.

田汝康与陆达雅族领袖合影①

二、书籍内容梗概

本书旨在探究晚明及清代女性自杀数量陡增的现象，但又不止步于现象本身，而是将其放置于伦理、法律、宗教以及其他文化因素对女性婚姻贞洁崇拜的影响背景下，以一种整体观的视角分析自杀现象背后深层次的社会动因机制。

本书共有七章，章与章之间环环相扣，读来如推理小说一般引人入胜，又有着拨开层层云雾，终见天日与光明的欣喜。

第一章题为“道德教化与朝廷旌表”。该章在陈述事实。在中国古代，配偶死后女子终生守寡或以死殉夫是常见的社会习俗，缘何这一习俗在某个特定时期、特定地区突然增多？首先，要从明朝的伦理修正说起。明初，朱元璋颁布了一系列敕令，敕令的初衷在于约束人们的德行，就女性而言，这种约束表现为对贞节的恪守。政府通过节妇荣誉申请，授予旌门等方式来“教育整个国家”。但这些法令在长达一百多年后以失败告终，由此可以推断，政策因素并非引发当时女性自杀陡增现象的主导因素。

第二章题为“社会、经济和人口状况”。俗话说，事出有因。即，现象与事

① 图片来源：《风下》第 526 期，http：//www. intimes. com. my/yeo－html/yeo52 6b. htm.

件的出现总是存在于特定的情境中。上述自杀现象既与贞节相关，不免让人思考其与儒家思想的关系。但作者对于这种表面的联系并不完全认同：自杀是一个复杂的问题，不能一概而论。

分析须基于具体的历史情境。多个自杀现象记载表明，政府对终身守寡者的称颂与民间强迫寡妇改嫁的习俗构成了一对潜在的矛盾现象——强迫改嫁的后果往往表现为寡妇的殉夫行为。矛盾的存在让人不禁好奇：社会为何强迫寡妇改嫁？这一问题可从两方面展开分析。一方面，社会上的大量杀女婴行为，使得女性变得“稀有”，但她们没有因此获得尊重，反而被当作一种财产对待，被利用，卖妻或典妻习俗常见于浙、闽地区，加之有人热衷于强迫寡妇改嫁的勾当，种种折磨迫使寡妇最终走上自杀的道路。另一方面，寡妇的财产也成为家族成员觊觎的对象。面对家族成员争夺财产的压力，她们无处伸冤，陷入一种绝望的境地。

第三章题为“晚明时期女性节烈崇拜的兴起”。本章对“自杀”这一行为进行了多维度的剖析。基于具体的数据资料，以及由数据延伸的定性分析，作者对明清时期节妇自杀方式进行了分类，将“女性自杀”的人群限定为那些坚持婚姻忠贞的寡妇或者已有婚约但未出嫁之女。同时，通过时空分布的对比，得出两个基本事实：一是明中后期各地区的女性自杀数量差异显著，地区的道德程度与女性自杀相关性有待考量；二是女性的高自杀率在明朝后期才开始出现。接着，作者以定量分析的方法，分析了明朝中期以后出现的自杀“变体”行为，即仪式性的公开自杀，包括“搭台”与绝食，以及已订婚女性的自杀。对此，作者结合心理因素与社会因素进行分析，首先，认为这种“变体”行为体现了，女性自杀由一种引起人们同情的悲剧性实践逐渐转变成一种被人们推崇和欢迎的残忍无人性的行为。旁观者的“不作为”或“教唆”在某种程度上助长了殉节行为。其次，对于已订婚女性而言，由于未婚夫的离世，其心理上对于婚姻生活的向往破灭，加之社会上非人道习俗的影响，种种原因促成了她们对殉节行为的认同。若从心理学角度分析，自杀可以被看作是对周围人绝望的求助，选择缓慢的自杀方式隐约包含着想要被拯救的期望，社会上特定的道德倾向影响着自杀女性的结局。

第四章题为“妇女殉节之地区差异”。该章比较了三个具有代表性的行政区域——安徽的徽州府、福建的泉州府和漳州府的女性自杀情况，借此研究这些地区女性自杀率骤增和其他一些与自杀相关的因素之间的相关性，以此发现普适的因素与地区特有的因素。通过对三地的比较研究，作者总结出三地的共同特点：人口密度高，耕地面积小，谋生艰难；杀婴；商业活动盛行，以经商为业；节俭与吝啬；妒妻；获取功名者与准备科举考试的书生众多。通过进一步分析，作者提出假设：某些地区女性自杀之风盛行，与深受儒家思想影响的传统文人对自己在当地特殊的社会环境中的心理认知存在着某种联系，并出现女性自杀之风由士绅家庭扩散至平民家庭的趋势。通过列举具体数据，可以发现女性自杀率与当地生员数量之间存在着直接关系，作者将其解释为“文人的失意”以及“失意文人的崛起”。科考的屡次失败和不断受挫的情绪，使得当时的文人书生急需寻找发泄的途径，其外在表现为在王朝瓦解时组织武装叛乱，内在则表现为将个人内心的怨愤向社会中的弱势性别发泄，以满足自己扭曲的道德优越感。

第五章题为“文人的失意与隐晦的情绪表达”。本章接续上章内容，继续分析作为影响因素之一的“文人失意”现象。作者认为，受高压政治影响，“文人失意”情绪通常以相当隐晦的方式表达，如对女性忠贞的关注，对女性品行的理解标准发展到一种夸张和扭曲状态等，他们为此所重塑的道德观以及固执狭隘的解释，在民间广为流传。对女性殉节自杀的赞美已经成为失意文人应对特殊环境下压力的情感释放之途径，失意文人们表扬他人因遵守名节而带来的折磨和灾难，以此释放自我的焦虑，同时强化对超然道德感的文化认同。而对不同地区的对比以及同一地区不同类型文人的对比，进一步印证了上述结论。

第六章题为“女性脆弱的情感”。在上述几章中，作者主要分析了导致女性自杀率陡增的外在因素，在本章中，作者侧重从内因的视角分析女性个体产生自杀倾向的心理原因。女性自杀行为与个人的死亡观和来世观有着密切的联系，即与个人的信仰有所关联。明朝时期正统佛教衰落，同时，民间鬼魂信仰迅速传播。分析前述徽州等三个地区可知，其都存在崇信佛教的强烈癖好，原始佛教教义并不支持自残行为，但随着民间信仰的流传，佛教教义被扭曲，最终，随着人们对于那些为了实现“义”或“节”而自杀者的态度转变，越来越多的寡妇选择以“殉节”的自杀方式，结束人世间的痛苦生活。

第七章题为“清朝女性节烈崇拜的广泛传播”。女性对于忠贞和节操的崇拜，在清朝似乎得到了更大的动力，使得有关妇女贞洁的整个观念逐渐扭曲，达到一种完全不合乎情理的程度。这种现象可归结于多种因素。一是前面提及的男女比例失调、人口数量迅猛增加等社会问题的急剧恶化；二是统治者态度的模棱两可，这种“暧昧”的态度一方面表现为对于普通自杀行为和婚姻忠贞殉节行为的混淆，另一方面也体现在统治者对女性自杀行为不禁止反而表彰的反复行为中；三是地方官场的普遍的道德堕落，即通过人命案子捞取利益。同时，受鬼魂观念的影响，地方志的编纂者们将大量节妇烈女的姓名完整地保存了下来。上述因素均体现了清朝社会历史背景下的清朝女性自杀风气盛行的推动力。当一个女性想要以自杀的方式报复自己在现世或另一个世界的敌人时，这些潜在的推动力联同旁人的羞辱与怂恿，推动着大范围女性自杀率的上升。在章末，作者以吴县作为典例，运用前述诸因素对当地清朝女性自杀数据加以分析，印证了女性自杀和总体政治条件、文人的焦虑和挫折以及鬼神的普遍信仰之间的相关性。

综上所述，明朝妇女贞节的狂热追崇与以下几种社会趋势有关：一是性别歧视、杀婴导致的日益严重的男女比例失调；二是在经济快速发展的社会中，寡妇作为家庭财产的临时守护者的角色不断凸显；三是受挫不得志的士人阶层狂热的、根深蒂固的卫道思想；四是传统佛教信仰的衰退以及鬼神信仰的广泛传播。上述社会趋势在明朝统治初期并未显现出来，而是随着之后社会发展变化，如滚雪球一般不断普及流行，最后造成雪崩式的大塌方。

三、一些思考

本书从历史现象着手，又以人类学和心理学的角度和方法切入。人类学将研究视角从“自我”拉入“他者”，而心理学则更为细致地分析“他者的心态”，多学科交叉衍生的结果便是结论的创新性。作者认同以往对经济、政治等影响因素的强调，但他同时“创新性”地发现，明清时期女性自杀率骤增与在科举考试中失意的男性直接相关，也与民间宗教信仰有着千丝万缕的联系，这无疑对后世研究明清时期妇女贞节问题开辟了新的路径。

提及自杀研究，涂尔干的《自杀论》是绕不开的一座大山，书中他意在将个体性的自杀行为纳入整体性的社会事实中，即集体力量是个体自杀倾向的主要推动力，并依据个体与群体的不同关系对自杀进行分类。故而，在涂尔干看来，自杀本是一种社会“失范”的结果，其影响因素也应存在于集体中，在他所构建的理论体系中，个人似乎总是无能为力。田先生在分析明清时期女性自杀陡增现象时，同样采取了基于数据展开分析与讨论的方法，只是田先生的分析对象是史料数据。又因田先生早期曾师从功能主义学派学者，加之其心理学、人类学等学科背景，在分析时侧重采取整体观的视角，不仅注意到经济因素、政治力量的影响，还在分析数据的基础上总结出“失意的文人”以及民间信仰的流传与女性自杀率之间的相关关系，即在国家旌表制度以及针对女性的社会道德氛围下，失意文人群体对自杀现象的歌颂与隐性的“鼓动”，民间信仰中对自杀行为的约束力下降，等等。以上种种因素在某种程度上赋予了女性自杀以“正当性”。作者进行的一系列分析似乎就是在挖掘数据背后隐藏着的不为人知的秘密。文中采用的数据主要来自徽州、漳州、泉州等部分地区，这在成就了研究创新性结论发现的同时，却也使得该研究的分析与结论不能像涂尔干的理论那样具有某种意义上的普适性。

故而，该书刚出版时并未引起太大反响。当时的海外书评十分中肯地指出：“男性的忧愤毫无疑问是认识明清时期男性对待妇女态度的一个关键，但仅仅强调科举考试是造成这种焦虑的唯一原因似乎并不得当，诸如经济增长、社会流动和地位等问题也许更应予以关注。”①

细细想来，该书分析所依据的数据来源于史料方志，而书写方志本身就是一种权力，掌握这种“话语权”的多为男性，尤其是失意的文人们。他们运用文字表达的权力来加固对妇女的精神枷锁，对女性殉节行为的歌颂，表面上是对超然道德感的文化认同，但其背后却掩藏着扭曲的心理情绪的宣泄。这种宣泄方式建立在女性地位低下、贞节崇拜的整体社会背景下，自杀女性身边的人也因而对女性自杀行为“冷眼旁观”，以漠视甚至怂恿的态度鼓动之。此种集体的倾向与政治、经济多重因素相关，终是绕不开对社会状态、集体倾向的分析。

相关思考还可进一步延伸扩展。彼时的两性关系，是男人按“天生”的权力统治女人。在这样一个彻底的男权社会中，大多数女性须终生依附于男性或男性主导的家族才能在社会上立足。② 明清时期的妇女更是如此，她们生活在社会的底层，既有“三从四德”的“天然”约束，又有来自经济、文化、精神多个方面的种种限制。可以说，女性被男权社会重新建构，节烈旌表制度以及“贞节”观念，更像是在此种男性主导的社会结构下，社会加之于女性的固化标签。

---

① Paul S. Ropp，Book Review［J］. Journal of Asian Studies，1989：48（3）：605.

② Dunstan H.，Book Review［J］. Bulletin of the School of Oriental & African Studies，1991，54（1）.

由方志文本出发，来探讨文本中女性的遭遇与事迹，实际上已经接受了文本书写者所营造的“自然而然”的印象，而甚少思考文本因何种原因被制造出来，制造者的心理状态如何。书中第五章至第七章的分析某种程度上突破了这种“内在的盲目性”，更加关注文本的制造过程，从而提出新的思考。

再回到社会大背景下，作者特别关注到民间信仰的影响。“自杀”行为在不同情境下有着不同的解释，明清时期的女性自杀更多是从道德价值角度赋予“贞节”的解释，与佛教以及儒家早期对自杀的态度大相径庭。民间信仰中对自杀行为态度的转变，更像是一种适应性的转向，在此，人们似乎并非以信仰指导实践，反倒有些实践诠释信仰的意味。那么，在明清时期，为何以倡导守节为特征的女性贞节道德观念如此盛行，以至于出现各种赋予其“正当性”的文本解释与信仰诠释？对此也可沿用上述思考展开思考。其中较有代表性的观点是：“明清两代盛行的以明代尚死烈清代倡守节为特征的要求妇女接受的贞节道德，主要是出于齐家治国的伦理需要，而不是由于对人欲特别是妇女欲望的控制。国家、社会、家庭共同在贞节道德方面塑造妇女，妇女也在接受塑造、适应需要而牺牲自我以成全家国。”① 可以说，这种互动的建构机制使得后人大都忽略了“建构”的过程，将关注点更多放在“建构”的结果上。而田先生这本书的重点，恰恰是通过对方志文本的分析，个案资料的刻画以及定性定量方法的结合，给予明清女性的自杀现象以新的阐释。

作者简介：

吴佳琪，云南大学民族学专业 2014 级本科生。

① 杜芳琴．明清贞节的特点及其原因［J］．山西师大学报：社会科学版，1997（4）：43－48.

徜徉在语言的汪洋之中

——谈一谈《语言人类学》

陈　成

《语言人类学》① 一书是纳日碧力戈先生所撰写的一部系统、多方面介绍语言人类学的学术性专著，他从对语言人类学的基本定义、研究领域与基本概念的解释开始，通过作为文化资源的语言、语言的来源、语言的实践、文字及其力量、欧美语言人类学的发展历程、全球化背景下语言人类学的生存状况这六个方面，有重点地展开了对语言人类学的学术性描述，使作为初学者的我，也能通过阅读此书对语言人类学这一个新兴的学术研究领域有了一定的理解、认识与思考。在本文中，我将从主要内容归纳、一些思考与读后感想三方面来叙写自己的读书体悟，也算是不愧对这一部“麻雀虽小却五脏俱全”的学术专著。

一、主要内容归纳

在第一章中，作者从总体上对语言人类学做了大概陈述，其重心是从学科定义、研究领域与指号系统三个点来阐释作为一门边缘性交叉学科的语言人类学。

首先是关于语言人类学的界定。语言人类学是一门处于语言学与人类学之间的边缘性学科，主要是从人类学角度研究语言现象与语言实践，并在研究过程中通过与其他相关学科——如人类语言学和社会语言学——的交流、交叉与翻译，形成自己的特点：一是从人类学角度观察语言及其衍生物；二是具有边缘性，即研究这门学科也要关注人类学、语言学、哲学的发展情况；三是研究方法的独特性，它在兼顾田野资料收集与理论交流之时，还注重对现实的人、其他新旧思想

① 纳日碧力戈．语言人类学［M］．上海：华东理工大学出版社，2010.

精华、实践者们的互动行为及其意义的研究，这使其自身成为一个能够随时更新、跨多领域且多元发展的学科。总之，语言人类学虽是一门有边缘性且相对年轻的学科，但它对语言的独特认识（如把语言看作是社会指号与文化资源）、对作为社会构造重要部分的语言的关联性研究、对本身是社会实践的语言的生动性探索，都使自己拥有了一定的学科资本，并以此为基础得到更好的发展。

其次，作为语言实践与象征活动的语言现象，是语言人类学所关注的主要领域，而其研究则围绕着语言之形式、内容与意义来进行，由此方可把握语言的本质。在这里，传统哲学家对于形势与内容的二分论、社会学家对于交往活动的结构分析、意义与活动的关系，都是语言人类学所要吸收和鉴别的学术资源。

最后，作为人类指号系统的语言人类学，有着来自不同国家和诸多学科所遗留与研究出来的理论知识，如东西方古人对于语言的粗略认识、结构主义对语言的深层普遍无意识结构的分析、象征语言学的皮尔斯“指号三分法”等等，它们都是语言人类学的研究资源，理论知识与交流对象。只有利用好这些理论、方法与知识，语言人类学才可能进一步取得发展，并且不仅可以由此建设好本学科，还能为现代民族国家的发展作出实际贡献。

在第二章中，作者主要从作为文化资源的语言与语言现象着手，从普遍性语言研究和相对性语言研究两方面来对其进行学术阐释，从而描绘出语言人类学的主要研究情况。

首先，作者区分了语言人类学的两大经典研究模式，一是普遍学派，这一派的学者强调语言理论模式普遍性意义，在语言人类学的研究中注重从万千现象中析取共同结构；二是特殊学派，此派则主要在研究中寻找个别语言的价值，并解释其意义。二者的论争和努力，促进了语言人类学的时代性发展。

然后，作者就特殊学派，即语言相对论学派的学者们对语言本身及其与思维的关系的看法，作了简要介绍，尤其是对“萨丕尔－沃尔夫假说”做了一定的解读，说明了其来源、发展过程与争论。作为人类在不同活动与语义场中所建构的语言，必然表现着不同族群的人们的思维，并可以通过研究语言来观照社会活动与人群思维。反之，语言由于其本身的自有特性，又制约、影响甚至可能决定着人们的社会活动与思维运动。语言相对论学说是在这样一个理论基础之上建立的，由此也产生出诸多争论，即关于“语言与思维的关系”的大讨论。

接着，作者转换视角，从研究历史与理论学说两方面，简洁地描述了关于普遍性语言结构的研究成果。这一类学者主要从语言的深层内部析取要素，将要素之间的关系、生产要素的模式、要素的文化社会表征作为研究内容，并以相应的理论——如结构主义、转换生成模式、图式理论等——对其进行分析，从而获得了一系列优秀的知识成果，如对颜色词在不同人群中的二分基础之分析、对自然分类的相似性的指认、对亲属关系的某些基础结构（如禁忌）的解读……但是，这一学派却相对忽视了语言作为社会实践与指号活动的可变性、历时性与复杂性，由此也产生了一些争论。

接下来，作者通过诸多实例与分析，指出了深藏在语言中的人类文化隐喻，尤其人类总是由自身身体的基本构造引申出语言与用语文化意义，如“方位”便是典型。

这一章末尾，作者就人类学研究中重要的“时间与空间”现象进行了讨论。对于时间，作者指出其是人类在社会活动与实践交往中所创造的活动范畴，且因环境、地域和活动的不同而变动；关于空间，作者主要讨论了作为文化意义上的空间，它被人类以物质与思维的形式双重感知，并在长久的实践活动中被赋予了相应的文化意义，以此来满足交往活动的各种需要。此中，作者引用了一个人类学经典概念——列维-布留尔的“互渗说”——来分析众多人群中存在着的时间、空间、文化相互蕴含的社会现象。总之，人类的时空观、语言与文化，注定要随着时代与实践的变化而变化，而非像狭义语言学认定的那样是一个封闭系统。

在第三章，作者讨论了语言的起源问题。总的来说，作者有保留地认同语言的产生是由于物种进化、基因变化与人脑变革在长时期里的综合发展所导致的；同时，他也指出了劳动、分音节、自然声音对于语言产生的重要影响，即它们对语音器官与发声系统的成熟所起的有力作用。最后，作者还指出了动物语言与人类语言的异同。二者的相同之处当然是指自然身体基础上的“拟像语言”，不同点则是指人类语言具有的明晰性、任意性、结构的二层性、开放性、可传授性与超时空性等优越特点，从而使人类语言区别于动物语言。

第四章里，作者就“语言与实践”这一全书的中心部分进行了详细描述，并阐释了众多语言人类学的关键知识。

首先，作者认为，作为社会实践的一部分，语言是具有多重结构与多元意义、实践性的社会活动，它构成的互动交流是人类的生存方式与生命中心。

其次，作者分步进行了叙述。第一，他就生物领域中存在大量细胞、分子与生物体的自生与自主、互动与互生现象，提出了超越唯物与唯心二分法的“结构耦合”概念。第二，作者就此发展出人类语言是多种结构与行为现象之间的“耦合”的观念，并指出存在着语言内部结构之间、实践者的惯习之间、语言与社会其他各部分之间的“三重耦合”现象；由此，人类创造出了大量的交流互动，并以之构造社会行动与语言实践，因而语言耦合是人类生活的重要条件。

再次，作者以人类学中一个新研究领域——“说话民族志”——为论题，进一步说明了语言作为社会实践的重要部分是如何有意或无意地培养了人们的交流能力、划定了人群界限、塑造了共同体历史记忆——这主要是因为语言的实践性运用，尤其是在语言与社会的文化、经济、政治等其他部分相互联系时，它更能发挥出语言的社会功能。因此，语言人类学的研究远不能局限于语言自身，而必须在更广阔的学科领域中进行研究。作者分别以“面子社会”、称谓领域、地位场域、交流与合作领域为例子，详细地讨论了语言在其中的社会作用。

最后，作者从语言的行动——言语与翻译，这两个重要应用领域，从更深层次阐释了语言的社会功用与生活意义。在运用语言来处理日常事务和在其他社会中进行文本翻译工作时，这种功用和意义体现得十分清晰：言语即行动，翻译即实践，语言与其他因素互渗。

在第五章，作者就作为人类文明标志与人类生活重要组成部分的文字这一学术点，进行了简要研究。

第一，关于文字的起源，作者认为进化论的文字进化观有一定的合理性，但这不意味着文字必然只会单线进化。虽然文字产生于图画与实物记忆，并在此基础上确实不断演化，但文字相对论是现代人们对待文字文化的普遍观念，不可因“文字进化观”而强迫改变。第二，语言与文字是相互补充且各具优劣势的社会符号系统，二者可以共促发展。第三，作者对于文字的功能作了充分阐述：一是援引了前学指出的其具有的储存功能、交流功能与内部功能；二是认为文字有超时空功能、组织功能与吸纳功能；三是认为文字还有重要的历史记忆功能与身体记忆功能。第四，作者认为，人们对文字的阐述不应停留在抽象与对立阶段，还应以社会各元素及其构成的环境来解释文字与文本。第五，作者就汉字对于传承历史与塑造东亚文化圈的社会意义作了简论。

在第六章中，作者就语言人类学中的诸多理论作了相关介绍。维特根斯坦这位大哲学家的“语言游戏说与游戏规则认识论”“家族相似说”等理论，指出了语言实践的活动性、操演性与心物合一性。巴赫金的“对话理论”与维高茨基的“社会行动理论”，分别指出了语言运用的社会实践性（即交往与对话）、语言与思维的复杂互动性，给传统封闭而独立的语言理论以巨大冲击。皮尔斯的“指号三性理论”（征象、对象、释性），是语言学中一个革命性的范式理论，具有十分丰富而有价值的意义，对其的运用可帮助解决一些人类学研究中的难题，如可借此理论对“田野工作”这一概念做一定的反思。雅各布森与西尔弗斯坦的“移动符理论”，以“表征或符号化之外的意义”为特征，对语用学研究具有切入性的引导作用。现在的“认知语言学”，以人类认知与语言实践之间的关系为研究对象，达到了一个语言学研究的新范式时期，在突破传统与超越“结构—心灵”的二元对立之时，推出了以“语义—意义”为中心点的研究理论，并强调动态的“体化认知”过程。同时，意象图式（心、身、物的三元统一）与拟像理论的出现，也创造了一些新的研究方法及其规则。这些都表明，认知语言学有着广阔的发展前景。

第七章，作者在全球化、资本主义化与数字化的大背景下，讨论了语言现象的可能性改变。

首先，虚拟社会或“景观社会”① 的降临，给人类在交流、行动与生活等诸实践领域带来了巨大改变，甚至导致知识、身份与权力等相对统治手段受到了挑战，使数字化生存成为一个巨大问题，比如“拟像社会”里的消费者、生产者与流动者们的行为方式就发生了巨大改变。

其次，文化交流与语言接触的频率和程度、范围也会在这一大时代里迅速变化，使语言的多元性持续与多样性交流遇到很多挑战和机遇；以灵活的方式应对好这一趋势，为民族文化与民族语言保护趋利避害，是一个国家必须承担的责任。

再次，语言意识形态现象，使现代语境中的语言研究变得更为复杂，如语言的民族化与国际化的双重现象、语言之于国家的重要性、语言权力的保障问题、多语言国家共存发展的问题、语言的时代化问题……这一切使得语言意识形态成为语言人类学的一大研究焦点。

---

① ［法］居伊·德波．景观社会［M］．王昭风，译．南京：南京大学出版社．2006.

最后，就语言人类学的现代化发展问题，作者指出，一方面是其研究的问题更加多样复杂化；另一方面语言的层级化、媒体化与“交互性”研究才开始。因此，语言人类学的发展前景与学术挑战一样远大。

二、一些思考

读完此书，我的收获颇多，但迷惑也有。在此，我提出一些自己的疑问与相应的思考。

第一，对于语言人类学的界定及其与相关学科的区分，我认为，描述语言人类学的学科特点是应该也是需要的，但使其完全与其他学科区隔则是不可能的，因为语言人类学——如作者所述——作为一门边缘性学科，人们从跨学科领域与多学术角度来对其进行研究是正常而必然的，也因此该学科才能拥有巨大的发展空间。

第二，作者在第一章开头提到语言人类学的研究领域可分为语言的文化资源、语言的社会实践、语言的历史记忆、语言的话语权力四大板块，在本文中，作者的研究集中在前两大板块，对后两个版块的论述较少。但在我看来，学者们对后二者——即语言的历史记忆、语言的话语权力——的研究和讨论应该更加细致与深刻，由此才可能呈现出语言运作背后的诸多社会性结构（如对权力占用、场域区隔与资本分配的情况分析）。

第三，在讨论文字的第五章里，作者对观点的说明不够充足，因为文字的力量显然与话语的力量一样强大。比如文字的僭越性、阐释功能与生成性，是人类文明得以多元化、独立化与创造化的巨大推动力（知识传播与的发展）。再比如文字游戏里面的大量差异现象、超越现实世界的特性、交叉各种文化的力量，在个体话语中很难以可续性与爆炸性出现。可以说，在一定程度上，文字之外没有其他的东西。因此人们对于文字的研究应该更加深入。

第四，在有关语言与文字的部分，作者并没有就“层级性现象”进行深刻讨论。无论是在“世界体系”之中，还是在多民族国家内部，或是在一个国家的阶级内部，都存在着或明或暗的语言层级性区隔现象，它是一个隐秘的领域，但本书中作者只是在“语言意识形态”中略有提及。

第五，作者对于中国国内的语言人类学发展状况介绍得很少，这导致了阅读本书的初学者对于中国学术界有关此方面的研究情况的了解有限。当然，也可能是因为篇幅限制而无法尽情阐述。

以上是本人阅读这一专著后的一些思考，很肤浅，但对我来说确实又重要，因为我想更明白和理解与这一学科有关的真理。

三、读后感想

在认真阅读了纳日碧力戈先生的这本学术专著之后，我有诸多感想，总结下来，主要是以下几点：

首先，最为直接的就是我对先生的开创性治学精神的佩服。作为中国大陆一位较早开始研究语言人类学并撰写相关著作的学者，他“敢啃硬骨头”的精神令人尊敬。同时，在这么简短的篇幅之内，就能把这么多语言人类学的相关知识阐述出来，让我这样的初次接触者亦能有所收获，可见先生文笔功力之强。还有，先生在写作时所表现出的知识之全面、内容之深刻、逻辑之连贯，更是让人感到他治学水平之高。只能说，不愧是人类学领域中第一位成为“长江学者”的学术人！

其次，阅读这本书，如同在语言的汪洋中徜徉一般，我深刻感知了语言学的复杂与广阔。这对于一门学科的发展来说，既是良好的条件，却也是研究中的障碍。比如介绍语言人类学相关理论的第六章，对于其中叙述的大部分理论，我并不能完全理解与运用；而人类学本身的复杂性，也让我无法准确拿捏这一学科的脉络。一门学科要发展，确实是需要长期的艰苦探索。

再次，是我的反思性的感受。我觉得，一个人，只要他努力去做某一件事，那就总会有点收获，即使是失败了，但这失败在一定程度上也可以成为收获，在学习这一件事上更是如此。在读完这本书后，由于个人能力有限，我对语言学的了解仍旧浅显，且此书的一部分还需要反复阅读，但对于这门学科，我已经有了一点“上手”的感觉。在这汪洋大海一般的知识中，一个人要有所创新实在太难，但只要努力研究，其余不说，在心智与知识方面，会有那么相应的一点点收获。

“书山有路勤为径，学海无涯苦作舟。”说得真好啊！

作者简介：
陈成，云南大学民族学专业2014级本科生。

要做一个有趣的人

——读《北冥有鱼：人类学家的田野故事》[1]

范玉恺

有那么一群人，在大学的讲台上一身正气、不苟言笑，为讲台下就座的同学们细致而又认真地梳理学科理论和知识，却没人知道他们在几个月前或者几个月后却是一个“脏兮兮”“土巴巴”的某某村爱管闲事的大哥大姐，更不知道他们曾经“历经生死”又或是“与蛆争食、与蝇共饮”……他们不说，我们不知。我们唯一能看到的只有他们著作出版时前言或者后记里写下的“艰难”二字。而后是洋洋洒洒的几万字甚至几十万字的精彩论述，里面丝毫不见曾经孤独到与星空做伴的“寂寞”、绝望关头升起的太多“无奈”。

越是著作等身的“大牛”就有着越多的故事，假如没人在意，那么这些故事就只会存在于他们不被他人阅读的日记里、他们的脑海里，成为只属于他们自己的人生经历，随着他们的离开而离开，随着他们的遗忘而遗忘。假如我不是一个人类学民族学专业的学生，没有经历过田野，没有听过老师们讲田野故事，那么我丝毫不会在意这些有没有被讲述出来，可我是，于是《北冥有鱼：人类学家的田野故事》（下文简称《北冥有鱼》）这本书的出版我便认为是非常有必要的事了。

下面我将从三个我较感兴趣的方面来介绍一下这本书的内容。

人类学的文化震撼

文化震撼（Culture Shock）是一个非常独到的、非常适合人类学家使用的词

① 郑少雄，李荣荣．北冥有鱼：人类学家的田野故事［M］北京：商务印书馆，2016.

汇，我觉得创造这个单词的人简直是个天才。然而随着时代的进步、科技的发展，能够让人们产生文化震撼的东西越来越少。

比如《北冥有鱼》这本书出版之后，许多读者都不买本书里某些篇目的账，他们认为在“上厕所”这件事上产生的文化震撼早已过时，构不成有趣的故事了，甚至早已构不成“文化震撼”的内容了。于是“吹着风上厕所”或是“看着风景上厕所”便成了可有可无的、不被需要的文章题材或内容了。但我想说的是，等到你自己经历过二十天、三个月甚至一年时间里都吹着风上厕所，而在此之前你是一个连蹲坑都没有使用过的人的时候，不论其他读者爱不爱看，这都已经成为你心中最难忘、最难磨灭的记忆了，如果不把这个写出来，你甚至会不知道自己能写什么更有趣的故事了。

本来人类学就是一个比较主观的社会学科，文化震撼也不是局限于“给谁的”，所以文化震撼最初都是给在田野中的人类学家自己的。有些时候，在人类学研究中，学者把自己受到的最大的Shock写出来便是其调查研究中最关键的部分了。而论文里要写许多严肃而又认真的事情，那么日记里写写上厕所这件事也并不是什么奇怪的事，毕竟我们并不能忽视人类学家作为“人”的主观性。

当然对于文化震撼的内容，人类学家们是不能胡编乱造的，真实的才是真正有趣的、有价值的，读者给了学者们信任，学者们就要守护好这份信任。

正是因为有这本书里这些“上厕所”的故事，才让我能更明确地肯定这本书中这些有关于文化震撼的内容都是真实的。

人类学与文本

我在豆瓣网上看到许多读者在批评这本书收录的文章良莠不齐，有的只有一小段就把它收录在书里，显得非常多余或是奇怪。也许是我读惯了传统日本文学的书籍的缘故吧，如《枕草子》就多为小段或是碎碎念的形式，所以就我而言，我觉得还是能够接受的，而且有的还很有意思。当然我不能以自己的习惯来要求别人，也许那些人类学专业背景的读者们都习惯了阅读长长的、更有逻辑性的篇幅，所以看着这样的书便不是很适应。

虽说众口难调，读者们也不必强行适应或是改变自己的阅读习惯，但我觉得这本书的确还有许多值得变更的地方，如果可以重新编辑和整理一次，可尝试将短的章节放在一起、长的章节放在一起，或许会有不一样的感觉，当然这只是一个简单的例子。

这本书里有一篇文章《还俗者的自白》，是青海民族大学研究藏学的台湾籍女人类学家陈乃华教授所写的。读这篇文章的时候，我真的被带入到故事情节中去了，随着主人公的喜而喜，随着主人公的迷茫而迷茫……读完我甚至以为这就是作者本人的故事，直到我百度完了这位人类学家的生平我才反应过来这个故事是人类学家写出来的“小说”。还记得我们班上曾经热烈讨论的林耀华先生的《金翼》给国内人类学界带来的冲击，这次再读到这篇文章，我又情不自禁地陷入那样的思考之中了……

人类学与生活

人类学家在田野的时候究竟要有怎样的“表现”才能算一个合格的人类学家？我觉得同吃同住显然是不够的，里面有多篇文章都谈到有关“适应”的问题。我列举两个书中我非常喜欢的例子：一个是在布朗族地区做调查的女人类学家通过有效的观察学会了怎样换“裙子”和使用布朗族的裙子，另外一位女人类学家则在埃及穿上了当地人最喜爱的“大花袍子”，可见“同穿”也是一个很好地适应当地、融入当地的方法。还有人类学家写到关于“讨价还价”的故事，没有讨价还价就没有融入，这是明显的，因为你不是一个游客，即使你使用的是调查经费，但是你去田野却是为了融入当地的生活，而人们在生活中少有不节俭的时候，当人类学家在田野中学会节俭、学会讨价还价的时候才能真正被当地人当成身边的人来对待。

书中有人类学家提到，在他去调查的目的地曾经出现过一个女人类学家利用村中男孩儿的感情帮助自己完成调查，在调查结束后却一走了之导致男孩儿精神崩溃的事，他对此是非常气愤的。读到这里的我当然也非常愤慨，田野调查最重要的第一点就是田野道德。给我们上课的每一位老师都非常认真地与我们讲过田野道德的问题，我同样认为，作为一个人类学者，去到田野点的时候需要抱有学习和尊重的心态，就算我们可能在田野中一事无成，也不能通过利用当地人的情感等来完成我们的调查，不然我们绝对不是一个合格的人类学家，甚至不是一个合格的“人”。

生活最重要的就是活着，人类学家为学术而失去生命的情况并不少见，这是令人非常遗憾的事。所以我认为在田野中，照顾好自己的生命也许才是最重要的。哪怕与蛆争食、极地求生甚至夜斗恶虎等，有时候放弃一些所谓的尊严、放弃一些理论上更好地获取材料的机会才是最好的选择。也许我这话听上去很怂，但是活着才能创造更多的可能不是吗？这便是我想讨论的书中的最后一个话题。

不被人批评的书不一定是本好书，从来都只被批评的书也不一定是本不好的书。《北冥有鱼》这本书作为中国人类学界的新尝试，还是非常值得肯定的，我想借用豆瓣网上的一个简单书评“这是一个个把心要掏出来的节奏啊！”（豆瓣网友 Mr. Curiosity）来评价这本书。书里或长或短的故事，无论我喜不喜欢或是其他读者喜不喜欢，但都能看出写这篇文章的人类学家们是用心在写的。当然，有的文章还是有些拘束，但是更多的篇目读来已经是非常动人了。我们不能因为受到一些批评就不去坚持一件事，此刻我要表达出我对这本书的喜欢。我非常期待第二本类似的书籍出版，也非常想要阅读更多“同行们”的故事。当然也希望有更优秀的编辑来整理以让大家更满意。

我不是一个严肃认真的人类学学者，也不是一个非常努力、阅读著作无数、完成田野工作无数的人类学学者。我只能凭借着我的一腔热情与喜爱，不断鼓励自己在人类学的海洋之中畅游，尽我所能地做到每一次阅读经典民族志都认真读完，每一次田野工作都认真做好。很多经典的著作都有一篇篇长而优秀的书评，而资质有限的我只能鱼目混珠地躲在这儿，把这本故事集合介绍给大家，告诉大家这里有一本书，收纳了许多中国的人类学家们田野背后的故事，并尝试告诉大家他们是一群多么有趣的人。

在学习人类学之后，我的终极目标就是成为一个有趣的人，希望有一天，我也能把我的故事分享给大家，然后能让大家觉得我也是一个有趣的人。

作者简介：

范玉恺，云南大学民族学专 2014 级本科生业。

大路朝天，各走一边

——纪录片《大路朝天》观后感

云南大学2014级民族学　杨　元

“要想富，先修路”这句话早已深入人心，成为乡村发展的第一抓手。道路的修建与百姓致富奔小康、社会各项事业的发展都有着紧密的联系。

道路作为延展空间，不仅促进人员、商品、信息的流动，加强了区域之间的联系，还是国家提供公共服务、延伸其控制力的重要渠道。我们在享受着道路带给我们的便利的时候，极少会关注那些在道路修建过程中的细节，例如道路的修建由谁主导、由谁出资、具体由谁来建，也鲜少关心在修路的过程中发生了怎样的故事。

1988 年建成的沪嘉高速公路是我国第一条高速公路。之后短短 30 年的时间，中国高速公路通车总里程突破十万公里，超过美国居于世界第一。而纪录片《大路朝天》记录的只是中国十万余公里高速公路中的一小段——娄底路桥公司建设的溆怀高速公路第 14 合同段。

溆怀高速公路

溆怀高速公路是湖南省“五纵七横”高速公路网中的“一横”，是娄底至怀化高速公路的西段。溆怀高速公路沿线地质条件复杂，岩溶地貌广布，还有 30 余处煤层采空区，施工环境较为艰难。[①]

① 参考百度词条“溆怀高速公路”. https：//baike. so. com/doc/6941545－7163906. html.

2010年3月，张赞波在朋友的介绍之下，带着他的一台旧摄影机进入了驻扎在中伙铺的溆怀高速公路第14合同段项目部，以“张赞”的身份，成为一名不领工资的普通工人，跟踪记录下溆怀高速公路从无到有的全过程以及其中各人群之间的交往与互动、冲突与矛盾。历时3年的跟踪拍摄，最终形成了我们看到的这部59分钟的纪录片《大路朝天》以及一部非虚构文学作品《大路：高速中国里的工地记事》。纪录片《大路朝天》由“顺民刁民”“阶级兄弟”“人民矛盾”“歌唱祖国”四部分组成。

路与生活

这部分主要讲述的是修路方与沿线村民之间关于赔偿款的纠纷。欧婆婆住在施工现场附近，修路爆破飞出的碎石打坏了欧婆婆的房子，在影响她生活、情绪的同时，也严重威胁到她的安全。为此，她和她的儿子不断与现场施工人员理论。施工人员将“皮球”又踢给项目部的人。项目部调解纠纷的负责人孟总来过几次，两方在赔偿款上无法达成一致，每次都是不欢而散。后来，欧婆婆搬离自己的家，住进村口临时搭的窝棚。准备用施工方给的微薄的赔偿款建新房。

在庆祝拌合场建成的一次聚餐上，大家都纷纷表示处理好路地关系，和老百姓和睦相处才是王道。

而在修路方要挖走老欧家的一棵古树时，老欧和他妻子与施工方也发生口角。村支书赶来协调，教育他俩应该为国家建设着想。而欧嫂一句“你别说这样的大话，讲点更切实际的”让支书有些语塞，“这不是大话，是大道理，没有大家，哪来的小家。”后来，施工方用2000元买下古树。

在施工方、主导方省交通局的眼中，像欧婆婆、老欧这样三番五次阻碍修路进程的人就是“刁民”。而对于欧婆婆而言，修路爆破带给自己的是生命的威胁，她无时无刻不生活在恐慌之中，整日提心吊胆。她和她儿子不得不向施工方要求修缮房屋、赔款。对老欧来说，这棵古树是土地爷的栖息之处，所以他要求在迁走古树之前，要做一场法事；他抓住承包商谈条件，但最终在村支书的劝说之下，答应卖出古树。

原本宁静的生活被修路打破，经济上的补偿究竟又能够弥补多少？

“建好溆怀高速向怀化人民致敬”，这条修路标语在这样的场景下显得格外讽刺。我们不排除有部分人是想从中捞一笔。既然修路是为了造福广大百姓，那么在修路的过程中应该将百姓的安置、安全问题纳入考虑范围。一味追求修路的速度与经济效益，反而使得纠纷、矛盾等问题频出。这样一味追求“速度与激情”的修路方式不可取。

阶级兄弟

第二部分讲述的是一起民工纠纷。七月间，大雨连绵。民工为了给新桥梁打地基，需要下到地底数十米处挖桩。但是因为雨水长时间的浸泡，井坑内搭好的模具被雨水冲垮了。他们开工一个月，挖了 14 米，项目部和包工头一直都没来检查过。民工们不知道井塌了算谁的责任，恐慌加无奈，最后选择了集体罢工。在与包工头、项目部协商之后，6 位民工小伙默默拿着 6 个人总共 1200 元的路费离开。

在这起纠纷当中，雨水不断这一自然原因是打桩的井坑垮塌的主要原因。出于对自身安全的考虑，民工们当然不敢轻易下井工作，再加之辛苦一个月却没发工资，民工们自然就会有罢工的举动——他们想获得应得的劳动报酬的同时也想引起关注。很多在工地上工作的民工是没有签过正式劳动合同的，大多都是和工程队、包工头有口头协定，借着双方的“交情”确定合作关系。这样的合作关系极不稳定，民工没有保障，施工条件恶劣，所以双方很容易产生纠纷。

从片中不难看到，民工们的生活、工作实属不易。在简陋的窝棚里随便支起的简易床上休息，风餐露宿；在环境恶劣、随时有可能发生垮塌的工地作业，安全堪忧；并且他们与项目部没有签订正式的劳动合同，更没有购买保险。在事故频发的工地，工人一旦受伤很多时候只能自认倒霉。项目部和包工头对于出现此类情况，通常是采取抵赖、躲避等消极行动。

民工是修路的主力军，他们参与到爆破、挖桩等危险系数极高的工作之中。他们或许没有“为人民服务”的崇高理想，大多是为生计、为家人，而不得不从事这些廉价辛苦又十分危险的工作。民工们的工资、安全都得不到保障，他们无助彷徨的眼神，让人无比心酸。

溆怀高速公路属于省级高速路，由湖南省省交通厅主导建设、管理。湖南省省交通厅将路分段，由有相应资质的公司竞标。公司中标之后，他们全权负责施工事宜。溆怀高速公路第 14 标工程的承建方就是娄底路桥这家私营公司。然后由他们将爆破、挖桩等具体工作外包出去，公司的项目部只负责“统领全局”。这是较为典型的项目制运作流程。但在环节与环节之间却会产生无数的问题，配套的监督体系也不完善。这是高速公路建设中问题频出的体制原因。

矛盾冲突

第三部分讲述的是施工方面与当地公路局的矛盾。因为抱怨高速公路施工影响了普通公路，当地公路局经常来工地执法。交警刚走，运管处的又来，都盯上了高速路这块“唐僧肉”。因为项目部拒绝支付罚金，公路局和施工民工爆发了冲突。公路局执法人员叫来人，砍伤了多名工人，导致民工 8 人重伤，数人轻伤。

项目部尽力救人、协调，组织民工上访。3 个月后，县里表示：“这是人民内部矛盾，追究刑事责任的话，蹲班房就不好了，用刑事和解。”但是受伤民工的赔偿仍然没有着落，于是他们选择天天到项目部催账。13 个月后，受伤民工们收到了公路局支付的赔偿，但这次冲突中的伤人一方并没有被追究刑事责任。

这次冲突的主要症结在打人的公路局一方。项目部成员和工人都是外地人，在层层包庇的地方保护主义中，他们都是弱势群体。所以事件的最后，民工们拿着拖欠了一年半的赔款，带着满身伤各奔东西，项目部照常运行，但打人者、请来打人者的当地公路部门安然无恙。民工们连自己应得的赔偿都要得那么辛苦，更没有办法将打人者和幕后黑手绳之以法。

修路、拆迁是随着现代化、城市化不断发展而产生的衍生物。在发展的过程中，所有的人都意识到这是一块肥肉，里面潜藏着巨大的利益。很多人想方设法盘算着从中分得一杯羹。这样的利益纠纷不算少见。但对于这样利用职权的暴力行为，我们不禁想问：社会的公平正义在哪里？

公路建成

为迎接党的生日，项目部的年轻同志加班排练大合唱。六月底，各个路段的员工都来参加红歌会，齐颂赞歌。除去一位同志因为紧张把“国”字举反了，一切顺利，红歌会完美收官。

8 月，省里来了检查员，对本段道路施工过程中存在的拖延、安全隐患提出严厉批评并要求返工。现场监理到项目部要红包。省上领导走后，项目部和工程监理也没有受到任何处分。2011 年 8 月 17 日，湖南省纪委宣布对涉嫌严重违纪的冯伟林立案调查。他是原湖南省高速公路管理局党委书记、局长，自 2001 年以来，利用职务之便非法干预高速公路的项目招标权，收受贿赂折合人民币 4000 余万元。在车上，孟总与导演谈起这位落马的高官，唏嘘不已。因为这样的官员，绝不只是一个。

中国的高速公路拥有量居世界第一，中国的高速公路里程是印度的 371 倍，英国全国的高速公路里程不及陕西一个省。如此庞大的高速公路交通网，加速了人员、信息、商品的流动，使得区域之间的联系更为紧密。我们都切身体会到高速公路带给我们的便捷和改变。但这其中也潜藏了不计其数的暗箱操作和资源浪费。被贪污，或是花在打通关系、处理纠纷上的钱，其总数远远超出工程本身所需的资金。

独立纪录片导演

在本部纪录片中，我们通过导演张赞波的视角，看到修路过程中各利益群体的纠纷、矛盾，也见证了溆怀高速公路从无到有的历程。导演在纪录片中并没有隐藏自己。片中经常有人称呼他为“小张”，向他讲述着修路的酸甜苦辣。

导演在拍摄完本部纪录片之后，就将他所看到、经历的关于溆怀高速公路建设全历程写成了《人路：高速中国里的工地记事》一书。在书中，我们可以看到许多纪录片中没有呈现的内容。有关于民工的生活、工作的记录，有导演拜访离开工地的工人的记录，还有张赞波对自己的拍摄，对这部纪录片、对独立纪录片的独白与反思。

本片导演曾经数次被人怀疑和否定。他数次被人问及，这样拍摄的意义所在。在中国，真正能够看到这部纪录片、这本书的人甚至不及热映电影的一个零头。张赞波也开始反思他拍摄的意义。他说，工地上的人都叫他“张赞”，这个他真心喜欢的旧名字。“张赞”是和工友们生活在一起的人，而“张赞波”被隐藏了起来，远远地打量着这个世界，保持冷静、感怀、讽刺和批判。

两个名字，双重身份，一个是不善言谈的记录者，一个是冷静的批判者。对看到的、听到的死伤事件，他愧疚却无力。民工们希望他能够将他们的遭遇曝光，希望他能够对他们的遭遇有所帮助。但他作为一个旁观者，一个记录者，带着他具有曝光威力的工具，却并不能去改变当时的状况，他和民工们、欧婆婆一样，对于高速改变中的低速发展是无可奈何，也无能为力。张赞波只能尽力记录着修建高速公路的过程以及这个过程对人们产生的影响还有人群之间的纠纷与矛盾。这是他看到的中国，这是他想呈现的、鲜有人知的问题。

他用3年多的时间和满腔热忱记录了溆怀高速公路第14标段的点点滴滴。这样一个艰辛并且没有任何经济效益的行为，在我看来，并不是没有意义的。在被“中国奇迹”“中国速度”包围的舆论环境里，我们不能忽视存在的问题。在这样一个金钱至上的时代，我们需要这样的声音，提醒我们，不要走错了路。

本文暂不探讨独立纪录片的发展与现状，也暂不探讨独立纪录片导演的生存与境遇。我们回归到张赞波导演的视角。独立纪录片导演和学习人类学、民族学的人是相似的，我们都以他者的身份，带着接受到的专业训练进入调查地。我们不断被调查地的文化事实所震撼，但同时，专业训练也在不断提醒我们，保持客观冷静，去观察、去记录。现实在阐释着，没人能够做到绝对的公正、客观，我们所呈现的一切实际上都是经过主观选择的结果。我们每一个学习人类学、民族学的人心里都同时住着“张赞”和“张赞波”。

当今，发展成为这个时代不可或缺的主题，人人都在其中，被裹挟着往前走。我们的衣食住行都是新的，如同这个时代一样。一切都在全球化的裹挟之下迅速发展，发展着翻天覆地的变化，但好像一切又都没有变。

从开始建设到建成通车，高速公路不仅完成了空间的连接，还完成了时间上的跨越。我们在建成的高速公路上驾车奔驰，感受着高速公路带来的便捷；但与这条路的修建有关的人，有的投入到了下一条高速公路的建设中；有的搬离自己的家，在新家开始新的生活。建成通车的公路能够服务社会数十年，在时间中，它会将修建过程中的点点滴滴悄悄隐藏。

同时，高速公路作为一个复合空间，人、物、信息在这条路上沟通，经济、政治、文化、社会等要素在这条路上交融。路，不仅仅是我们看到的那个绵延数公里的实体。

一条高速公路将原本毫无关联的人联系起来：路桥公司的职工、民工、包工头、工程监理、主管方（省交通厅）、当地村民、基层官员等。他们是劳心者与劳力者，是外来者与本地人，是权势者与无权者，是既得利益者与被侮辱被损害的人。这些人虽然彼此在利益上、在各方面是对立的，各自走在属于自己的一边，但却不得不随着高速公路的修建而共同向前。因为没有人能够逃脱它的轨迹，也没有人能和这条大路背道而驰。

大路朝天，各走一边。但，我们都在同一条大路上。

作者简介：

杨元，云南大学民族学专业2014级本科生。

纪录片《最后的棒棒》观后感

施 华

改革开放之初，山城重庆特殊的地势和落后的交通状况难以满足经济发展的刚性需求，大量农村剩余劳动力涌入城市。他们游荡在城市之中，用自己的肩膀和一根竹棒，撑起了日渐繁荣的经济，也成为重庆具有特色的“城市名片”。但随着城市的发展和交通运输方式的改变，棒棒们开始追赶不上时代的车轮，渐渐被遗落在城市的角落和历史的长河中。但是，他们不该被遗忘，于是就有了这部关于棒棒的记录片——《最后的棒棒》。百度百科上对这部片子的介绍少得可怜，只有一句“全国首部自拍体励志纪实片”，但在看完片子之后，我觉得本片完全不需要以此为噱头来吸引目光，因为片子本身的内容就已经值得人们去观看。之所以是“自拍体”，是因为本片导演何苦（化名）也成为一名真正的棒棒，并在一年多的时间里与其他的棒棒们同吃同住同劳动，也成为本片的被记录者之一。为了拍摄这部片子，导演何苦只在身上留下了1300块钱，找了一个没有多少经验的摄像小哥，然后就一头扎进了棒棒们居住的棚户区——自立巷53号。在这一年中，他的全部生活来源都依靠棒棒这份工作。因此就有豆瓣网友调侃说：这是导演斥资1300元自导自演、自己剪辑、自己唱主题曲的纪录片。

本片主要围绕着居住在自立巷53号的几位棒棒来展开，老黄、老杭、老甘、河南、老金、何苦以及代理房东大石。每一个棒棒都有自己当棒棒的原因，然而他们都有一个共同的出发点：生活在社会最底层，需要钱，需要生活。

因为要确保纪录片的客观性，所以在传统的纪录片中，导演作为一个客体，被要求不能够贸然闯入被记录者的生活，不能夹杂主观情绪。本片显然违背了传统纪录片的制作原则，也违背了传统的人类学民族学纪录片的制作理念。专业课老师在给我们上课时经常会提到，以前的人类学家在研究时就像是趴在墙壁上的壁虎，站在一个全局而又客位的立场上静静地看着眼前所发生的一切而不参与其中。直到近些年来，研究者才开始慢慢地融入研究群体之中，在保证研究的客观性的前提之下试着以局内人的视角来看待问题。从这一点上来说，本片的制作方法倒是与人类学民族学家的研究方法有些不谋而合。但差异毕竟还是存在的。

我和同学在讨论这部片子的时候最大的一个分歧点来自导演遍布全片（13集）的旁白。他认为：首先，导演作为被记录者之一，已经是被记录的群体，其如果再以局内人的视角来看片中的事件，则很容易带入个人的主观情绪，难以保证观点的客观性、准确性，进而也就影响到片子所讲述的事实的客观性；其次，导演的很多旁白都是没有必要的，完全可以用或者说应该用访谈当事人的方式来对事件进行讲解。当然谈到这点的时候，他也承认这可能是因为受我们所学的人类学民族学纪录片的制作理念的影响，我们拍纪录片的时候要求如此但并不意味着所有的纪录片中的事件讲解都应该以访谈的形式进行。我也承认导演的旁白过多，多到有时候甚至会对观影者造成一些误导，但如果将旁白改为访谈的话，我认为有可能会在一定程度上影响到整个片子的连续性。而且这毕竟是一般的纪录片而不是人类学纪录片，拍下来是为了让人看而不是搞研究的，在纪实的同时不能要求它还像人类学纪录片一样客观地将事物记录下来。如果改了的话可能片子就会变得枯燥很多，影响观影感受。

我在知道这部片子的存在之后其实也没有什么特别想看的冲动，但我看到了一位影评人写的一句话：他们勤勤恳恳，却一直无法被命运善待。后来，何苦带着这一波兄弟，干起了工程，竟然干得风生水起。当时看到这一句的时候，感觉有一种莫名的喜感，但看了片子之后，才知道这喜感来得多不易、多心酸。

讲到这儿的时候，我想起了在此之前看过的另一部纪录片——《南京路》。从制作方法来说，《南京路》和《最后的棒棒》几乎是两个极端，《南京路》全片中没有加入一句旁白，寥寥几句导演的声音也是为了访谈的进行，观影者在其中几乎感受不到导演的存在，绝对的客观，绝对的真实，甚至在后期剪辑时都尽可能地将做访谈时导演进行提问的片段进行删减，所以故事的连续性全靠对片中几人的访谈。其实在《南京路》和《最后的棒棒》两者之间，我是更加认同前者的，但却没有选择写《南京路》，是因为它太过暗色调，令人深感压抑却又无能为力。导演赵大勇在采访中提到过，拍最后黑皮疯了的那段的时候他其实已经支撑不下去了，曾一度把摄像机放下但最终还是强忍着眼泪把那段拍完。看过片子之后我一直在想，如果当时导演稍稍给黑皮一些帮助的话黑皮是不是就不会疯了，但我也知道答案也许是否定的。片中有一个片段是胖子李在朗诵他的打油诗，导演出声说："不能说，不能说"，但胖子李选择了继续朗诵，而导演也选择了将这一段保留了下来，这也许是我从片中所看到的唯一的希望了。但是，人活着，总是要有点希望支撑的。在看了《最后的棒棒》之后，我才发现，在经历种种艰难困境、失望乃至绝望之后，还能看到哪怕仅仅是一丝的希望，是一件多么幸运的事。

一位豆瓣网友提到他朋友问他看这些灰色调的影片的意义何在，除了影响心情，还能有什么用？恰好也有些朋友问过我类似的问题。那位网友的回答是看这些影片能改变一个人看待问题的眼光和心境，帮助我们理解那些和我们不太一样的人，让我们成为更宽厚和谦逊的人。我看的时候倒是没想这么多，而且每过一段时间，我对看这类型的片子的意义所在的看法都会发生一些细微的改变。一开始我的答案是求真，但后来我发现这个答案其实有点假大空，我也做不到求真。到如今我的答案倒是已经明确了：我只是觉得我们有必要知道这个世界真实的模样到底是怎样的，知道这个社会是有诗也有苟且的。心怀希望固然重要，但把成功寄托于希望之上，显然不智。

作者简介：

施华，云南大学民族学专业2014级本科生。

从索取到贡献

——对民族志纪录片的一点思考

熊琪明

在参加研究生复试的时候，负责英语面试的老师曾问我将来的研究计划是什么。因为是跨专业考生，所以我想将有拍摄技术作为优势来打动老师，遂回答："想拍几部纪录传统文化的电影（film）"，老师立马纠正："纪录片（documentary）"。

对于纪录片，我是既熟悉又陌生的。熟悉，是因为曾在某电视台纪录片部实习过，而且本科期间所学专业也是广播电视新闻学，看过不少纪录片；陌生则是因为并没有完整地参加过一部纪录片的制作，曾参与的也仅是技术性的助理工作（如摄影助理、灯光助理等），未接触过策划和后期等创作性的工作。直到在研究生期间学习了一些影视人类学的理论并付诸实践后，才逐渐对纪录片有了些许浅显的认识。通过将以前拍摄新闻片的经验与现在拍摄民族志纪录片的经历进行对比，以及对视频新闻和纪录片两种形式的异同点进行分析，我试图对民族志纪录片本身进行一些不成熟的反思。

有很多人问我为什么不继续读传媒类专业的研究生，这其中当然有许多个人的因素，但总不好和每个人一一道来，只好用"News is not truth."来解释。这句话当然有些偏激，毕竟新闻专业的学习对我而言最大的益处是教会了我用不同的视角来看问题，但同样也让我明白了新闻只能代表一部分人的观点。对于那时的我而言，剪片是一件极痛苦的事儿，除了剪片本身就是枯燥的并伴随偶发性绝望感（例如进度未保存的时候碰上电脑死机）的体力活儿以外，剪辑的内容也是很重要的原因。这跟视频新闻先写好解说词再来配画的制作方式有关。这当然是一种很有效率的方式，毕竟时效性是新闻的灵魂。但是对于制作者来说，却是毫无乐趣可言。

这涉及一个在传媒界被广泛讨论的问题：声画之争。对这个问题有三种最具代表性的说法：一是认为声音是高于画面的，即画面应该配合声音；二是认为画面是优先于声音的，即声音应该配合画面；三是认为影视艺术就是声画结合的视听艺术，不应该区分主次。对于我个人而言是比较支持第二种观点的，毕竟如果声音先于电视，为什么不直接听广播呢？画面语言应该是视听艺术的本体语言，毕竟是看电视而不是听电视，声音语言只是也只能是做补充用的，正如 Kieran 老师在影视人类学工作坊中做的总结："Show，do not tell."。

做视频新闻的经验当然可以拿来和制作民族志纪录片进行比照，因为对于这两者而言，叙述清楚事实比影片本身好看更重要，即二者都是叙述性高于艺术性的，只不过一个是由记者来叙述，一个是由人类学家来叙述。解说词使人们更容易理解和接受作者试图表达的含义，但是无疑也使影片失去了更多想象和思考的空间。纪录片应该通过画面的展现启发受众，而不是指导受众。视频新闻这种使用大量旁白和解说词的制作模式固然高效，甚至被许多纪录片工作者借用，但是这种模式化的制作方法无疑也限制了其在艺术性上的可能性。虽然叙述性是本体，但我们不能忽视艺术性，在一个泛娱乐时代，"不好看"的东西是没人看的。

民族志纪录片和民族志文本与所有影片一样，都可以分为三个主体：拍摄者（人类学家）、被拍摄者（报道人）和受众。有的纪录片导演为了讨好观众，刻意地套用某些现成的受欢迎的商业片模式，构建一些离奇的故事来吸引眼球，这种纪录片或许能有很高的收视率，但是并未尊重所拍摄的文化本身。也有民族志纪录片工作者认为他是为了文化本身拍的，拍出来就为了对传统文化进行保存和纪录，并不在乎影片本身好不好看，有没有人看。这虽然也有他的道理，但在我看来这显然是一种站在道德制高点所产生的言论。因为持这种想法的人只看到了自己——拍摄者，却忽视了三个主体中的另外两个：被拍摄者和受众。拍一部纪录片一定是带有目的的，大多数时候都是为了受众或者拍摄者自己去创作民族志，很少有人为了报道人去拍一部民族志纪录片或写一部民族志。

人类学家花费大量的人力、物力、财力从报道人那里获取了有趣的材料，转化成他的著作，但鲜有报道人能从人类学家的作品中获益。人类学界仍以论文作为学术评判水平的标准，而报道人却很难理解这些"晦涩"文字的价值并加以利用。视频较之于文字的优势，一则是画面更容易理解，二则是电视的权威性。

得益于新闻联播的影响，至今仍有很多人以是否“上电视”作为一件事情是真是假的判断依据。以前在电视台实习的时候就遇到过，很多人看我拿着摄像机就让我“向中央反映一下”，现在拿摄像机做田野调查的时候也会出现这种情况，让人啼笑皆非。我觉得，不是要把民族志纪录片拍成一部“旅游广告片”才算是给报道人带去了利益，而是要用这些作品让他们认同自己的文化。

我们可以试想两种情境：

老王是某村寨的头人，在村寨主持各项仪式，迫于生计只能在农闲时进城打工，工友们在闲聊时偶尔会说自己家乡的事儿。老王普通话不好，没法把自己村子里那些仪式的过程和目的说清楚，很快大家就失去了兴致。

A：这时老王想起来某大学教授曾经为他们写了一本书，便提了一句，但是大伙儿都在讨论工地附近哪儿有“小姐”的事儿，没人听他说。老王默默地喝了口酒，想起了家里的咸菜，看着附近的霓虹灯叹了口气。

B：这时老王把智能手机拿了出来，开始播放储存在手机里的一部某大学教授拍的纪录片，工友们认出里面穿着盛装主持仪式的人正是老王，让老王改天带大伙儿去看看，老王眯着眼喝了口酒：“要得”。

人文社会科学专业在今天的式微，有一个原因正是很难产生让专业人士之外的人理解的成果。例如某人类学家的研究认为某族自杀现象与性别、学历等因素无关，在某些非专业人士看后，一般会出现两种反对的声音：第一，这个结论不对，我们那儿不是这样的；第二，这个我也知道，还需要你研究？我认为这些声音产生的根本原因是这些人不想看或看不懂论文，遂只是基于本身的知识结构来解读这些研究结论。

虽然论文在学术界的权威地位暂时还不会被动摇，但可以发现越来越多的图片出现在了论文之中，在进行描述的时候，确实会出现“千言万语不如一张图”的情况。然而，随着拍摄设备的普及和拍摄技术的简便化，在论文中间添加一段视频用以描述或者引用观点也未必是不可能的事。

我们在从报道人那里“索取”的时候，也得想想怎么来“反哺”他们。他们需要的不只是经济效益，更有可能他们想要的只是一种外界对他们文化的认同，由此产生的文化自豪可能比那些政策性的东西更容易使他们产生文化传承的自觉性。

当然，这些都是很理想化的东西，就目前而言，我对自己的要求也只是帮他们讲清楚他们的文化，然后才是尝试使他们认识到自己文化的价值。

作者简介：

熊琪明，云南大学民族生态学专业 2016 级硕士研究生。

后　记

《田野》辑刊是由云南大学民族学专业本科生主办的刊物，供稿、选稿、编辑与排版等工作皆由学生完成，如今在学院领导、班主任及云南大学出版社的帮助下成稿出版。这本刊物之于我们有着不可替代的意义：它是我们进入大学接触的第一本专业性刊物，打开了我们认识民族学的一扇窗，专业归属感由此深化；它是激起层层涟漪的小石子，读罢总能让我们对未知的田野心驰神往；它还是届届相传的专业精神符号，“民族学”这几个字，经由学长学姐们的妙言妙语和经验分享，化作富有温度的图像深入脑海。每一届学生都要编写一本《田野》，它也和田野调查一起成为民族学专业学生的“成人礼”。

《田野》即“田野”，每一篇素材都是长期浸润于田野调查的收获；《田野》又不仅仅是田野，还写尽了我们的学科感受与反思。早在编刊之前，我们就已参加过多次田野调查，从大糯黑的田野初体验，到纳家营的“小试牛刀”，再到步入田野“成年礼”的毕业实习，初读《田野》时的触动，在课堂的熏陶与田野的实践中得到印证。2016 年夏季，在覃延佳、刘彦、张雨龙、陈浩、何海狮等老师的带领下，我们分赴彩云之南的各个地区开展长时段的田野调查，此后，“民族学”于我们有了更加厚重的意义。

大三下学期开学初，盼望了三年的、似专业精神火炬一般的《田野》传递到我们手中。接到编写《田野》的通知后，大家紧张与激动的心情溢于言表。届届相传的“重任”让我们压力倍增，唯恐稍有不慎就砸了招牌。在班主任冯瑜老师的指导下，我们成立了以罗金刚、刘莉、吴佳琪、杨元、范玉恺、杨雪为核心的编委组，在持续不断的灵感碰撞之后，我们草拟了大纲，组织全班同学积极写稿，并向外约稿。

彼时云南大学的民族学刚刚被评为一流学科，学院领导李晓斌老师给《田野》的编写提出了“体现云大民族学特色，兼顾趣味性与学术性”的要求，编委会成员在此基础上加入了带有“我们”特色的各种想法：丰富的田野经验以《北冥有鱼》的叙事方式具体呈现；“影视人类学”等课程带我们由文字走进影像，学会更多元的思考；在遍布全省的14个田野调查基地收集的村民日志，提供了多声部的田野文本。

基于此，我们开设了以下栏目：《经验之谈》栏目内含师长教诲与学长学姐的经验分享，《学术初探》旨在以论文和田野报告的方式初踏入学科研究门槛，《“田野”这件事儿》尽显本专业与非本专业的田野体验，《幕前幕后》《读、观思》等栏目则是课堂与田野之外的思考延伸……每个栏目都镌刻着我们从稚嫩走向成熟的专业印记，见证了我们从对田野一无所知到满怀深情的心路历程。初拟的框架得到了王越平、覃延佳老师的支持与认可，两位老师还给出了许多具体、中肯的建议。

在编写过程中，2014级全班24名同学无一缺席，积极踊跃地出谋划策。编委组成员精心筛选了来稿，排版完毕后交给冯瑜老师审核，反复几次修改后，我们将终稿交至云南大学出版社。为保证书稿质量，云南大学出版社的编辑们和学院的张雨龙、刘彦老师与我们座谈，编辑们从专业角度提出许多修改建议。在他们的帮助下，我们反复修改，终成定稿。这一本小小的《田野》是学院各位领导、老师们还有云南大学出版社编辑们共同努力的成果，更是凝聚了同学们的专业思考与个人成长的心血之作，文集虽小，但思考无边，心意无限。

如今，当时热火朝天讨论《田野》的我们已不“在场”，但田野留给我们的记忆温存犹在，民族学赋予我们的意义已化作生命的底色，流淌于我们生活的每个瞬间。可以说，这本《田野》，既是我们离校之际交给母校的“答卷”，也是四年的民族学专业学习留给我们的最好纪念。

云南大学民族学2014级《田野》编委组